河南省中等职业学校对口升学考试复习指导

财经类专业（上册）
基础会计　财政与金融基础知识

河南省教育科学规划与评估院　编

电子工业出版社

Publishing House of Electronics Industry

北京·BEIJING

内 容 简 介

本书为 2024 年河南省中等职业学校对口升学考试复习指导丛书之一，主要内容包括基础会计、财政与金融基础知识及相关试题，同时还整理了两套河南省中等职业学校毕业生对口升学考试财经类基础课综合练习卷。

本书可作为参加财经类专业对口升学考试的学生的复习参考资料。

图书在版编目（CIP）数据

财经类专业. 上册，基础会计 财政与金融基础知识 / 河南省教育科学规划与评估院编. —北京：电子工业出版社，2024.2

ISBN 978-7-121-47420-0

Ⅰ. ①财…　Ⅱ. ①河…　Ⅲ. ①会计学－中等专业学校－升学参考资料②财政金融－中等专业学校－升学参考资料　Ⅳ. ①F

中国国家版本馆 CIP 数据核字（2024）第 048542 号

责任编辑：王志宇　　文字编辑：张　彬
印　　刷：北京虎彩文化传播有限公司
装　　订：北京虎彩文化传播有限公司
出版发行：电子工业出版社
　　　　　北京市海淀区万寿路 173 信箱　邮编　100036
开　　本：787×1 092　1/16　印张：13.75　字数：352 千字
版　　次：2024 年 2 月第 1 版
印　　次：2024 年 10 月第 3 次印刷
定　　价：48.00 元

凡所购买电子工业出版社图书有缺损问题，请向购买书店调换。若书店售缺，请与本社发行部联系，联系及邮购电话：（010）88254888，88258888。

质量投诉请发邮件至 zlts@phei.com.cn，盗版侵权举报请发邮件至 dbqq@phei.com.cn。

本书咨询联系方式：（010）88254523，wangzy@phei.com.cn。

前　言

　　普通高等学校对口招收中等职业学校应届毕业生，是拓宽学生成长成才通道的重要途径，是构建现代职业教育体系、推动现代职业教育高质量发展的重要举措。为了做好 2024 年河南省中等职业学校毕业生对口升学考试指导工作，引导学校着力培养高素质技术技能人才、能工巧匠、大国工匠，帮助教师和学生有针对性地复习备考，我们组织专家编写了这套 2024 年"河南省中等职业学校对口升学考试复习指导"丛书。这套丛书以国家和河南省中等职业学校专业教学标准为依据，以国家和河南省中等职业教育规划教材为参考，内容包括要点导图、复习要求、考点详解、基础过关、提升训练和综合练习等。

　　在编写过程中，我们认真贯彻新修订的《中华人民共和国职业教育法》《国家职业教育改革实施方案》，落实《关于推动现代职业教育高质量发展的意见》《关于深化现代职业教育体系建设改革的意见》，坚持以立德树人为根本任务，以基础性、科学性、适应性、指导性为原则，以就业和升学并重为目标，着重反映了各专业的基础知识和基本技能，注重培养和考查学生分析问题及解决问题的能力。这套丛书对教学标准所涉及的知识点进行了进一步梳理，力求内容精练、重点突出、深入浅出。在题型设计上，既有系统性和综合性，又有典型性和实用性；在内容选择上，既适应了选拔性能力考试的需要，又注意了对中等职业学校教学工作的引导，充分体现了职业教育的类型特色。

　　本套丛书适合参加 2024 年中等职业学校对口升学考试的学生和辅导教师使用。在复习时，建议以教学标准为依据，以教材为基础，以复习指导为参考。

　　本书是这套书中的一本，其中"基础会计"部分按章设置（与教材同步），主编韩洁，副主编贺清华，参编刘佳雪、陈玲玲、郭建华、李权、景艳丽、高言言；"财政与金融基础知识"部分按项目设置（与教材同步），主编李静，副主编叶淑艳，参编曹丽娜、高春霞、王君丽、杨丽。

　　由于经验不足，书中难免存在疏漏和不足之处，恳请广大师生及时提出修改意见和建议，使之不断完善和提高。

河南省教育科学规划与评估院

目 录

第一部分　基础会计

第二部分　财政与金融基础知识

第三部分　综合练习

第一部分

基础会计

复习指导

第一章 总 论

要点导图

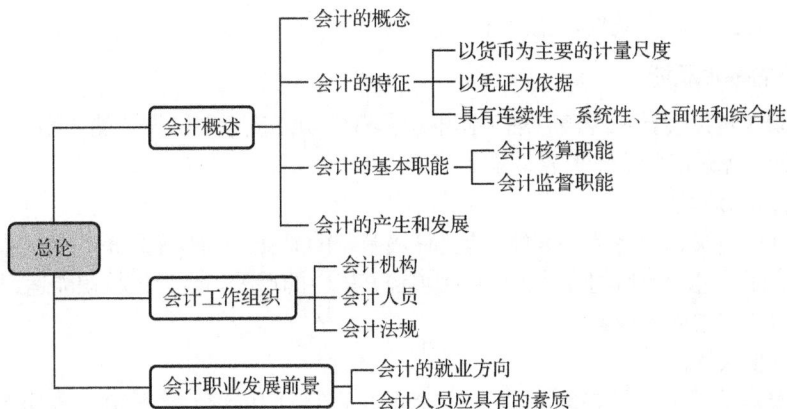

复习要求

1. 重点掌握会计的概念及特征。

2. 熟练掌握会计的基本职能，了解各种职能的含义及内容；重点掌握会计核算职能与会计监督职能的关系。

3. 了解会计的产生和发展历史，了解世界会计发展的开端事件。

4. 了解会计机构的设置，掌握会计工作岗位设置的具体要求，明确会计机构内部管理制度。

5. 了解会计人员任职的有关规定，了解会计人员的职业道德及内容。

6. 了解会计法规的基本内容。

考点详解

知识点一 会 计 概 述

1. 会计的概念

会计是以货币为主要计量单位，履行会计核算和监督的职能，运用专门的方法对经济活动进行确认、计量和报告的一种经济管理活动。

2. 会计的特征

（1）以货币为主要的计量尺度

会计以实物量度和劳动量度为辅助计量尺度，但货币量度始终是会计最基本的、统一的、主要的计量尺度。

例1. 会计以（ ）量度为主要的计量尺度。

A. 米 B. 千克 C. 货币 D. 小时

解析：C。会计以实物量度和劳动量度为辅助计量尺度，但货币量度始终是会计最基本的、统一的、主要的计量尺度。

（2）以凭证为依据

只有经过审核无误的原始凭证才能据以编制记账凭证，登记账簿，进行加工处理，这一特征也是其他经济管理活动所不具备的。

（3）具有连续性、系统性、全面性和综合性

3. 会计的基本职能

会计的职能是指会计在经济管理工作中所具有的功能或者能够发挥的作用。会计的两大基本职能是会计核算职能和会计监督职能。

（1）会计核算职能

会计核算职能又称会计反映职能，是会计最基本的职能。会计核算贯穿经济活动的全过程，它不仅对经济活动进行事后的反映，还包括事前、事中的反映。会计核算职能运用记账、算账、报账这些专门的方法来体现。

（2）会计监督职能

会计监督职能又称会计控制职能，是指通过各单位的内部约束机制，利用会计核算资料控制和规范各项经济活动的运行，以达到维护财经纪律、保护财产安全、防止和减少损失及浪费的预期目标。会计监督按照其与经济活动过程的关系可分为事前监督、事中监督和事后监督。

（3）会计核算职能与会计监督职能的关系

会计核算职能与会计监督职能相辅相成，会计核算是会计监督的前提和基础，如果没有可靠的会计核算资料，会计监督就会失去客观的依据；会计监督是会计核算的延续和深化，如果没有严格的会计监督，会计核算也就失去了其存在的价值。

例2．会计监督职能一般在经济活动结束后进行。（　　）

解析：×。会计监督职能按照其与经济活动过程的关系可分为事前监督、事中监督和事后监督。同样，会计核算也贯穿经济活动的全过程。

4．会计的产生和发展

会计有着悠久的历史，它是随着人类社会生产发展和经济管理的需要而产生、发展并不断完善起来的。

（1）我国会计的产生和发展

① 西周时，出现了"会计"一词，这是我国目前发现的关于"会计"一词的最早记载。西周王朝设立的专门核算财产和税赋收支的官职——司会，应是中国会计机构的历史起点。

② 唐、宋两代，我国的会计方法有了新的发展，创建和运用了"四柱结算法"，四柱是指旧管、新收、开除、实在。通过四柱结算法的"旧管+新收-开除=实在"平衡公式进行结账，结算本期财产物资增减变化及其结果，这是我国会计学科发展过程中关于会计方法的一个重要里程碑。

③ 明、清两代，民间商人在"四柱结算法"的基础上，创建了我国最早的复式记账法——龙门账。"龙门账"把所有的经济业务分为进、缴、存、该四大类，即"进-缴=存-该"。"龙门账"是我国有特色的复式记账法的起源，同时也标志着我国商业会计的产生。受"龙门账"的影响，清乾隆至嘉庆年间，我国民间商业界又创立了一种比较成熟的复式记账法——四脚账，又名"天地合账"。"四脚账"的产生，把中式会计推向了一个新的发展阶段，是我国近代会计发展史上的光辉篇章。

例3．"龙门账"是我国有特色的复式记账法的起源，同时也标志着我国商业会计的产生。（　　）

解析：√。我国最早的复式记账法——龙门账把所有的经济业务分为进、缴、存、该四大类，即"进-缴=存-该"。"龙门账"是我国有特色的复式记账法的起源，同时也标志着我国商业会计的产生。

（2）国外会计的产生和发展

早在12～13世纪，借贷记账法就出现于商品、货币经济比较发达的意大利的热那亚、威尼斯等城市，银行账簿已经采用借贷复式簿记，即"威尼斯簿记法"。1211年，意大利佛罗伦萨银行正式用借贷记账法记账。

1494年，意大利数学家卢卡·帕乔利编写的《算术、几何、比及比例概要》一书，是对借贷记账法标志性的总结，借贷记账法从此开始传播和发展。复式记账原理是近代会计形成的标志，我国在清朝后期从国外引入了借贷记账法。

例4．世界上最早形成复式记账法的国家是（　　）。

A．意大利　　　　　B．希腊　　　　　C．埃及　　　　　D．中国

解析：A。1211年，意大利佛罗伦萨银行正式用借贷记账法记账。1494年，意大利数学家卢卡·帕乔利编写的《算术、几何、比及比例概要》一书，是对借贷记账法标志性的总结，借贷记账法从此开始传播和发展。

（3）现代会计

随着生产的日益发展和经济管理的日趋复杂，会计经历了一个由低到高、由简单到复杂、由不完善到逐渐完善、渐进规范的发展过程。会计的产生和发展史告诉我们，会计总是依存于生产，因而具有很强的技术性。会计是随着社会经济环境的发展变化而发展、丰富和完善的，因而会计又具有一定的社会属性。实践证明，"经济越发展，会计越重要"。

知识点二　会计工作组织

1. 会计机构

会计机构是单位内部所设置的专门办理会计事项的机构。会计机构和会计人员是会计工作的主要承担者，建立和健全会计机构，是保证各单位工作顺利进行的重要条件。

（1）会计机构的设置

各单位应当根据会计业务的需要设置会计机构，不具备单独设置会计机构条件的，应当在有关机构中配备专职会计人员。会计机构的设置分为以下三种情况。

① 设置会计机构。在一般情况下，各单位要科学、合理地组织会计工作，应当设置会计机构，如独立核算的大中型企业，会计业务较多的行政、事业单位等。设置会计机构考虑的因素有三个：单位规模的大小、经济业务量和财务收支量的多少、单位经济管理及经营机构设置的要求。

② 设置专职会计人员。一些业务规模小、业务量少的企业，以及会计业务较少的行政、事业单位，可以不设置专门的会计机构，而将会计业务并入其他职能部门，但应当配备专职会计人员，以明确责任制度。

例 5．会计机构的设置，应根据会计业务的需要确定，不具备单独设置会计机构条件的，应当在有关机构中配备专职会计人员。（　　）

解析：√。各单位会计机构是否设置，根据会计业务的需要确定，不具备单独设置会计机构条件的，可以配备专职会计人员。

③ 委托代理记账。一些不具备设置会计机构和专职会计人员条件的小型经济组织，如个体工商户等，应委托经批准设立从事会计代理记账业务的中介机构进行代理记账。代理记账的中介机构一般是会计师事务所、财务管理咨询机构等。代理记账公司的负责人员要具有会计师以上职称。公司要有专门的办公场地和健全的财务管理制度。

代理记账是指将本企业的会计核算、记账、报税等一系列的会计工作全部委托给专业记账公司完成，本企业只设立出纳人员，负责日常货币收支业务和财产保管等工作。

（2）会计工作岗位的设置

① 设置会计工作岗位。会计工作岗位一般可以分为会计机构负责人或会计主管、出纳、财产物资核算、工资核算、成本费用核算、财务成果核算、资金核算、往来结算、总分类账报表、稽核、档案管理等。

② 分离不相容职务。会计工作岗位，可以一人一岗、一人多岗或一岗多人。但在明确分工时，要对不相容职务进行分离。所谓不相容职务，是指那些如果由一人担任，既可能弄虚作假，又能够自己掩盖其错误的职务。《中华人民共和国会计法》（以下简称《会计法》）规定，出纳人员不得兼任稽核、会计档案保管和收入、支出、费用、债权债务账目的登记工作。

例 6．《会计法》规定，出纳人员可以兼任稽核、会计档案保管和收入、支出、费用、债权债务账目的登记工作。（　　）

解析：×。《会计法》明确规定，出纳人员不得兼任稽核、会计档案保管和收入、支出、费用、债权债务账目的登记工作。

③ 轮换会计工作岗位。会计人员的工作岗位应当有计划地进行轮换。

（3）会计机构内部管理制度

① 会计机构内部稽核制度。会计机构内部稽核制度是指各单位的会计机构指定专职或兼

职会计人员，负责对本单位的会计凭证、会计账簿、财务报表和其他会计资料进行审核的制度。内部稽核制度不同于内部审计制度，前者是会计机构内部的一种工作制度，后者是单位在会计机构之外另行设置的内部审计机构或者审计人员对会计工作进行再检查的一种制度。

② 会计机构内部牵制制度。会计机构内部牵制制度又称钱财分管制度，是指凡是涉及款项和财物收付、结算及登记的任何一项工作，必须由两人或两人以上分工负责，起到相互制约、相互稽核作用的一种工作制度，从而达到提高会计核算工作质量的目的，避免会计账务处理中发生失误、差错及弄虚作假、徇私舞弊等行为。

2. 会计人员

（1）会计人员的有关规定

会计人员是指单位专门从事财务会计工作的人员。

① 总会计师的设置。总会计师是负责一个单位全部财务工作的高级管理人员，在国外通常被称为首席财务官。总会计师是在单位负责人的领导下，主管经济核算和财务会计工作的负责人，国有和国有资产占控股地位或主导地位的大、中型企业必须设置总会计师。

② 会计机构负责人的任职资格。会计机构负责人（会计主管人员）是指在一个单位内负责会计工作的中层管理人员。担任单位会计机构负责人，应当具备会计师以上专业技术职务资格或者从事会计工作不少于三年。

（2）会计人员的职业道德

会计人员的职业道德包括爱岗敬业、诚实守信、廉洁自律、客观公正、坚持准则、提高技能、参与管理、强化服务。

例7."制度大于天，人情薄如烟"体现的会计职业道德是（　　）。

A．参与管理　　　B．爱岗敬业　　　C．坚持准则　　　D．参与管理

解析：C。坚持准则要求会计人员熟悉法律、法规和国家统一的会计制度，始终坚持按法律、法规和国家统一的会计制度的要求进行会计核算，实施会计监督。

3. 会计法规

会计法规是会计法律、条例、规章及制度的总称，是制约会计行为的标准，是对会计工作进行评价的依据。我国的会计法律制度包括会计法律、会计行政法规、会计规章、地方性会计法规和会计规范性文件。

（1）会计法律

《会计法》是会计工作的根本大法，是制定各项会计法、会计准则和会计制度的依据。《会计法》于1985年1月21日颁布并施行，1993年12月第一次修正，1999年10月第二次修正，2017年11月第三次修正，并于2017年11月5日起施行。

（2）会计行政法规

会计行政法规是指由国务院制定发布，或者由国务院有关部门拟订经国务院批准发布的，调整某些方面会计关系的会计法律制度，其制定依据是《会计法》。

（3）会计规章

会计规章是指根据《中华人民共和国立法法》规定的程序，由财政部制定，并以财政部部长签署命令的形式公布的关于会计核算、会计监督、会计机构和会计人员，以及会计工作管理的会计规章制度。

（4）地方性会计法规

地方性会计法规是指由省、自治区、直辖市人民代表大会或常务委员会在同宪法、会计法律、行政法规和国家统一的会计制度不相抵触的前提下，根据本地区情况制定发布的关于会计

核算、会计监督、会计机构和会计人员，以及会计工作管理的规范性文件。

（5）会计规范性文件

会计规范性文件是指主管全国会计工作的行政部门，即国务院财政部门，就会计工作中的某些方面所制定的会计法律制度。

例8. 会计行政法规由财政部制定并统一发布。（　　）

解析：×。会计行政法规是由国务院制定发布，或者由国务院有关部门拟订经国务院批准发布的。

知识点三　会计职业发展前景

1. 会计的就业方向

（1）工业企业的会计岗位

（2）金融机构的会计岗位

（3）行政事业单位的会计岗位

（4）代理记账公司的会计岗位

会计人员自主创业成立的代理记账公司或财务公司一般为小企业服务，主要服务内容包括以下几项。

① 上门收取当月原始凭证；填制记账凭证、编制财务报表。

② 按时到税务部门报税，办理与税务有关的一切事项。

③ 提供委托方所需的账簿及会计核算资料。

④ 协助办理年检等工作。

⑤ 委托方委托的其他工作。

⑥ 企业开业指导，一般的财务咨询等。

2. 会计人员应具有的素质

① 丰富的工作经验。

② 学习能力和适应能力。

③ 诚实、朴实、踏实。

④ 细心谨慎。

⑤ 良好的沟通能力。

基础过关

一、选择题

1. 以下（　　）不是我国的会计法律制度。

　　A. 会计行政法规　　　　　　　　B. 会计规章

　　C. 国家统一的会计制度　　　　　D. 税收法律制度

2. 会计的基本职能是（　　）。

　　A. 决策与分析　　B. 控制与考核　　C. 核算与监督　　D. 反映与控制

3. "锲而不舍，金石可镂"的勤奋精神体现的会计职业道德是（　　）。

　　A. 参与管理　　　B. 强化服务　　　C. 提高技能　　　D. 坚持准则

4. 出纳人员可以从事的工作有（　　）。

    A. 稽核   B. 收入、费用、债权债务账目的登记工作

    C. 会计档案保管   D. 现金、银行存款日记账的登记工作

5. 据史料记载，"会计"一词起源于（　　）时代。

    A. 夏朝   B. 西周   C. 唐朝   D. 汉朝

6. 早在 12～13 世纪，（　　）产生了科学的复式记账法。

    A. 印度   B. 中国   C. 意大利   D. 希腊

7. 会计规范性文件是就会计工作中的某些方面所制定的会计法律制度。以下不属于会计规范性文件的是（　　）。

    A.《小企业会计制度》   B.《会计档案管理办法》

    C.《会计基础工作规范》   D.《总会计师条例》

8. 下列不属于会计核算工作的是（　　）。

    A. 记账   B. 算账   C. 报账   D. 查账

9. 会计人员在开展工作时，要以客观事实为依据，如实反映实际经济业务，不偏不倚，保持独立性，体现的会计职业道德是（　　）。

    A. 客观公正   B. 爱岗敬业   C. 提高技能   D. 诚实守信

二、判断题

1. 会计核算贯穿经济活动的全过程，包括事前、事中、事后的反映。（　　）

2. 明朝时期，会计上的一个突出成就是创立了"四柱结算法"。（　　）

3. 会计工作岗位设置的原则之一是"分离不相容职务"。（　　）

4. 会计规章是根据《中华人民共和国立法法》规定的程序，由国务院制定的。（　　）

5. 会计工作细微且责任重大，因此需要细心谨慎。（　　）

6. 会计的两大职能分别是会计核算职能和会计监督职能。（　　）

7. 会计人员的工作岗位一旦确定下来，就不再进行定期轮岗。（　　）

8. 诚实守信要求会计人员不贪不占、遵纪守法、清正廉洁。（　　）

9.《小企业会计制度》是会计规范性文件，是国务院财政部门就会计工作中的某些方面所制定的会计法律制度。（　　）

10. 20 世纪 80 年代后，新技术革命日新月异，传统会计分为财务会计和管理会计两大分支。（　　）

三、名词解释题

1. 会计

2. 会计法规

3. 会计核算职能

提升训练

四、简答题

1. 会计的两大职能之间存在什么关系？分析两者的区别和联系。

2. 会计人员的职业道德要求有哪些？

第二章 会计原理入门

要点导图

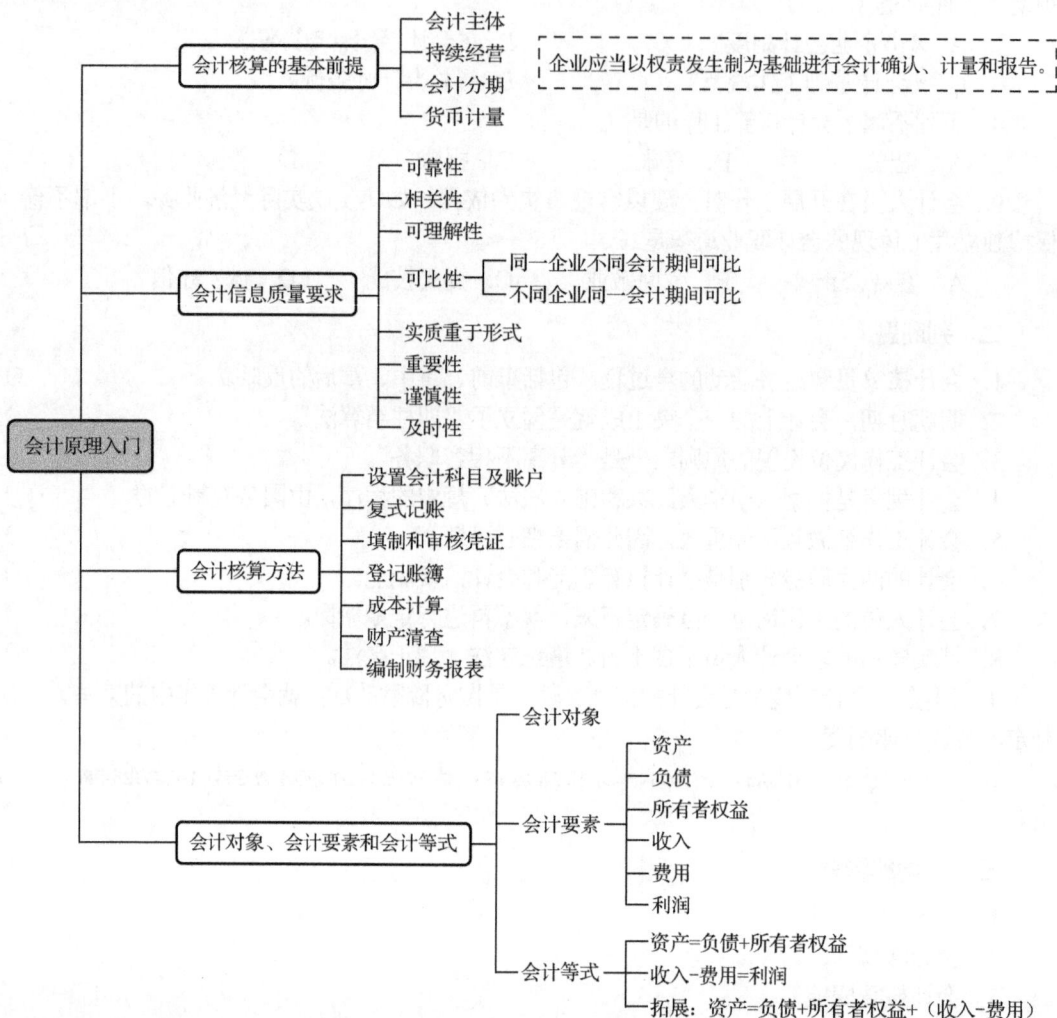

复习要求

1. 重点掌握会计核算的基本前提的含义及内容，掌握权责发生制和收付实现制。
2. 重点掌握会计信息质量要求的内容，了解每个要求的内容与含义。
3. 掌握会计核算方法的概念，重点掌握会计核算方法的内容。
4. 重点掌握会计要素的概念和内容，熟练掌握各个会计要素的概念、特征和分类。

5. 重点掌握会计基本等式，掌握基本等式的转化形式。

6. 重点掌握经济业务的类型及其对会计等式的影响，能够明确指出经济业务的不同类型，理解不同类型的经济业务对资产、权益总额的影响情况。

考点详解

知识点一　会计核算的基本前提

1. 会计核算的基本前提概述

会计核算的基本前提，又称会计基本假设或会计假设，是对会计核算所处的时间、空间环境所做的合理设定。我国《企业会计准则——基本准则》中强调，会计核算的基本前提主要包括会计主体、持续经营、会计分期和货币计量。

（1）会计主体

会计主体是指会计工作所服务的特定单位，又称会计实体、会计个体。会计主体反映一个特定企业和行政事业单位的经济活动。提出会计主体前提，是为了把会计主体的经济业务与其他会计主体的经济业务划分开。会计主体的经济业务不包括投资人本人的经济业务和其他经营单位的经营活动。会计主体前提明确了会计工作的空间范围。会计主体不一定是法律主体，但法律主体通常是会计主体，一个具有独立法人资格的经济实体应当按照法律进行会计核算，建立会计核算体系。

例1. 以下四个会计核算的基本前提中，（　　）指明了会计工作的空间范围。

A. 货币计量　　　　B. 持续经营　　　C. 会计主体　　　D. 会计分期

解析：C。会计主体前提明确了会计工作的空间范围。

例2. 会计主体是法律主体，法律主体不是会计主体。（　　）

解析：×。会计主体不一定是法律主体，比如某集团公司包含若干子公司，子公司不是法律上的主体，但进行独立的财务核算，是会计主体。而法律主体通常是会计主体，一个具有独立法人资格的经济实体应当按照法律进行会计核算。

（2）持续经营

持续经营是指在可以预见的将来，企业将会按当前的规模和状态继续经营下去，不会停业也不会大规模削减业务。明确这一基本假设，企业日常的会计处理就有了一个稳定的基础。持续经营明确了会计工作的时间范围。

（3）会计分期

会计分期是指将会计主体持续的生产经营活动人为地划分为若干连续的、相等的会计期间，以便分期结算账目和编制会计报表。会计分期前提是对会计工作时间范围的具体划分，是对持续经营前提的必要补充。我国《企业会计准则——基本准则》规定："会计期间分为年度和中期。中期是指短于一个完整的会计年度的报告期间。"我国企业将会计期间分为年度、半年度、季度和月度。半年度、季度和月度均称为会计中期。我国会计年度采用的是公历年度，即从1月1日开始到12月31日止。

（4）货币计量

货币计量是指企业的生产经营活动及其经营成果，都要通过价值稳定的货币予以综合反映，其他计量单位虽然也使用，但仅作为辅助工具。货币计量前提一般含有币值稳定不变的假设，它明确了会计核算的计量尺度。货币计量前提实际上包含了两层含义：一是将货币作为会计的统一计量单位；二是作为会计计量单位的货币，其币值是稳定不变的。在我国，会计核算应当以人民币为记账本位币，收支业务以外国货币为主的单位也可以选用某种外国货币作为记账本位币，但是编制的会计报表应当折算为人民币反映。

会计核算的四项基本前提，具有相互依存、相互补充的关系。会计主体确立了会计核算的空间范围，持续经营与会计分期确立了会计核算的时间范围，而货币计量则为会计核算提供了必要手段。

2. 会计确认、计量和报告的基础

《企业会计准则——基本准则》第五条规定："企业应当对其本身发生的交易或者事项进行会计确认、计量和报告。"

（1）企业应当以权责发生制为基础进行会计确认、计量和报告

权责发生制又称应计原则，是指会计上对收入和费用应在其实际发生影响的期间，而非其发生现金收付的期间来确认。即凡是本期已经实现的收入和已经发生或应当负担的费用，不论款项是否收付，都应作为当期的收入和费用；凡是不属于本期的收入和费用，即使款项已在当期收付，也不应作为本期的收入和费用。反之为收付实现制。按照权责发生制确认收入和费用，比较符合经济业务的经济实质，有利于正确划分并确定企业各个会计期间的财务状况和经营成果。

（2）会计确认

会计确认是指决定将交易或事项中的某个项目作为一项会计要素加以记录和列入财务报表的过程，是会计核算的一项重要程序。

（3）会计计量

会计计量是对经济活动进行量化的过程，是指在会计核算中运用一定的计量单位，选择被计量对象的合理属性，计算确定应予以记录的各项经济业务的金额的过程。

（4）会计报告

会计报告是以日常核算资料为主要依据，总括反映企业和行政、事业单位在一定时期内的经济活动情况和经营成果的报告文件。会计报告包括财务会计报表、财务会计报表附注和财务情况说明书。

会计的确认、计量和报告是整个会计核算的核心和精髓，会计信息的形成都离不开这个核心。

知识点二 会计信息质量要求

根据《企业会计准则——基本准则》的规定，会计信息质量要求主要包括可靠性、相关性、可理解性、可比性、实质重于形式、重要性、谨慎性和及时性共八个方面。

1. 可靠性

企业应当以实际发生的交易或者事项为依据进行会计确认、计量和报告，如实反映符合确认和计量要求的各项会计要素及其他相关信息，保证会计信息真实可靠、内容完整。

2. 相关性

企业提供的会计信息应当与会计报告使用者的经济决策需要相关，有助于财务报告使用者对企业过去、现在或未来的情况做出评价或者预测。会计信息应在可靠性的前提下，尽可能地做到相关性，以满足投资者等会计报告使用者的决策需要。

3. 可理解性

企业提供的会计信息应当清晰明了，便于会计报告使用者理解和使用。会计信息应能简明地反映企业的财务状况、经营成果和现金流量，从而有助于会计信息使用者的正确理解和使用。

例3. 要求企业提供的会计信息清晰明了，反映的是会计信息质量要求的（　　　）。

A. 重要性　　　　B. 可理解性　　　C. 谨慎性　　　D. 实质重于形式

解析：B。企业提供的会计信息应当清晰明了，便于会计报告使用者理解和使用。会计信息应能简明地反映企业的财务状况、经营成果和现金流量，从而有助于会计信息使用者的正确理解和使用。

4. 可比性

（1）同一企业不同会计期间可比

会计信息质量的可比性要求同一企业不同会计期间发生的相同或相似的交易或者事项，应当采用一致的会计政策，不得随意变更。

（2）不同企业同一会计期间可比

为了便于财务报告使用者评价不同企业的财务状况、经营成果和现金流量及其变动情况，会计信息质量的可比性要求不同企业同一会计期间发生的相同或相似的交易或者事项，应当采用规定的会计政策，确保会计信息口径一致、相互可比。

5. 实质重于形式

企业应当按照交易或者事项的经济实质进行会计确认、计量和报告，不应仅以交易或者事项的法律形式为依据。实质重于形式体现了对经济实质的尊重，确保会计核算信息与客观事实相符。

6. 重要性

企业提供的会计信息应当反映与企业的财务状况、经营成果和现金流量等有关的所有重要交易或者事项。重要性要求在财务报告全面地反映企业的财务状况和经营成果的前提下，对于那些可能对经济决策产生重大影响的事项，应单独反映、重点说明。对于某个会计事项重要与否的确认，一是严格参照有关会计法规的规定，二是会计人员根据本企业的具体情况做出职业技能判断。企业应当根据其所处环境和实际情况，从项目的性质和金额大小两方面进行重要性判断。

7. 谨慎性

企业对交易或者事项进行会计确认、计量和报告应当保持应有的谨慎，不应高估资产或者收益，也不应低估负债或者费用。为防止坏账损失建立坏账准备、为防止固定资产提前报废损失采用加速折旧法都是谨慎性原则的体现。

8. 及时性

及时性原则要求企业的会计核算应当及时进行，不得提前或延后。会计资料具有一定的时效性，其价值往往随着时间的流逝而降低，因而必须及时报送，不得拖延、积压。

可靠性、相关性、可理解性、可比性是会计信息的首要质量要求，是企业财务报告中所提供的会计信息应具备的基本质量特征。实质重于形式、重要性、谨慎性、及时性是会计信息的次要质量要求，是对可靠性、相关性、可理解性、可比性等首要质量要求的补充和完善。

知识点三　会计核算方法

1. 会计核算方法的概念

会计核算方法是对会计对象的具体内容进行完整、连续、系统地确认、计量和报告时所运用的方法。其主要包括以下七种：设置会计科目及账户、复式记账、填制和审核凭证、登记账簿、成本计算、财产清查和编制财务报表。这七种方法相互联系，共同组成会计核算的方法体系。

2. 会计核算方法的内容

（1）设置会计科目及账户

设置会计科目及账户，是对会计对象的具体内容进行分类反映的一种专门方法。账户是根据会计科目在账簿中开设的专门账页，是分类、连续记录各项经济业务的平台。会计科目是对会计对象的具体内容进行分类核算的项目名称。

（2）复式记账

复式记账是指对每项经济业务都要在两个或两个以上相互联系的账户中进行登记的一种方法。采用复式记账法，通过账户的对应关系及金额相等的平衡关系，可以完整地反映每项经济业务的来龙去脉及各项业务之间的相互关系，可以检查有关经济业务的记录是否正确。

（3）填制和审核凭证

填制和审核凭证是指通过对会计凭证的填制和审核来核算和监督每项经济业务的方法。

（4）登记账簿

登记账簿是指根据审核无误的原始凭证和记账凭证，按照国家统一会计制度规定的会计科目，运用复式记账法将经济业务序时地、分类地登记到账簿中去。借助账簿，就能将分散的经济业务进行分类汇总，系统地提供每项经济活动的完整资料，满足经济管理的需要。登记账簿是会计核算工作的主要环节。

（5）成本计算

成本计算是按照一定对象归集和分配生产经营过程中发生的各种费用，以确定成本核算对象的总成本和单位成本的一种专门方法。

（6）财产清查

财产清查是通过对各项财产物资、货币资金进行实物盘点，将盘点与账面核对相结合，对各项往来款项进行查询、核对，以保证账账、账实相符的一种专门方法。

（7）编制财务报表

编制财务报表是根据账簿记录的数据资料，采用表格和文字的形式反映各单位在一定时期内经济活动过程和结果的一种方法。

例4. 下列选项中，不属于会计核算方法的是（　　　）。

A. 会计分期　　　　　B. 复式记账　　　　C. 设置账户　　　D. 成本计算

解析：A。会计核算方法包括以下七种：设置会计科目及账户、复式记账、填制和审核凭证、登记账簿、成本计算、财产清查和编制财务报表。这七种方法相互联系，共同组成会计核算的方法体系。会计分期属于会计核算的四个基本前提之一。

在会计核算的方法体系中，填制和审核凭证、登记账簿、编制财务报表是三个主要环节，而其他四种方法则紧密地穿插在这三个环节之中，从而组成一个相互联系、相互配合、完整的会计核算方法体系。

例 5．会计日常核算工作的起点是（　　　）。

A．检查账簿　　　　　　　　　B．复式记账

C．设置会计科目及账户　　　　D．填制和审核凭证

解析：C。会计核算的七种方法相互联系、相互配合，形成了一个完整的会计核算方法体系。设置会计科目及账户是首要核算方法。

知识点四　会计对象、会计要素和会计等式

1．会计对象

（1）会计对象的概念

会计对象是指会计核算和监督的内容，即指社会再生产过程中的资金运动或社会再生产过程中能以货币表现的经济活动。

（2）工业企业的资金运动过程

工业企业的资金运动过程，即资金进入企业、资金在企业内部循环周转、资金退出企业的过程。工业企业的生产经营活动内容包括供应过程、生产过程、销售过程。资金形态从货币资金开始，经历储备资金、生产资金、成品资金，最后又回到货币资金。

（3）商品流通企业的资金运动过程

商品流通企业的资金运动过程，即资金进入企业、经营资金的取得和循环周转、资金退出企业的过程。商品流通企业的经营活动只有购进、销售两个过程，没有生产过程。所以，商品流通企业的经营过程中，只有两次资金转化：购进过程，货币资金转化为商品资金；销售过程，商品资金又转化为货币资金。

（4）行政、事业单位资金运动过程

行政、事业单位并不从事商品的生产和流通，是非营利性组织，会计核算和监督的内容指预算资金的收入和支出。

2．会计要素

会计要素又称会计对象要素，是对会计对象所做的基本分类，是会计核算对象的具体化，包括资产、负债、所有者权益、收入、费用、利润六大要素。会计要素是会计内容的基本分类，为会计分类核算提供了基础，为会计报表构建了基本框架。

（1）资产

① 资产的概念。资产是指企业过去的交易或者事项形成的、由企业拥有或者控制的、预期会给企业带来经济利益的资源。

② 资产的特征。

a．资产是企业过去的交易或者事项形成的。

b．资产是由企业拥有或者控制的资源。企业享有该资源的所有权或者虽然不享有该资源的所有权，但该资源能被企业所控制。

c．资产预期会给企业带来经济利益。如果某项资源预期不能给企业带来经济利益，那么就不能将其确认为企业的资产。

③ 资产的分类。资产按流动性可以分为流动资产和非流动资产。资产的流动性是指各种实物形态资产变为现金的难易程度，变现快说明流动性相对较强，变现慢说明流动性相对较弱。一般来说，流动资产所占比重越大，企业资产的变现能力越强。流动资产中货币资金、短期投资比重越大，支付能力越强。

流动资产是指可以在 1 年或者超过 1 年的一个营业周期内变现或耗用的资产，按其变现能力强弱分为库存现金、银行存款、应收及预付账款、存货及其他流动资产等。非流动资产是指除流动资产以外的资产，包括长期投资、固定资产、无形资产等。

例 6. 属于流动资产要素的是（　　　）。

A. 专利权　　　　　B. 固定资产　　　C. 库存商品　　　D. 长期应收款

解析：C。专利权属于无形资产的范畴，属于非流动资产要素；固定资产和长期应收款都属于非流动资产要素；库存商品属于流动资产要素。

（2）负债

① 负债的概念。负债是指企业过去的交易或者事项形成的、预期会导致经济利益流出企业的现时义务。

② 负债的特征。

a. 负债是企业过去的交易或者事项形成的。导致负债的交易或者事项必须是已经发生的，正在筹划的未来交易或者事项不构成企业的负债。

b. 负债是企业承担的现时义务。现时义务是指企业在现行条件下已承担的义务。现时义务可以是法定义务，也可以是推定义务。

c. 负债预期会导致经济利益流出企业。负债通常会在未来某一时日通过交付资产或者提供劳务予以清偿。

③ 负债的分类。负债按偿还期限的长短，分为流动负债和非流动负债。

流动负债是指在 1 年（含 1 年）或者超过 1 年的一个营业周期内需偿还的债务，包括短期借款、应付账款、其他应付款、应付职工薪酬、应付股利、应交税费和其他流动负债等。非流动负债是指除流动负债以外的偿还期在 1 年或者超过 1 年的一个营业周期以上的负债，包括长期借款、应付债券、长期应付款等。

例 7. 下列选项中，不属于流动负债的是（　　　）。

A. 短期借款　　　　B. 应付账款　　　C. 长期借款　　　D. 应付利息

解析：C。流动负债是指在 1 年（含 1 年）或者超过 1 年的一个营业周期内需偿还的债务。长期借款的偿还期在 1 年以上。

（3）所有者权益

① 所有者权益的概念。所有者权益是指企业资产扣除负债后由所有者享有的剩余权益。公司的所有者权益又称股东权益。

② 所有者权益的特征。除非发生减资、清算或分派现金股利，企业不需要偿还所有者权益。企业清算时，只有在清算所有的负债后，才能将所有者权益返还给所有者。所有者凭借所有者权益能够参与企业利润的分配。

③ 所有者权益的分类。所有者权益包括实收资本（或股本）、资本公积、留存收益（盈余公积和未分配利润）等。实收资本是指投资者按照企业章程或合同、协议的约定，实际投入企业的资本。投资者投入资本的形式可以有多种，如可以用现金投资，也可以用非现金资产投资，符合国家规定比例的还可以用无形资产投资。资本公积是指由投资者或他人投入企业的，所有权归属投资者，并且金额超过法定资本部分的资本或者资产。留存收益是指从历年实现的利润中提取或留存于企业的内部积累，它来源于企业生产经营活动所实现的净利润，主要包括盈余公积和未分配利润两类。

（4）收入

① 收入的概念。收入是指企业在日常活动中形成的、会导致所有者权益增加的、与所有者投入资本无关的经济利益的总流入，包括销售商品收入、劳务收入、利息收入、使用费收入、

租金收入、股利收入等。收入不包括为第三方或客户代收的款项。

② 收入的特征。

a. 收入是企业在日常活动中形成的。日常活动是指企业为完成其经营目标所从事的经常性活动及与之相关的活动。界定日常活动的目的是将收入和利得相区分。企业非日常活动所形成的经济利益的流入不能确认为收入，而应当计入利得。

b. 收入会导致所有者权益增加。收入形成经济利益的总流入的形式多种多样，可能是资产的增加，也可能是负债的减少，或可能是两者兼而有之，但收入一定能使企业的所有者权益增加。

c. 收入是与所有者投入资本无关的经济利益的总流入。所有者投入资本主要是为享有企业的剩余权益，由此而形成的经济利益的总流入不构成收入，而是企业的所有者权益的组成部分。

③ 收入的分类。按性质不同，收入可分为销售商品收入、提供劳务收入、让渡资产使用权收入。按企业经营业务的主次不同，收入可分为主营业务收入、其他业务收入。主营业务收入是指企业为完成其经营目标所从事的经常性活动而实现的收入，如工业企业销售产品的收入等。其他业务收入是指企业为完成其经营目标所从事的与经常性活动相关的活动所取得的收入，如工业企业销售材料、提供非工业性劳务的收入等。

（5）费用

① 费用的概念。费用是指企业在日常活动中发生的、会导致所有者权益减少的、与向所有者分配利润无关的经济利益的总流出。

② 费用的特征。

a. 费用是企业在日常活动中形成的。因日常活动所产生的费用通常包括销售成本、职工薪酬、折旧费、无形资产摊销费等。企业非日常活动所形成的经济利益的流出不能确认为费用，应当计入损失，如处置固定资产的损失，或者因自然灾害等非常原因造成的财产损毁等。

b. 费用会导致所有者权益减少。费用的表现形式多种多样，费用可能表现为资产的减少或负债的增加，或者两者兼而有之，但费用一定会导致企业的所有者权益减少。

c. 费用是与向所有者分配利润无关的经济利益的总流出。向投资者分配利润或股利，也会导致经济利益流出企业，而该经济利益流出企业属于所有者权益的抵减项目，不构成企业的费用。

③ 费用的分类。费用按经济用途（是否构成产品成本）可以分为生产成本和期间费用。生产成本是构成产品实体、计入产品成本的费用，包括直接材料、直接人工和制造费用等。期间费用是指在本期发生的、与企业产品生产关系不密切的、直接计入损益的各项费用。期间费用包括管理费用、财务费用和销售费用。

例8. 以下不属于期间费用的是（　　　　）。

A. 制造费用　　　　B. 销售费用　　　　C. 管理费用　　　　D. 财务费用

解析：A。期间费用包括管理费用、财务费用和销售费用。

（6）利润

① 利润的概念。利润是指企业在一定会计期间的经营成果。利润包括收入减去费用后的净额、直接计入当期利润的利得和损失等。收入大于相关的成本和费用，即盈利；收入小于相关的成本和费用，即亏损。

② 利润的特征。利润是收入与费用两个会计要素相配比的结果，最终可导致所有者权益发生变动。

③ 利润的分类。利润按其来源可分为营业利润与直接计入当期利润的利得和损失。

会计要素的六项内容还可以归纳整理为两大类：一是反映企业在特定经营时期财务状况的

要素，即资产、负债、所有者权益三要素，是资金运动的静态表现，是资产负债表的构成要素；二是反映企业经营成果的要素，即收入、费用、利润三要素，是资金运动的动态表现，是利润表的构成要素。

例9. 反映企业经营成果的会计要素是（　　　）。

A. 资产　　　　　　　　B. 所有者权益　　　C. 收入　　　　　D. 负债

解析：C。收入、费用、利润三要素反映企业的经营成果。

3. 会计等式

会计等式是表明各会计要素之间基本关系的恒等式，又称会计方程式、会计平衡公式、会计恒等式。

（1）静态与动态会计等式

① 静态会计等式：资产=权益。资产有两个来源渠道：一是投资者投入（业主，所有者权益）；二是向债权人借入（债主，债权人权益），对企业而言是负债。权益是指企业投资者和债权人对企业资产的要求权，是企业资产的资金来源。资产和权益是同一事物的两个方面，有一定的资产必然有对应这些资产所拥有的权益，资产总额与权益总额之间在价值量上是恒等的：

$$资产=负债+所有者权益$$

"资产=负债+所有者权益"是会计基本等式，反映的是企业在某一特定时日的财务状况，所以又称静态会计等式。它是设计和编制资产负债表的理论依据。

② 动态会计等式：收入-费用=利润。"收入-费用=利润"反映的是企业在某一会计期间的经营成果，所以又称动态会计等式。它是设计和编制利润表的理论依据。

③ 会计基本等式的转化形式。以下是静态与动态相结合的会计等式，又称扩展会计等式：

$$资产=负债+所有者权益+（收入-费用）$$
$$资产=负债+所有者权益+净收益（利润）$$

在企业生产经营过程中，收入的产生必然带来资产的流入，费用的发生必然带来资产的流出。利润是企业资产流入和流出的结果，必然带来所有者权益的增加。这个公式是动态会计等式，体现了收入是所有者权益的增加因素，费用是所有者权益的抵减因素。

（2）经济业务对会计等式的影响

① 经济业务对会计等式的影响主要有以下四种类型。

第一种类型：会计等式左右两边资产与权益同时等额增加，会计等式保持平衡。

第二种类型：会计等式左右两边资产与权益同时等额减少，会计等式保持平衡。

第三种类型：会计等式中，资产内部项目之间有增有减，增减的金额相等，资产总额不变，会计等式保持平衡。

第四种类型：会计等式中，权益（包括负债和所有者权益）内部项目之间有增有减，增减的金额相等，权益总额不变，会计等式保持平衡。

② 资产、权益变动的经济业务对会计等式的影响，可以细分为以下九种类型（见表1-2-1）。

表 1-2-1　经济业务对会计等式的影响

经济业务类型		资产　=　负债　+　所有者权益		
第一种类型	1	增加		增加
	2	增加	增加	
第二种类型	3	减少	减少	
	4	减少		减少

续表

经济业务类型		资产 = 负债 + 所有者权益		
第三种类型	5	增加/减少		
第四种类型	6	增加/减少		
	7		增加/减少	
	8		增加	减少
	9		减少	增加

由以上九种类型的经济业务可知,第 1~4 项会引起资产和权益总额发生变化,第 5~9 项不会引起资产和权益总额发生变化。

例 10. 下列经济业务会引起资产和所有者权益同时增加的是(   )。

A. 接受投资者投入的原材料 　　　　B. 取得短期借款存入银行

C. 采购原材料暂未付款 　　　　　　D. 收到所欠的销货款存入银行

解析:A。接受投资者投入计入实收资本,实收资本属于所有者权益要素,原材料属于资产要素,该笔经济业务引起资产增加和所有者权益增加。取得短期借款存入银行,会引起资产和负债同时增加。采购材料款未付,能引起资产增加和负债增加。收到销货款,银行存款增加,应收账款减少,属于资产要素之间的一增一减。

基础过关

一、选择题

1. 会计主体是指会计工作所服务的(   )。

　　A. 特定单位 　　B. 投资者 　　　C. 债权人 　　　D. 管理者

2. 要求企业提供的会计信息应当反映与企业的财务状况、经营成果和现金流量等有关的所有重要交易或者事项的会计信息质量要求是(   )。

　　A. 可理解性 　　B. 及时性 　　　C. 相关性 　　　D. 重要性

3. 会计主体是指经营上或经济上具有独立性或相对独立性的单位,因此(   )。

　　A. 会计主体必须同时是法律主体 　　B. 会计主体必须不是法律主体

　　C. 会计主体不一定是法律主体 　　　D. 会计主体必须是营利性单位

4. 同一会计主体不同会计期间的经济指标要口径一致、相互可比是(   )的要求。

　　A. 真实性 　　　B. 可比性 　　　C. 一致性 　　　D. 有用性

5. 会计分期是把企业持续的生产经营过程划分为若干起讫日期较短的会计期间,其起讫日期通常为(   )。

　　A. 一个会计日度 　　　　　　　　B. 一个会计月度

　　C. 一个会计年度 　　　　　　　　D. 一个会计季度

6. 下列不属于企业资产的是(   )。

　　A. 实收资本 　　　　　　　　　　B. 融资租入的固定资产

　　C. 机器设备 　　　　　　　　　　D. 专利权

7. 下列选项中,属于流动资产要素的是(   )。

　　A. 固定资产 　　B. 专利权 　　　C. 原材料 　　　D. 长期投资

8. 所有者权益是企业投资人对企业(   )的所有权。

　　　A. 资产　　　　　　B. 净资产　　　　　C. 投入资本　　　　D. 净收益

9. 企业应当以实际发生的交易或者事项为依据进行会计确认、计量和报告所体现的是（　　）的要求。

　　　A. 相关性　　　　　B. 可靠性　　　　　C. 可比性　　　　　D. 重要性

10. 下列选项中，引起负债有增有减的经济业务是（　　）。

　　　A. 开出应付票据抵付应付账款　　　　B. 以银行存款偿还银行借款

　　　C. 以银行存款上缴税金　　　　　　　D. 收到外商捐赠的设备

11. 下列选项中，引起所有者权益有增有减的经济业务是（　　）。

　　　A. 收到国家投入的固定资产　　　　　B. 以银行存款偿还长期借款

　　　C. 将资本公积转增资本　　　　　　　D. 以银行存款购入材料

12. 以下会计期间中，不属于中期的是（　　）。

　　　A. 年度　　　　　　B. 半年度　　　　　C. 季度　　　　　　D. 月度

13. 不属于会计信息首要质量要求的是（　　）。

　　　A. 可靠性　　　　　　　　　　　　　　B. 相关性

　　　C. 实质重于形式　　　　　　　　　　　D. 可比性

14. 某日，甲公司的资产总额为 100 万元，流动负债总额为 20 万元，所有者权益总额为 35 万元，则当日该公司的长期负债总额为（　　）万元。

　　　A. 85　　　　　　　B. 15　　　　　　　C. 35　　　　　　　D. 45

15. 某企业资产总额为 200 万元，如果发生以下经济业务：①收到外单位投资 10 万元存入银行；②以银行存款支付购入材料款 15 万元；③以银行存款偿还银行借款 5 万元。则企业资产总额变为（　　）万元。

　　　A. 205　　　　　　　B. 220　　　　　　C. 195　　　　　　D. 170

16. 下列账户属于损益类的是（　　）。

　　　A. 制造费用　　　　B. 生产成本　　　　C. 财务费用　　　　D. 固定资产

17. 如果经济业务发生后只涉及资产一个会计要素，那么将引起资产要素内部有关项目（　　）。

　　　A. 同增　　　　　　B. 同减　　　　　　C. 有增有减　　　　D. 不增不减

18. 从银行提取现金的业务会使资产和权益数额（　　）。

　　　A. 同增　　　　　　B. 同减　　　　　　C. 有增有减　　　　D. 不增不减

19. 根据权责发生制原则，甲企业发生的下列业务中，应当确认为当期收入的是（　　）。

　　　A. 支付明年的房屋租金　　　　　　　B. 本月收取上月的销货款

　　　C. 当期按照税法规定预缴税费　　　　D. 本月销售货物但货款尚未收到

20. 下列各项中，会导致企业负债增加、所有者权益减少的是（　　）。

　　　A. 将资本公积转增资本　　　　　　　B. 收到销货款存入银行

　　　C. 接受投资者投入的固定资产　　　　D. 计算得出应付投资者利润

二、判断题

1. 借贷方科目用错不会影响试算平衡，所以试算平衡法不能检查出所有的核算错误。

　　　　　　　　　　　　　　　　　　　　　　　　　　　　　　　　（　　）

2. 会计期间的划分通常以一年为标准，称为会计年度。　　　　　　　　（　　）

3. 谨慎性原则要求多计费用，少计收入。　　　　　　　　　　　　　　（　　）

4. 会计的目的是提高经济主体的经济效益。　　　　　　　　　　　　　（　　）

5. 任何经济业务的发生都不会破坏会计等式的平衡。　　　　　　　　（　　）

6. 预收账款、预付账款、应付账款和应付票据均属于流动负债。　　　（　　）

7. 货币计量前提包含了币值稳定不变的假设。　　　　　　　　　　　（　　）

8. 将资本公积转增实收资本不会引起权益的金额变化。　　　　　　　（　　）

9. 以银行存款缴纳税金，所引起的变动为资产和负债同时减少。　　　（　　）

10. 主营业务收入、其他业务收入和营业外收入均属于收入。　　　　　（　　）

11. 负债按照流动性分为流动负债和非流动负债。　　　　　　　　　　（　　）

12. 资产的流动性是指实物形态资产变为现金的难易程度，变现慢说明流动性强。　（　　）

13. 企业编制各种财务报表的理论依据是会计等式所体现的平衡原理。　（　　）

14. 企业从银行借入短期借款引起资产和负债同时发生变化，会计基本等式也因此不再平衡。　　　　　　　　　　　　　　　　　　　　　　　　　　　　（　　）

15. 会计要素中的资产、负债和所有者权益是构成资产负债表的要素，是资金运动的静态表现。　　　　　　　　　　　　　　　　　　　　　　　　　　　　　　（　　）

16. 经济业务的发生必定会引起资产和权益的一增一减。　　　　　　　（　　）

17. 任何经济业务的发生都不会打破资产与权益的平衡关系，而且不会引起资产与权益总额发生变化。　　　　　　　　　　　　　　　　　　　　　　　　　　　　（　　）

18. 会计主体确立了会计核算的空间范围。　　　　　　　　　　　　　（　　）

19. 会计要素中既有反映财务状况的要素，又有反映经营成果的要素。　（　　）

三、名词解释题

1. 资产

2. 负债

3. 收入

4. 会计等式

提 升 训 练

四、实训题

1. A 公司 2023 年 9 月 30 日财务状况如下。

（1）企业库存现金 1 000 元。

（2）开户行工商银行现存数额是 250 000 元。

（3）因销售商品收到商业汇票 45 000 元。

（4）应收销货款金额为 51 000 元。

（5）企业库存商品——A 产品 10 000 元。

（6）企业库存商品——B 产品 8 700 元。

（7）企业持有其他单位的长期投资 20 000 元。

（8）企业拥有的专利权价值 35 000 元。

（9）企业的机器设备共计 50 000 元。

（10）企业取得短期借款 100 000 元。

（11）企业取得长期借款 120 000 元。

（12）企业拥有实收资本 68 000 元。

（13）应向外单位支付销货款 181 700 元。

（14）企业库存原材料共计 21 000 元。

（15）企业提留的盈余公积 10 000 元。

（16）企业开出的商业汇票 12 000 元。

要求：根据资料内容，将有关会计科目金额计算后填入表 1-2-2 中，根据"资产=负债+所有者权益"平衡公式检验是否平衡。

表 1-2-2　A 公司资产负债表（简表）

2023 年 9 月 30 日　　　　　　　　　　　　　　　　单位：元

资　产	金　额	负债和所有者权益	金　额
库存现金		短期借款	
银行存款		应付票据	
应收票据		应付账款	
应收账款		长期借款	
原材料		实收资本	
库存商品		盈余公积	
长期股权投资			
固定资产			
无形资产			
资产总额		负债和所有者权益总额	

2. B 公司 2023 年 11 月 30 日的资产负债表显示资产总计 250 000 元，负债总计 150 000 元，所有者权益总计 100 000 元。该公司 2023 年 12 月发生如下经济业务。

（1）收到其他公司所欠货款 25 000 元存入银行。

（2）取得短期借款 30 000 元存入银行。

（3）投资者投入机器设备价值 50 000 元。

（4）将资本公积转增实收资本 3 000 元。

（5）从银行提取 5 000 元现金作为企业备用金。

（6）用银行存款支付利息共计 3 500 元。

要求：

（1）根据 12 月发生的经济业务，说明经济业务对会计要素的影响。

（2）计算 12 月 B 公司的资产总额、负债总额和所有者权益总额。

期末资产总额=

期末负债总额=

期末所有者权益总额=

第三章 会计科目与账户

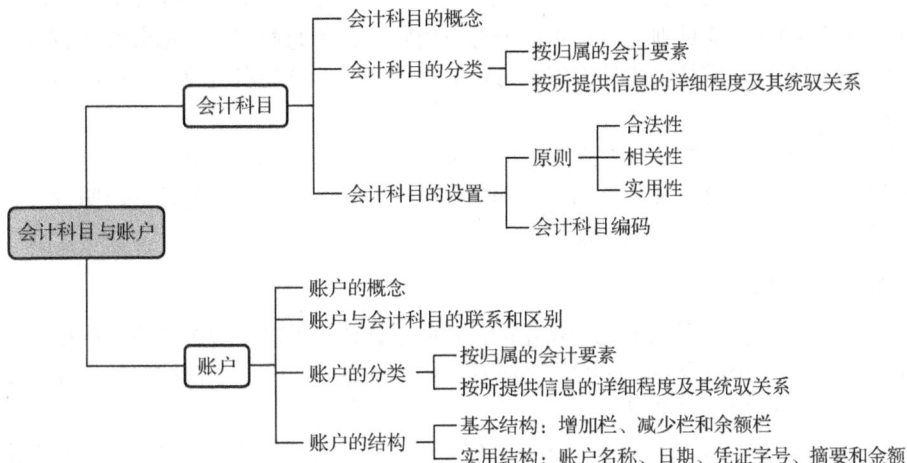

要点导图

会计科目与账户
- 会计科目
  - 会计科目的概念
  - 会计科目的分类
    - 按归属的会计要素
    - 按所提供信息的详细程度及其统驭关系
  - 会计科目的设置
    - 原则
      - 合法性
      - 相关性
      - 实用性
    - 会计科目编码
- 账户
  - 账户的概念
  - 账户与会计科目的联系和区别
  - 账户的分类
    - 按归属的会计要素
    - 按所提供信息的详细程度及其统驭关系
  - 账户的结构
    - 基本结构：增加栏、减少栏和余额栏
    - 实用结构：账户名称、日期、凭证字号、摘要和金额

复习要求

1. 重点掌握会计科目的概念、分类、设置原则，了解会计科目编码。
2. 重点掌握账户的概念、分类和基本结构，掌握账户与会计科目的联系和区别。
3. 理解并掌握账户基本结构的关系式：期末余额=期初余额+本期增加发生额-本期减少发生额。

考点详解

知 识 点 一 会 计 科 目

1. 会计科目的概念

会计科目简称科目，是为了满足会计确认、计量和报告的要求，根据企业内部会计管理和外部信息需要，对会计要素具体内容进行分类的项目。会计科目是账户的名称。

2. 会计科目的分类

（1）按归属的会计要素分类

按归属的会计要素，又称按经济内容，会计科目可分为资产类、负债类、所有者权益类、成本类、损益类五大类。

（2）按所提供信息的详细程度及其统驭关系分类

按所提供信息的详细程度及其统驭关系，会计科目可分为一级会计科目、二级会计科目和三级会计科目。二、三级会计科目在实际工作中统称为明细分类科目。

① 总分类科目：又称一级会计科目、总账科目，是对会计要素的具体内容进行总括分类、提供总括信息的会计科目。总分类科目用来反映某类经济内容的总括资料，是设置总分类账的依据。

② 明细分类科目：包括二级会计科目和三级会计科目，是对总分类科目的进一步分类，提供更加详细、具体会计信息的科目，是对一级会计科目的补充，是设置明细分类账的依据。

③ 总分类科目与明细分类科目的关系。总分类科目对其所属的明细分类科目具有统驭和控制作用，而明细分类科目则是对其隶属的总分类科目的补充和说明。总分类科目提供总括的会计信息，基本上可以满足企业外部有关方面的需要，明细分类科目提供详细的核算指标，主要为企业内部管理服务。

例1. 明细分类科目对总分类科目起着补充说明、统驭和控制作用。（　　）

解析：×。总分类科目对其所属的明细分类科目具有统驭和控制作用，而明细分类科目则是对其隶属的总分类科目的补充和说明。

3. 会计科目的设置

我国的会计科目是由财政部统一规定的，企业主管部门可以在规定的范围内根据行业的实际情况进行增设、减少或合并；明细分类科目除统一规定外，企业可根据单位规模大小、业务特点、管理要求等情况自行设置。

设置会计科目要符合三项原则：第一，合法性原则，指设置的会计科目应当符合国家统一的会计制度的规定；第二，相关性原则，指设置的会计科目应为会计信息使用者服务，满足对外报告和内部管理的需求；第三，实用性原则，指设置的会计科目应符合单位自身特点，满足实际需要。每个会计科目都有一个固定的编码，目前一般采用"四位数制"编码法，在某些会计科目编码之间留有空号，供增设会计科目之用。

知识点二　账　　户

1. 账户的概念

账户是根据会计科目设置的，具有一定的格式和结构，分类、连续、系统地记录各项经济业务，反映会计要素增减变动情况及其结果的一种载体。设置账户是会计核算的专门方法之一。

2. 账户与会计科目的联系和区别

（1）联系

① 账户与会计科目都是对会计对象内容的科学分类，两者口径一致，具有相同的性质。

② 账户是根据会计科目开设的，是会计科目的具体应用；会计科目是账户的名称，也是设置账户的依据。

（2）区别

① 会计科目侧重对会计要素具体内容的分类，不反映特定核算内容的增减变动情况，不具有核算和监督会计要素的职能；账户侧重反映特定核算内容的增减变动情况，能够提供会计要素的动态和静态指标，具有核算和监督的职能。

② 会计科目本身没有结构，账户则具有一定的结构。

实际工作中，对会计科目和账户不加以严格区分，常常将会计科目作为账户的同义语。

例2．会计科目与账户的根本区别在于（　　）。

A．记录的内容不同　　　　　　　　B．记录的方法不同

C．反映的经济业务不同　　　　　　D．账户有结构，会计科目无结构

解析：D。账户是根据会计科目设置的，二者记录的内容和方法、反映的经济业务是相同的。根本区别就在于账户能够反映会计要素的增减变化，具有一定的结构。

3．账户的分类

账户是依据会计科目设置的，与会计科目的分类相对应，也有两种不同的分类标准。

（1）按归属的会计要素分类

按归属的会计要素，账户分为资产类、负债类、所有者权益类、成本类和损益类。

（2）按所提供信息的详细程度及其统驭关系分类

按所提供信息的详细程度及其统驭关系，账户分为总分类账户和明细分类账户。根据总分类科目（一级会计科目）设置的账户称为总分类账户（一级账户）。根据子目、细目（二、三级会计科目）设置的账户称为明细分类账户。

例3．总分类账户和明细分类账户是对账户按（　　）进行分类的结果。

A．经济用途　　　　　　　　　　　B．所提供信息的详细程度及其统驭关系

C．经济内容　　　　　　　　　　　D．结构

解析：B。按所提供信息的详细程度及其统驭关系，账户分为总分类账户和明细分类账户。

4．账户的结构

账户的结构就是账户的格式，是指登记经济业务内容的具体的账簿格式。

（1）账户的基本结构

账户分为左、右两方：一方反映增加的数额，另一方反映减少的数额。账户的左、右两方，哪一方登记增加的数额，哪一方登记减少的数额，由所采用的记账方法、账户所记录的会计要素的具体内容及账户的性质来决定，并非固定不变的。

账户的基本结构一般有四个金额要素，即期初余额、本期增加发生额、本期减少发生额和期末余额。上述四项金额要素的关系可以用下式表示：

$$期末余额=期初余额+本期增加发生额-本期减少发生额$$

（2）账户的实用结构

在账户中还应设置账户名称、日期、凭证字号、摘要和金额等栏次，从而形成一个完整的账户。为了方便教学，往往将账户左、右两方的金额栏凸显出来，舍去其他栏次，从而形成简化格式。账户的简化格式，通常称为"T"形账户。

基础过关

一、选择题

1．下列不属于会计科目的是（　　）。

A．货币资金　　B．盈余公积　　C．固定资产　　D．预付账款

2．下列可以作为总分类科目的是（　　）。

A．钢材　　B．原材料　　C．甲材料　　D．商业票据

3．对每个账户而言，期末余额（　　）。

A. 只能在左方　　　　　　　　　B. 只能在右方

C. 在左方和右方均可　　　　　　D. 只能在账户的一方

4. 会计科目与账户的区别在于（　　　）。

　　A. 记录资产和权益的增减变动情况不同

　　B. 记录资产和负债的结果不同

　　C. 反映的经济内容不同

　　D. 账户有结构而会计科目无结构

5. 总分类账户和明细分类账户的平行登记结果表现为（　　　）。

　　A. 总分类账户与其所属明细分类账户的发生额、余额平衡

　　B. 差额平衡

　　C. 所有资产类和负债类的余额平衡

　　D. 发生额平衡、余额平衡

6. 某资产类账户的本期借方发生额为 1 500 元，贷方发生额为 1 000 元，期末余额为 600 元，则期初余额为（　　　）元。

　　A. 100　　　　　　B. 200　　　　　　C. 150　　　　　　D. 300

7. 一般来说，双重性质账户的期末余额（　　　）。

　　A. 在贷方　　　　　　　　　　B. 在借方

　　C. 无余额　　　　　　　　　　D. 可能在借方，也可能在贷方

8. 资产类账户与负债类账户的结构（　　　）。

　　A. 完全相同　　　B. 基本相同　　　C. 相反　　　D. 没有关系

9. （　　　）一般没有期末余额。

　　A. 资产类账户　　　　　　　　B. 负债类账户

　　C. 所有者权益类账户　　　　　D. 损益类账户

二、判断题

1. 账户是根据会计科目设置的，会计科目与账户核算的内容是相同的。（　　）

2. 所有总分类科目都要设置明细分类科目。（　　）

3. "期末余额=期初余额+本期增加发生额-本期减少发生额"这一等式适用于任何性质的账户。（　　）

4. 企业只能使用国家统一的会计制度规定的会计科目，不得自行增减或合并。（　　）

5. 实际工作中，为提供详细的核算指标，所有的总分类账户都需要设置明细科目。（　　）

6. 账户的左、右两方，哪一方登记增加金额，哪一方登记减少金额，不是固定不变的，是由所采用的记账方法、账户所记录的会计要素的具体内容及账户的性质决定的。（　　）

7. 会计科目作为账户的同义语，二者没有区别。（　　）

8. 按所提供信息的详细程度及其统驭关系，会计科目可分为资产类、负债类、所有者权益类、成本类、损益类五大类。（　　）

9. 二级科目和明细科目通常统称为明细科目。（　　）

10. 账户如果有期初余额，一般与增加额登记的方向相同。（　　）

11. 账户的结构就是账户的格式，是指登记经济业务内容的具体的账簿格式。（　　）

12. 会计科目是根据账户设置的，与账户核算的内容是相同的。（　　）

13. 每个账户中所记录的金额可以用如下关系式表示：期初余额=期末余额+本期增加发生额-本期减少发生额。（　　）

14．"期末余额=期初余额+本期借方发生额-本期贷方发生额"这一公式适用于任何性质账户的结账。　　　　　　　　　　　　　　　　　　　　　　　　　　　　　（　　　）

三、名词解释题

1．会计科目

2．总分类科目

3．明细分类科目

4．账户

提升训练

四、实训题

1．顺达公司 2023 年 8 月发生的部分经济业务如下。

（1）企业购买一批计算机，价款共计 1 130 000 元，货款暂未支付，计算机已经交付使用。

（2）收到 B 公司投入的原材料一批，价值 100 000 元。

（3）从银行取得短期借款存入银行，金额为 20 000 元。

（4）一批产品验收入库，价值 35 000 元。

（5）经批准，将盈余公积转增资本，金额为 50 000 元。

要求：根据资料写出经济业务所涉及的会计科目名称及类别。

2．顺达公司 2023 年 10 月的部分账户资料如表 1-3-1 所示。

表 1-3-1　顺达公司 2023 年 10 月的部分账户资料

单位：元

账户名称	期初余额	本期增加发生额	本期减少发生额	期末余额
银行存款	25 000		12 000	31 000
应收票据		23 000	11 600	19 000
应付利息	56 000	30 000	36 000	
应付职工薪酬		35 000	2 000	70 000
长期借款	12 000	20 000	15 000	
盈余公积	5 000	5 000		3 000

要求：完成表 1-3-1 中空白处金额的填写。

五、简答题

1．简述账户与会计科目的联系和区别。

2．说一说总分类科目与明细分类科目的关系。

第四章 复式记账

要点导图

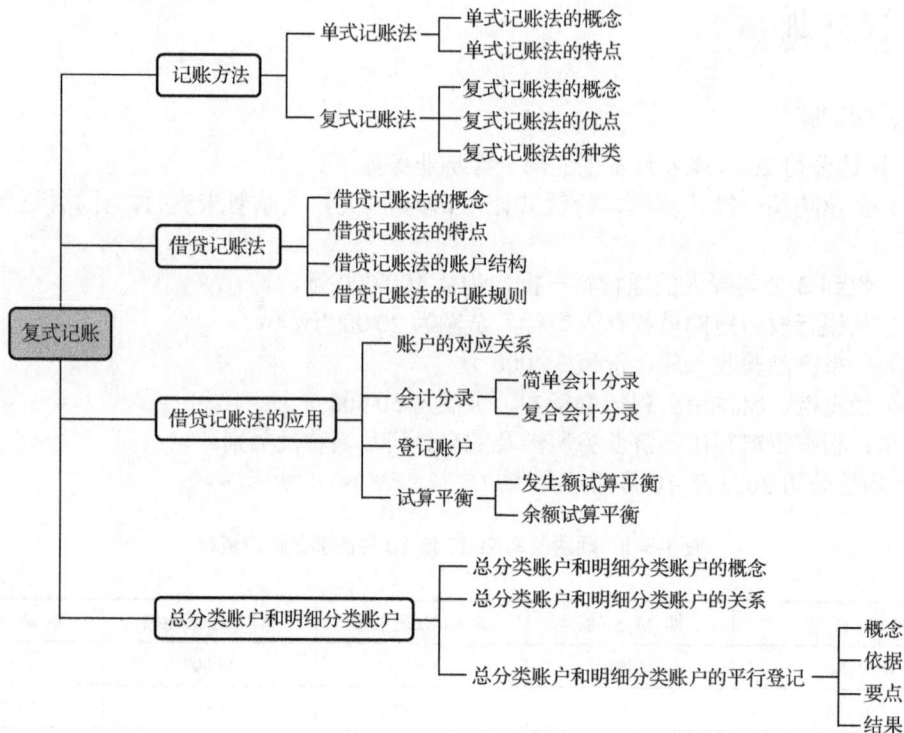

复习要求

1. 重点掌握复式记账法的概念，了解三种主要的复式记账法；了解单式记账法。

2. 重点掌握借贷记账法的概念、特点、记账符号、记账规则，理解并掌握各类账户的结构及余额计算公式。

3. 掌握账户的对应关系的概念及对应账户，重点掌握会计分录的概念、会计分录的三要素、格式和分类；正确编制会计分录，熟练登记会计账户。

4. 重点掌握试算平衡的概念、发生额试算平衡公式和余额试算平衡公式，熟练编制总分类账户的试算平衡表。

5. 掌握总分类账户和明细分类账户的平行登记，掌握进行平行登记时账户中各项金额的计算。

考点详解

知识点一 记 账 方 法

记账方法就是按照一定的规则，运用一定的符号，将经济业务所涉及的会计科目、金额和有关文字说明等填制记账凭证，并登记到账户中的方法。简单地讲，记账方法就是在账户中登记经济业务的方法。

1. 单式记账法

（1）单式记账法的概念

单式记账法就是对发生的每项经济业务只在一个账户中进行登记的记账方法。它在记账时重点考虑的是库存现金、银行存款及债权债务方面的增减变化情况。

（2）单式记账法的特点

手续简单，但账户设置不完整，各账户间没有严密的对应关系，难以反映经济活动的全貌，也无法对记账结果进行试算平衡，不便于检查账户记录的正确性和完整性，所以逐渐被复式记账法所取代。

2. 复式记账法

（1）复式记账法的概念

复式记账法是以资产与权益的平衡关系为记账基础，对发生的经济业务都要在两个或两个以上相互联系的账户中以相等的金额进行记录，系统地反映会计要素的增减变化和结果的一种记账方法。复式记账法是会计核算的专门方法之一。

例 1. 复式记账法是对发生的经济业务都要在两个或两个以上的账户中进行记录的一种记账方法。（ ）

解析：×。复式记账法是对发生的经济业务都要在两个或两个以上相互联系的账户中以相等的金额进行记录，系统地反映会计要素的增减变化和结果的一种记账方法。要凸显相互联系的账户、以相等的金额进行记录。

（2）复式记账法的优点

① 能够全面、清晰地反映经济业务的来龙去脉。

② 对账户记录的结果进行试算平衡，保证账簿记录的正确性。

例 2. 复式记账法能够全面、清晰地反映经济业务的来龙去脉，还可以通过试算平衡来保证账簿记录的正确性。（ ）

解析：√。根据复式记账法的优点这一知识点判断。

（3）复式记账法的种类

复式记账法按照记账符号、记账规则、试算平衡的不同，可以分为借贷记账法、增减记账法和收付记账法三种。

知识点二 借贷记账法

1. 借贷记账法的概念

借贷记账法是以"借"和"贷"为记账符号，以"有借必有贷，借贷必相等"为记账规则的一种复式记账法。

2. 借贷记账法的特点

（1）以"借"和"贷"为记账符号

"借"表示资产、成本、费用的增加和负债、所有者权益及收入的减少；"贷"表示负债、所有者权益及收入的增加和资产、成本、费用的减少。各类账户的记账特点如表1-4-1所示。

表1-4-1 各类账户的记账特点

账户名称	借方登记	贷方登记	余额方向
资产类账户	增加额	减少额	借方
成本类账户	增加额	减少额	借方
费用类账户	增加额	减少额、结转额	无余额
负债类账户	减少额	增加额	贷方
所有者权益类账户	减少额	增加额	贷方
收入成果类账户	减少额、结转额	增加额	无余额

（2）以"有借必有贷，借贷必相等"为记账规则

（3）借贷记账法对账户不要求固定分类

在借贷记账法下，可以设置双重性质的账户。双重性质的账户，就是在一个账户中既能反映资产又能反映权益两种不同性质的账户。只有根据这类账户余额的借、贷方向，才能判断其性质。

（4）账户的借方和贷方保持平衡关系

全部账户期初借方余额合计数＝全部账户期初贷方余额合计数

全部账户本期借方发生额合计数＝全部账户本期贷方发生额合计数

全部账户期末借方余额合计数＝全部账户期末贷方余额合计数

3. 借贷记账法的账户结构

（1）资产类账户的结构

资产类账户，借方登记资产的增加额，贷方登记资产的减少额，余额一般登记在借方（与登记增加金额在同一方向），表示期末资产的实有数额。

资产类账户期末借方余额＝期初借方余额＋本期借方发生额－本期贷方发生额

（2）负债类账户的结构

负债类账户，贷方登记负债的增加额，借方登记负债的减少额，余额一般登记在贷方（与登记增加金额在同一方向），表示期末负债的实有数额。

负债类账户期末贷方余额＝期初贷方余额＋本期贷方发生额－本期借方发生额

（3）所有者权益类账户的结构

所有者权益类账户与负债类账户结构完全相同，即贷方登记所有者权益的增加额，借方登记所有者权益的减少额，余额一般登记在贷方，表示期末所有者权益的实有数额。

所有者权益账户期末贷方余额＝期初贷方余额＋本期贷方发生额－本期借方发生额

（4）成本类账户的结构

成本类账户，借方登记成本的增加额，贷方登记成本的减少额，期末一般无余额。期末如有余额，一般在借方，表示企业尚未加工完成的在产品成本。

（5）损益类账户的结构

损益类账户按其对本年利润的影响，可划分为反映收入的收入类账户和反映费用的费用类账户。

① 收入类账户的结构。贷方登记收入的增加额，借方登记收入的减少额或结转额，期末无余额。

② 费用类账户的结构。借方登记费用的增加额，贷方登记费用的减少额或结转额，期末无余额。

4. 借贷记账法的记账规则

记账规则就是记录经济业务时应遵循的规则。借贷记账法的记账规则是"有借必有贷，借贷必相等"。

知识点三　借贷记账法的应用

1. 账户的对应关系

账户之间存在的相互对应、相互依存的关系称为账户的对应关系。存在对应关系的账户称为对应账户。账户的对应关系只存在于一项经济业务所涉及的借方账户和贷方账户之间，同方向的账户间不存在对应关系，相互间也不是对应账户。

2. 会计分录

（1）会计分录的概念

会计分录是指对发生的每项经济业务，标明其应借、应贷的账户名称及其金额的记录，简称分录。

（2）会计分录的要素

会计分录的要素有账户名称、记账方向、应记金额。

（3）会计分录的分类

按所涉及科目的多少，会计分录分为简单会计分录和复合会计分录。

① 简单会计分录是指由一借一贷两个账户组成的会计分录，即由一个账户的借方和一个账户的贷方相对应组成的会计分录："一借一贷"。

② 复合会计分录是指涉及两个以上账户的会计分录，即由一个账户的借方（或贷方）和多个账户的贷方（或借方）相对应组成的会计分录："一借多贷""一贷多借"。

一般情况下，不宜编制"多借多贷"的会计分录。

3. 登记账户

登记账户又称过账，是将会计分录中确定的金额登记到相关账户借方或贷方的工作步骤。

4. 试算平衡

（1）试算平衡的概念

试算平衡，就是以会计等式和借贷记账规则为理论基础，按照记账规则的要求，通过对所有账户记录的汇总和计算，检查账户记录是否正确的一种方法。

（2）试算平衡的方法

借贷记账法的试算平衡方法主要有发生额试算平衡和余额试算平衡两种。

① 发生额试算平衡公式。

全部账户本期借方发生额合计数=全部账户本期贷方发生额合计数

② 余额试算平衡公式。

全部账户借方期初余额合计数=全部账户贷方期初余额合计数

全部账户借方期末余额合计数=全部账户贷方期末余额合计数

试算平衡能检查账户记录是否正确。如果试算不平衡，可以肯定账户记录或计算有错误，应进一步查明原因，予以纠正；如果试算平衡，也不能完全肯定账户记录或计算没有错误，因为有些错误并不影响借贷双方的平衡，如经济业务全部漏记、经济业务记账方向颠倒、会计科目用错、经济业务重复登记、借方或贷方发生额中偶然一多一少并相互抵销。

例3．只要试算平衡就可以保证记账工作准确无误。（　　　）

解析：×。经济业务全部漏记、经济业务记账方向颠倒、会计科目用错、经济业务重复登记等情况不会影响试算平衡，但是记账工作已经出现错误。

知识点四　总分类账户和明细分类账户

1. 总分类账户和明细分类账户的概念

总分类账户是指以货币为计量单位，总括反映各个会计要素增减变动情况及其结果的账户。

明细分类账户是指以货币为计量单位，或同时以货币单位和实物单位计量，详细反映会计要素增减变动情况及其结果的账户。

2. 总分类账户和明细分类账户的关系

总分类账户和明细分类账户存在着密切的关系。二者记录的经济业务内容相同，登记的原始依据相同，区别在于提供会计核算指标的详细程度不同。

（1）控制与被控制的关系

总分类账户对其所属明细分类账户起统驭和控制的作用；而明细分类账户则对其所隶属的总分类账户起辅助和补充说明的作用。

（2）相互配合的关系

总分类账户与其所属明细分类账户核算的经济内容相同，它们提供的核算资料相互补充。总分类账户可称为统驭账户、控制账户，明细分类账户可称为从属账户、被控制账户。

3. 总分类账户和明细分类账户的平行登记

（1）平行登记的概念

平行登记是指对发生的每项经济业务，都要以会计凭证为依据，以相同的方向和相等的金额，同时在某总分类账户和其所属的各明细分类账户进行登记的方法。

（2）平行登记的依据

平行登记的依据为会计凭证。

（3）平行登记的要点

平行登记的要点为依据相同、期间相同、方向相同、金额相等。

（4）平行登记的结果

总分类账户期初余额=其所属明细分类账户期初余额之和

总分类账户本期借方发生额=其所属明细分类账户本期借方发生额之和

总分类账户本期贷方发生额=其所属明细分类账户本期贷方发生额之和

总分类账户期末余额=其所属明细分类账户期末余额之和

前两项可以综合为"总分类账户本期发生额=其所属明细分类账户本期发生额之和"。平行登记既可以满足管理上对总括会计信息和详细会计信息的要求，又可以验证账户记录的完整性和正确性。

基 础 过 关

一、选择题

1. 一般情况下，不宜编制（　　）的会计分录。

    A."一借一贷"　　B."多借多贷"　　C."一借多贷"　　D."一贷多借"

2. 在下面的复合会计分录中，"管理费用"账户的对应账户是（　　）。

    借：管理费用　　　　　　　　3 000

        库存现金　　　　　　　　2 000

      贷：其他应收款　　　　　　　　5 000

    A."库存现金"　　　　　　　　　　B."其他应收款"

    C."管理费用"　　　　　　　　　　D."银行存款"

3. 下列选项中，会影响总分类账户试算平衡的是（　　）。

    A. 经济业务全部漏记　　　　　　　B. 经济业务记账方向颠倒

    C. 会计科目用错　　　　　　　　　D. 借方或贷方发生额中一方漏记

4. 下列差错中，能够通过试算平衡表判断出来的是（　　）。

    A. 业务的一方漏记　　　　　　　　B. 整笔业务漏记

    C. 整笔业务重记　　　　　　　　　D. 会计科目用错

5. 下列关于复式记账法的说法错误的是（　　）。

    A. 能够全面、清晰地反映经济业务的来龙去脉

    B. 对账户记录的结果进行试算平衡，保证账簿记录的正确性

    C. 以资产和所有者权益的平衡关系为记账的基础

    D. 对发生的经济业务都要在两个或两个以上相互联系的账户中以相等的金额进行记录

6. 借贷记账法下，发生额试算平衡的理论依据是（　　）。

    A. 资产与权益的平衡关系

    B. 账户间的对应关系

    C."有借必有贷，借贷必相等"的记账规则

    D. 账户的性质和结构

7. 试算平衡是一种检查和验证账户记录是否正确的方法，它以借贷记账法的记账规则为基础，下面（　　）不是试算平衡的公式。

    A. 全部账户本期借方发生额合计数=全部账户本期贷方发生额合计数

    B. 全部账户借方期初余额合计数=全部账户贷方期初余额合计数

    C. 总分类账户本期发生额=总分类账户所属明细分类账户本期发生额合计数

    D. 全部账户借方期末余额合计数=全部账户贷方期末余额合计数

8. 总分类账户与明细分类账户平行登记的结果可通过下列（　　）公式表示。

    A. 总分类账户期末余额=总分类账户所属明细分类账户期末余额合计数

B. 全部账户借方期末余额合计数=全部账户贷方期末余额合计数

C. 全部账户本期借方发生额合计数=全部账户本期贷方发生额合计数

D. 全部账户借方期初余额合计数=全部账户贷方期初余额合计数

9. 总分类账户和明细分类账户平行登记的要点不包括（　　）。

  A. 依据相同　　　　B. 期间相同　　　　C. 方向一致　　　　D. 金额相等

10. 关于损益类账户的结构，下列表述正确的是（　　）。

  A. 借方表示增加　　　　　　　　B. 贷方表示减少

  C. 余额一般在贷方　　　　　　　D. 期末结转后无余额

11. 复式记账法分为借贷记账法、增减记账法和收付记账法三种，不是按照以下（　　）的不同分类的。

  A. 试算平衡　　　B. 余额方向　　　C. 记账符号　　　D. 记账规则

12. 以下（　　）不是借贷记账法的特点。

  A. 以"借"和"贷"为记账符号

  B. 以"有借必有贷，借贷必相等"为记账规则

  C. 账户的借方和贷方保持平衡关系

  D. 借贷记账法对账户要求固定分类

13. 一般情况下，下列账户期末结转后不可能有余额的是（　　）。

  A. "生产成本"　　　　　　　　　B. "税金及附加"

  C. "库存商品"　　　　　　　　　D. "原材料"

14. 损益类账户中的收入账户年末应（　　）。

  A. 没有余额　　　　　　　　　　B. 有借方余额

  C. 有贷方余额　　　　　　　　　D. 借、贷方均有余额

二、判断题

1. 记账方法就是在账户中登记经济业务的方法。（　　）

2. 单式记账法在记账时重点考虑的是库存现金、银行存款及债权债务方面的增减变化情况。（　　）

3. 单式记账法不能全面、清晰地反映经济业务的来龙去脉，不便于检查账户记录的正确性和完整性。（　　）

4. 复式记账法可以分为借贷记账法、增减记账法和收付记账法，是按照记账符号、记账规则、试算平衡的不同分类的。（　　）

5. 复式记账法是对每项经济业务，以相等的金额在两个相互联系的账户中进行登记的一种专门方法。（　　）

6. 复式记账法以资产与权益的平衡关系为记账基础。（　　）

7. 总分类账户和其所属的明细分类账户的期初余额、本期发生额、期末余额试算平衡，可说明账簿记录正确无误。（　　）

8. 复合会计分录就是指"多借多贷"的会计分录。（　　）

9. 总分类账户的发生额应与其所属各明细分类账户的余额之和相等。（　　）

10. 借、贷方科目用错不会影响试算平衡，所以试算平衡不能检查出所有的核算错误。（　　）

11. 账户的对应关系是指两个账户之间的关系。（　　）

12. 同方向的账户间不存在对应关系，相互间也不是对应账户。（　　）

13. 在借贷记账法下，账户的借方登记增加数，贷方登记减少数。 （　　）

14. 通过试算平衡检查账簿记录时，如果借贷试算平衡不能肯定记账准确无误，试算不平衡则说明记账一定有错误。 （　　）

15. "一借多贷"和"一贷多借"的会计分录不能反映账户之间的对应关系。 （　　）

16. 在借贷记账法下，资产的增加或权益的减少记录在账户的借方，资产的减少或权益的增加记录在账户的贷方。 （　　）

17. 为了更好地体现账户的对应关系，一般情况下，不允许编制复合会计分录。 （　　）

18. "税金及附加"账户属于负债类账户。 （　　）

19. 总分类账户与明细分类账户记录的经济内容和原始依据是相同的，不同的是核算的详略程度。 （　　）

20. 平行登记是指对发生的同一经济业务或者经济事项，既要在总分类账户的借方登记，也要在总分类账户的贷方登记，并且登记时的依据、时间、金额要相同。 （　　）

21. 总分类账户是主要以货币为计量单位，有时辅以实物单位和劳动量单位来总括反映各个会计要素增减变动情况及其结果的账户。 （　　）

22. 平行登记的依据是会计凭证。 （　　）

23. 在借贷记账法下，可以设置双重性质的账户，并根据其余额方向判断该账户的性质。 （　　）

三、名词解释题

1. 复式记账法
2. 借贷记账法
3. 试算平衡
4. 会计分录
5. 简单会计分录
6. 复合会计分录
7. 账户的对应关系
8. 登记账户
9. 明细分类账户

提升训练

四、实训题

1. 明达公司 2023 年 7 月发生下列经济业务。

（1）收到投资者投入货币资金 450 000 元，存入银行。

（2）张华预借差旅费 5 000 元，以现金支付。

（3）购买机器设备一台，价值 30 000 元，货款未付。

（4）用银行存款购买一项专利技术，价值 130 000 元。

（5）向银行偿还短期借款本金 60 000 元。

（6）从银行提取现金 90 000 元。

（7）用现金发放工资 90 000 元。

（8）收回应收账款 56 000 元，存入银行。

（9）以银行存款支付广告费 10 000 元。

（10）以银行存款支付应付账款 45 000 元。

要求：

（1）根据经济业务编制会计分录。

（2）根据以上经济业务的会计分录编制账户本期发生额试算平衡表，如表 1-4-2 所示。

表 1-4-2　本期发生额试算平衡表

年　月　　　　　　　　　　　　　　　　　　　　　　　　单位：元

账 户 名 称	本期发生额	
	借 方	贷 方
合 计		

2. 明达公司 2023 年 8 月初相关资料如表 1-4-3 所示。

表 1-4-3　明达公司 2023 年 8 月初相关资料

单位：元

资产类账户	借 方 余 额	权益类账户	贷 方 余 额
库存现金	20 000		
银行存款	80 000	应付账款	50 000
应收账款	35 000	短期借款	60 000
原材料	35 000	实收资本	150 000
库存商品	50 000	资本公积	20 000
固定资产	80 000	盈余公积	40 000
无形资产	20 000		
合计	320 000	合计	320 000

8 月发生以下经济业务。

（1）2 日，收到其他企业欠本企业的货款 25 000 元，款项存入银行。

（2）6 日，企业归还银行 6 个月到期的借款 10 000 元。

（3）15 日，企业接受某投资人投入的专利权，价值 50 000 元。

（4）20 日，企业经批准将 20 000 元资本公积转增为企业资本。

（5）25 日，购买生产设备，价值 40 000 元，用存款支付。

（6）30 日，提取现金 10 000 元备用。

要求：

（1）根据上述经济业务编制会计分录。

（2）根据所做的会计分录编制"T"形账户，并填制试算平衡表（见表 1-4-4），结出期末余额并试算平衡。

表 1-4-4　试算平衡表

年　月　　　　　　　　　　　　　　　　　　单位：元

账户名称	期初余额		本期发生额		期末余额	
	借　方	贷　方	借　方	贷　方	借　方	贷　方
库存现金						
银行存款						
应收账款						
原材料						
库存商品						
固定资产						
无形资产						
应付账款						
短期借款						
实收资本						
资本公积						
盈余公积						
合计						

3. 明达公司 2023 年 9 月初"原材料"账户期初余额为借方 30 000 元，其中：

A 材料　　2 000 千克　　每千克为 7 元　　合计：14 000 元

B 材料　　4 000 千克　　每千克为 4 元　　合计：16 000 元

9 月发生以下经济业务。

（1）1 日，购买 A 材料 1 000 千克，每千克为 7 元，合计 7 000 元；购买 B 材料 2 000 千克，每千克为 4 元，合计 8 000 元。增值税税率为 13%，款项用银行存款支付，材料验收入库。

（2）4 日，购买 A 材料 500 千克，每千克为 7 元，合计 3 500 元，材料验收入库，货款和增值税暂欠供货单位。

（3）8 日，购买 B 材料 1 000 千克，每千克为 4 元，合计 4 000 元，货款和增值税用银行存款支付，材料验收入库。

（4）12 日，生产车间为生产产品领用 A 材料 800 千克，成本为 7 元/千克。

（5）18 日，生产车间为生产产品领用 B 材料 700 千克，成本为 4 元/千克。

（6）20 日，生产车间为生产产品领用 A 材料 500 千克，成本为 7 元/千克；领用 B 材料 600 千克，成本为 4 元/千克。

要求：

（1）编制以上经济业务的会计分录（原材料的价格中均不含税）。

（2）根据以上经济业务开设"原材料"总分类账户和明细分类账户，登记相应表格（见表 1-4-5～表 1-4-8）。

表 1-4-5　总分类账

账户名称：原材料

2023年		凭证号	摘要	借方	贷方	借或贷	余额
月	日						

表 1-4-6　原材料明细分类账

类别：（略）　　　品名：A　　　材料规格：（略）

2023年		凭证号	摘要	收入			发出			结存		
月	日			数量	单价	金额	数量	单价	金额	数量	单价	金额

表 1-4-7　原材料明细分类账

类别：（略）　　　品名：B　　　材料规格：（略）

2023年		凭证号	摘要	收入			发出			结存		
月	日			数量	单价	金额	数量	单价	金额	数量	单价	金额

表 1-4-8　原材料明细账户本期发生额及余额表

明细账户名称	计量单位	单价	期初余额		本期发生额				期末余额	
			数量	金额	收入		发出		数量	金额
					数量	金额	数量	金额		

第五章 工业企业主要经济业务核算

要点导图

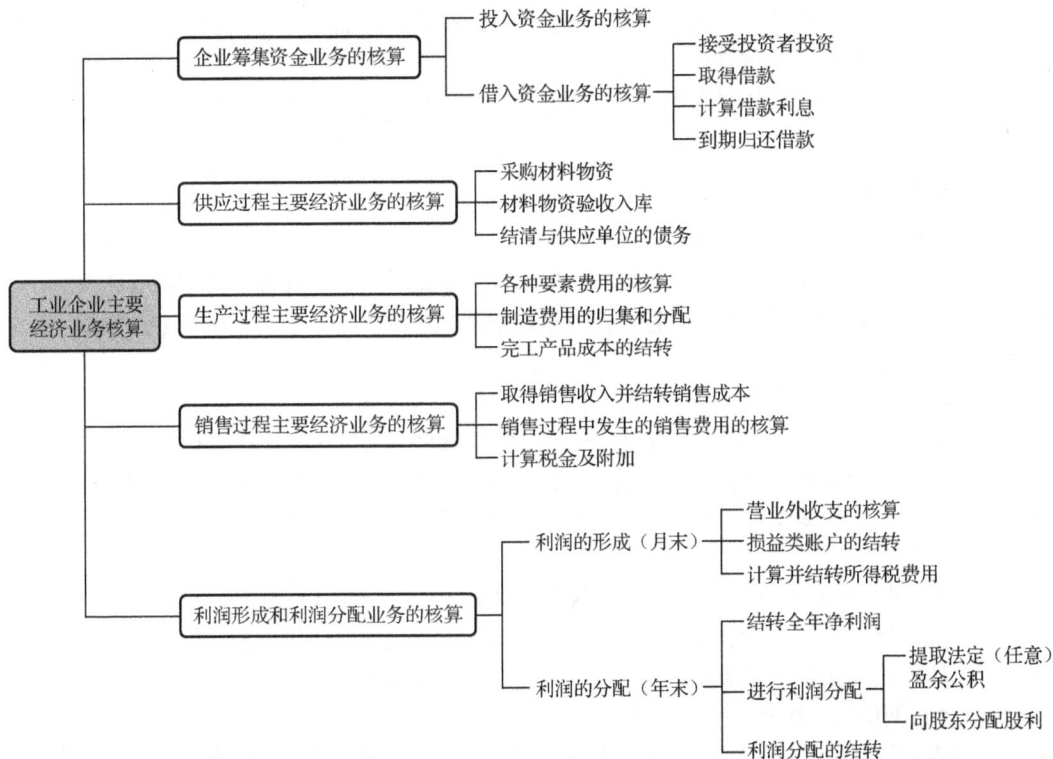

复习要求

1. 了解工业企业筹集资金核算的主要内容，重点掌握企业筹集资金业务的主要账户设置及基本经济业务的账务处理，熟练编制相关会计分录。

2. 了解供应过程核算的主要内容，重点掌握材料采购业务的主要账户设置及基本经济业务的账务处理，熟练编制相关会计分录，正确分配采购费用。

3. 了解生产过程核算的主要内容，重点掌握产品制造业务的主要账户设置及基本经济业务的账务处理，熟练编制相关会计分录，熟练计算相关成本。

4. 了解销售过程核算的主要内容，重点掌握产品销售业务的主要账户设置及基本经济业务的账务处理，熟练编制相关会计分录。

5. 掌握企业利润的含义和利润的构成，重点掌握利润及利润分配业务的主要账户设置及基本经济业务的账务处理，熟练编制相关会计分录，熟练计算利润总额、应交所得税、净利润。

考点详解

知识点一　企业筹集资金业务的核算

1. 筹集资金核算的主要内容

（1）投入资金业务的核算

投资主体包括国家、法人单位、个人和外商。投资人作为企业的所有者，可以以不同的方式对企业投资，如货币资金、材料物资、固定资产、无形资产等。

（2）借入资金业务的核算

企业从银行或金融机构借入的资金，按照偿还期限分为短期借款和长期借款，形成企业的负债。

2. 设置的主要账户

（1）"实收资本（股本）"账户

"实收资本"账户属于所有者权益类账户，用来核算所有者投入资本的增减变动情况及其结果。贷方登记实际收到的投资数额，借方登记依法减少的资本数额，期末贷方余额表示投入资本的实有数额。

（2）"资本公积"账户

"资本公积"账户属于所有者权益类账户，用来核算企业收到投资者超出其在企业的注册资本中所占份额的投资以及直接计入所有者权益的利得和损失。贷方登记资本公积的增加额，借方登记资本公积的减少额，期末贷方余额表示资本公积的实有数额。

（3）"短期借款"账户

"短期借款"账户属于负债类账户，用来核算企业从银行或其他金融机构借入的期限在1年以下（含1年）的借款的增减变动情况及其结果。贷方登记借入的各种短期借款，借方登记到期偿还的借款，期末贷方余额表示尚未偿还的短期借款实有数额。

（4）"长期借款"账户

"长期借款"账户属于负债类账户，用来核算企业从银行或其他金融机构借入的期限超过1年的各种借款的增减变动情况及其结果。贷方登记借入的各种长期借款本金及应付利息，借方登记到期偿还的借款利息，期末贷方余额表示尚未到期偿还的长期借款数额。

例1. 企业从银行借入三年期的借款，应贷记的账户是（　　）。

A."库存现金"　　　　B."短期借款"　　C."长期借款"　　D."银行存款"

解析：C。企业从银行或其他金融机构借入的期限超过1年的借款属于长期借款，应编制如下会计分录：

借：银行存款

　　贷：长期借款

（5）"固定资产"账户

"固定资产"账户属于资产类账户，用来核算企业固定资产的增加、减少和结余情况。借方登记增加的固定资产的原始价值，贷方登记减少的固定资产的原始价值，期末借方余额表示现有固定资产的实有原始价值。

（6）"财务费用"账户

"财务费用"账户属于损益类账户，用来核算企业为筹集生产经营所需资金而发生的筹资费用，包括利息、银行手续费等。借方登记实际发生的财务费用，贷方登记期末转入"本年利润"账户的费用，期末结转后该账户无余额。

例2．下列各项中，企业应贷记"财务费用"账户的是（　　　）。

A．确认银行存款产生的利息收入

B．支付银行承兑汇票的手续费

C．计提短期借款的利息费用

D．取得产品销售收入

解析：A。"财务费用"账户用来核算企业为筹集生产经营所需资金而发生的筹资费用，包括利息、银行手续费等。取得的利息收入冲减财务费用，记贷方。

（7）"应付利息"账户

"应付利息"账户属于负债类账户，用来核算企业按照合同约定应支付的利息，贷方登记应支付的利息数，借方登记实际支付的利息数，期末贷方余额表示应付而未付的利息数。

3．主要经济业务核算举例

（1）接受投资者投资

借：银行存款、固定资产、无形资产、原材料等

　　贷：实收资本——国家资本

　　　　　　　　——法人资本（×公司）

　　　　　　　　——个人资本（×××）

　　　　资本公积（超出在企业的注册资本中所占份额的投资）

例3．企业接受固定资产投资，除了涉及"固定资产"和"实收资本"账户外，还可能涉及（　　　）账户。

A．"盈余公积"　　　　B．"资本公积"　　C．"管理费用"　　D．"主营业务收入"

解析：B。如果实际收到的投资超出其在企业的注册资本中所占份额，则超出的部分应确认为资本公积。

（2）取得借款

借：银行存款

　　贷：短期借款

　　　　长期借款

（3）月末计算短期借款利息

借：财务费用

　　贷：应付利息

（4）到期归还短期借款

借：短期借款

　　贷：银行存款

知识点二　供应过程主要经济业务的核算

1．供应过程核算的主要内容

（1）供应过程的概念

供应过程又称采购过程，是企业用货币资金购买材料等劳动对象为产品生产进行准备的阶段。供应过程的核算内容主要有以下几个方面。

① 按照购销合同确定的价格和规定的结算方式确认和支付材料的买价及进项增值税。

② 支付采购费用。

③ 计算确认材料的采购成本。

④ 材料验收入库。

⑤ 结清与供应单位的债务。

（2）采购成本的确认

$$材料物资的采购成本=买价+采购费用$$

① 买价：供货单位发票上注明的价款。

② 采购费用：包括运输费、装卸费、包装费、保险费、运输途中的合理损耗、入库前的挑选整理费用，以及其他相关费用。

③ 为购置几种材料物资共同发生的采购费用，需要按照材料物资的买价、质量或体积等分配标准，分别计入各种材料的实际采购成本。其计算公式如下：

材料采购费用分配率=应分配的共同采购费用÷所购材料的总质量（总体积或总买价）

　某种材料应分配的采购费用=该种材料的质量（体积或买价）×材料采购费用分配率

例4．购入材料时，在运输途中发生的合理损耗应计入管理费用。（　　　）

解析：×。采购材料发生的运输途中的合理损耗应计入材料采购成本。

2．设置的主要账户

（1）"在途物资"账户

"在途物资"账户属于资产类账户，用来核算在实际成本计价方式下企业购入各种材料物资的实际采购成本。借方登记购入材料物资的买价和采购费用，贷方登记经验收入库转入"原材料"账户的材料物资的实际采购成本，期末结转后一般无余额。如有借方余额，表示尚未验收入库的在途材料物资的成本。该账户按照购入材料物资的种类或品种设置明细账。

（2）"原材料"账户

"原材料"账户属于资产类账户，用来核算企业库存材料的增减变动情况及其结果。借方登记验收入库材料的实际采购成本，贷方登记发出材料的实际成本，期末借方余额表示库存材料的实际成本。该账户按材料物资的种类、规格设置明细账。

（3）"应交税费"账户

"应交税费"账户属于负债类账户，用来核算企业按税法规定应缴纳的各种税费。贷方登记计算出的应缴纳税费，借方登记实际已经缴纳的税费，期末贷方余额表示应缴而未缴的税费。该账户按"应交税费"项目设置明细账。

"应交增值税"明细账户属于负债类账户，其贷方登记企业销售货物或提供应税劳务向购货单位收取的销项税额，借方登记企业购进货物或接受应税劳务向供应单位支付的进项税额和实际已缴纳的增值税，期末贷方余额表示企业尚未缴纳的增值税税额，期末借方余额表示尚未抵扣的增值税税额。

"应交增值税"明细账户下设"进项税额""销项税额""已交税金""进项税额转出"三级明细分类账户。进项税额是指纳税人购入货物或接受应税劳务支付的增值税税额；销项税额是指纳税人销售货物或提供应税劳务应向购买方收取的增值税税额。增值税的进项税额与销项税额是相对的，购进方支付的进项税额就是销售方收取的销项税额。企业当期应缴纳的增值税税额计算公式如下：

$$当期应纳增值税税额=当期销项税额-当期进项税额$$

（4）"应付账款"账户

"应付账款"账户属于负债类账户，用来核算企业因购买材料物资和接受劳务等应付给供应单位的款项。贷方登记应付项数额，借方登记实际支付款项数额，期末贷方余额表示尚未支付的款项数额。该账户按供应单位设置明细账。

3. 主要经济业务核算举例

（1）采购材料物资

借：原材料——××材料（买价+采购费用）（原材料已验收入库）

　　在途物资——××材料（买价+采购费用）（材料物资未入库）

　　应交税费——应交增值税（进项税额）

　　　贷：银行存款、应付账款、应付票据等

（2）材料物资运达并验收入库

借：原材料——××材料

　　　贷：在途物资——××材料

（3）结清与供应单位的债务

借：应付账款、应付票据

　　　贷：银行存款

例5. 企业购入材料8 000元，以银行存款支付5 000元，余额未付，材料已入库，这项经济业务不涉及（　　）账户。

A."银行存款"　　　B."应收账款"　　C."应付账款"　　D."原材料"

解析：B。该笔经济业务的会计分录如下：

借：原材料　　　　　　　8 000

　　贷：银行存款　　　　　5 000

　　　　应付账款　　　　　3 000

知识点三　生产过程主要经济业务的核算

1. 生产过程核算的主要内容

生产过程是企业从材料投入生产到产品完工验收入库的过程，是工业企业生产经营过程的第二阶段，也是中心环节。

（1）与产品生产有直接关系的费用核算

产品的生产过程即生产资料的耗费过程，这些耗费应计入产品生产成本，最终由企业的完工产品负担。包括：原材料的耗用，生产工人和车间管理人员的劳动耗费，车间机器设备等固定资产的耗费，车间的办公费、水电费、差旅费等其他费用支出。

① 直接材料，是指直接用于产品生产的原料及主要材料、辅助材料等的耗费。

② 直接人工，是指直接参加产品生产的工人薪酬。直接材料和直接人工属于直接费用，发生时由于有明确的成本计算对象，可以直接计入产品生产成本。

③ 制造费用，是指企业的生产车间为组织和管理生产而发生的各项间接费用。制造费用属于间接费用，发生时先进行归集，期末按照一定的标准进行分配，间接地计入产品生产成本。

（2）与产品生产无直接关系的费用核算

在企业的生产经营过程中，会发生与产品生产无直接关系的各项费用，这些支出不能计入产品生产成本，应当作为期间费用计入当期损益。

① 管理费用，是指行政管理部门为了管理和组织生产而发生的费用。

② 财务费用，是指为筹集资金发生的各项费用。

③ 销售费用，是指为销售产品发生的各项费用。

（3）生产过程的核算内容

① 领用原材料的核算。

② 职工薪酬的核算。

③ 其他费用（如固定资产折旧、财务费用等）的核算。

④ 制造费用的归集和分配。

⑤ 产品成本的计算。

⑥ 完工产品成本的结转。

2. 设置的主要账户

（1）"生产成本"账户

"生产成本"账户属于成本类账户，用来核算应计入产品成本的各项费用。借方登记生产过程中发生的各项生产费用，即直接材料、直接人工和月末分配转入的制造费用，贷方登记生产完工并验收入库产品的实际生产成本，期末借方余额表示尚未完工的在产品的成本。该账户按产品种类设置明细账。

例 6．下列关于"生产成本"账户的表述，正确的是（　　）。

A．"生产成本"账户期末无余额

B．"生产成本"账户的余额表示本期发生的生产费用总额

C．"生产成本"账户期末若有余额一定在贷方

D．"生产成本"账户的余额表示在产品成本

解析：D。"生产成本"账户期末可能有余额，在借方，表示尚未完工的在产品的成本。

（2）"制造费用"账户

"制造费用"账户属于成本类账户，用来核算生产车间为组织和管理生产而发生的各项间接费用。借方登记发生的各项间接费用，贷方登记月末分配转入"生产成本"账户的间接费用，该账户期末一般无余额。该账户按照费用项目设置明细账。

例 7．制造费用是指企业生产车间为生产产品和提供劳务而发生的（　　）。

A．期间费用　　　　　B．直接费用　　　　C．间接费用　　　D．管理费用

解析：C。制造费用是指企业生产车间为生产产品和提供劳务而发生的间接费用。月末应分配转入"生产成本"账户。

（3）"应付职工薪酬"账户

"应付职工薪酬"账户属于负债类账户，用来核算企业按照规定应付给职工各种薪酬的提取、结算、分配和使用情况。借方登记企业实际支付的职工薪酬数，贷方登记企业已分配计入成本费用的应支付的职工薪酬，期末贷方余额表示应付而未付的职工薪酬。该账户按照"工资""职工福利""社会保险费"等设置明细账。

（4）"管理费用"账户

"管理费用"账户属于损益类账户中的费用类账户，用来核算企业行政管理部门为组织和管理生产经营而发生的各项费用。借方登记实际发生的各项管理费用，贷方登记期末转入"本年利润"账户的管理费用，期末结转后该账户无余额。该账户按照费用项目设置明细账。

（5）"预付账款"账户

"预付账款"账户属于资产类账户，用来核算企业按照合同规定提前支付的款项。借方登

记预先支付的款项，贷方登记应支付的款项，期末借方余额表示企业预付的款项，期末贷方余额表示企业尚未补付的款项。该账户按照供应单位设置明细账。

例8．"预付账款"账户属于资产类账户，其期末余额（　　　）。

A．在借方　　　　　　　　　　B．在贷方

C．既可能在借方，又可能在贷方　　D．一般为0

解析：C。"预付账款"账户属于资产类账户，其期末借方余额表示企业预付的款项，期末贷方余额表示企业尚未补付的款项。

（6）"累计折旧"账户

"累计折旧"账户属于资产类账户，用来核算企业固定资产的累计折旧额。借方登记因固定资产减少而冲减的折旧额，贷方登记计提的折旧额，期末贷方余额表示已计提的固定资产累计折旧额。"累计折旧"账户是"固定资产"账户的抵减账户。

（7）"库存商品"账户

"库存商品"账户属于资产类账户，用来核算生产完工并验收入库产品的增减变动及其结存情况。借方登记验收入库完工产品的实际成本，贷方登记发出完工产品的实际成本，期末借方余额表示库存完工产品的实际成本。该账户按照产品种类设置明细账。

3．主要经济业务核算举例

（1）分配、发放工资

① 分配工资。

借：生产成本——××产品

　　制造费用

　　管理费用

　　　贷：应付职工薪酬——工资

② 发放工资。

借：应付职工薪酬——工资

　　　贷：银行存款、库存现金

（2）按本月工资计提职工福利费

借：生产成本——××产品

　　制造费用

　　管理费用

　　　贷：应付职工薪酬——职工福利

（3）业务员出差预借及报销差旅费

① 出差预借差旅费。

借：其他应收款——××职工

　　　贷：库存现金

② 出差归来报销差旅费用。

a．结余：

借：管理费用

　　库存现金

　　　贷：其他应收款——××职工

b. 超支：

借：管理费用
　　贷：其他应收款——××职工
　　　　库存现金

（4）车间、管理部门购买办公用品等支出

借：制造费用
　　管理费用
　　贷：银行存款、库存现金

（5）采用预付款方式购进材料、收到材料并验收入库

① 预付供应单位材料款。

借：预付账款——××单位
　　贷：银行存款

② 收到材料并验收入库。

借：原材料——××材料
　　贷：预付账款——××单位

（6）生产过程领用材料

借：生产成本——××产品
　　制造费用
　　管理费用
　　贷：原材料——××材料

（7）外购水、电等动力费用

借：生产成本——××产品
　　制造费用
　　管理费用
　　贷：应付账款、银行存款

（8）计提本月固定资产折旧

借：制造费用
　　管理费用
　　贷：累计折旧

（9）月末将本月发生的制造费用分配转入生产成本

借：生产成本——A 产品
　　　　　　——B 产品
　　贷：制造费用

（10）完工产品验收入库

借：库存商品——××产品
　　贷：生产成本——××产品

知识点四　销售过程主要经济业务的核算

1. 销售过程核算的主要内容

销售过程是工业企业生产经营过程的最后阶段，这一阶段企业的主要任务是将生产的产品销售出去，收回资金以实现再生产的正常进行。

销售过程的核算内容主要有以下几个方面。

① 确认取得的主营业务收入和应向购货方收取的增值税销项税额。

② 与购货单位进行价款结算。

③ 销售过程中发生的销售费用的核算，如运输费、广告费等。

④ 结转产品销售成本。

⑤ 计算税金及附加。

2. 设置的主要账户

（1）"主营业务收入"账户

"主营业务收入"账户属于损益类账户中的收入成果类账户，用来核算企业销售商品、提供劳务取得的收入。贷方登记确认实现的主营业务收入，借方登记期末转入"本年利润"账户的收入，期末结转后该账户无余额。该账户按照商品种类设置明细账。

（2）"主营业务成本"账户

"主营业务成本"账户属于损益类账户中的成本费用类账户，用来核算企业已销售产品的实际成本。借方登记已销售产品的实际成本，贷方登记期末转入"本年利润"账户的销售成本，期末结转后该账户无余额。该账户按照商品种类设置明细账。

例9. "主营业务成本"账户属于成本类账户。（　　）

解析：×。"主营业务成本"账户属于损益类账户。

（3）"税金及附加"账户

"税金及附加"账户属于损益类账户中的成本费用类账户，用来核算企业已销售产品应负担的税金及附加，包括消费税、城市维护建设税和教育费附加，以及资源税、房产税、土地使用税、车船税、印花税等相关税费。借方登记应由企业已销售产品负担的税金及附加，贷方登记期末转入"本年利润"账户的税金及附加，期末结转后该账户无余额。

例10. "税金及附加"账户不核算的税金是（　　）。

A. 增值税　　　　　　　　　　　B. 消费税

C. 城市维护建设税　　　　　　　D. 教育费附加

解析：A。"税金及附加"账户用来核算企业已销售产品应负担的税金及附加，包括消费税、城市维护建设税和教育费附加，以及资源税、房产税、土地使用税、车船税、印花税等相关税费。增值税应通过"应交税费"账户核算。

（4）"销售费用"账户

"销售费用"账户属于损益类账户中的成本费用类账户，用来核算企业销售产品过程中发生的销售费用，包括广告费、运输费、包装费、装卸费、保险费、展览费和专设销售机构发生的各项费用。借方登记实际发生的销售费用，贷方登记期末转入"本年利润"账户的销售费用，期末结转后该账户无余额。

（5）"应收账款"账户

"应收账款"账户属于资产类账户，用来核算企业因销售产品、提供劳务等应向购货单位或接受劳务单位收取的款项。借方登记应收取的销售款项，贷方登记实际收到的销售款项，期末借方余额表示尚未收回的销售款。该账户按照购货单位设置明细账。

（6）"其他业务收入"账户

"其他业务收入"账户属于损益类账户中的收入成果类账户，用来核算企业主营业务以外的其他经营活动实现的收入，包括出租固定资产、出租无形资产、出租包装物、销售材料等经营活动实现的收入。贷方登记确认实现的其他业务收入，借方登记期末转入"本年利润"账户的结转额，期末结转后该账户无余额。

（7）"其他业务成本"账户

"其他业务成本"账户属于损益类账户中的成本费用类账户，用来核算企业主营业务以外的其他经营活动发生的支出。借方登记发生的其他业务成本，贷方登记期末转入"本年利润"账户的结转额，期末结转后该账户无余额。

例11. 期末，（　　）账户的余额不能转入"本年利润"账户。

A."生产成本"　　　　　　　　　B."主营业务收入"

C."管理费用"　　　　　　　　　D."税金及附加"

解析：A。"主营业务收入""管理费用""税金及附加"都属于损益类账户，期末余额都要结转到"本年利润"账户。而"生产成本"账户属于成本类账户。

3. 主要经济业务核算举例

（1）取得销售收入

① 销售产品或提供劳务取得收入。

借：银行存款、应收账款、应收票据等

　　贷：主营业务收入——××产品

　　　　应交税费——应交增值税（销项税额）

② 销售材料取得收入。

借：银行存款、应收账款、应收票据等

　　贷：其他业务收入——××材料

　　　　应交税费——应交增值税（销项税额）

（2）支付销售产品过程中发生的各项费用

借：销售费用

　　贷：银行存款

（3）与购货单位进行价款结算

借：银行存款

　　贷：应收账款、应收票据

（4）月末结转销售成本

① 结转产品销售成本。

借：主营业务成本——××产品

　　贷：库存商品——××产品

② 结转销售材料成本。

借：其他业务成本——××材料

　　贷：原材料——××材料

（5）计算本月应负担的城市维护建设税和教育费附加

借：税金及附加

　　贷：应交税费——应交城市维护建设税

　　　　　　　　——应交教育费附加

（6）月末缴纳城市维护建设税和教育费附加

借：应交税费——应交城市维护建设税

　　　　　　——应交教育费附加

　　贷：银行存款

知识点五 利润形成和利润分配业务的核算

1. 利润形成和利润分配核算的主要内容

利润是企业在一定会计期间的经营成果，按照层次划分为营业利润、利润总额和净利润三个层次。

每到月末，企业需要将当期实现的收入和当期发生的费用进行配比，确认当期的经营成果。

每到年末，企业还要确认全年的经营成果，也就是企业所实现的利润总额。

（1）利润形成和利润分配过程的核算内容

① 正确核算企业的利润总额。

② 正确计算企业应缴纳的所得税。

③ 正确核算企业税后利润的分配。

（2）营业利润的计算

营业利润是企业在一定会计期间的经营活动取得的利润。其计算公式如下：

营业利润=营业收入-营业成本-税金及附加-销售费用-管理费用-财务费用±投资净损益

其中：

$$营业收入=主营业务收入+其他业务收入$$
$$营业成本=主营业务成本+其他业务成本$$

（3）利润总额的计算

利润总额是企业在一定会计期间的营业利润与营业外收支净额的合计总额。其计算公式如下：

$$利润总额=营业利润+营业外收入-营业外支出$$

营业外收入是指与企业的生产经营活动无直接关系的各项收入，包括非流动资产处置利得、政府补助、盘盈利得、捐赠利得等。

营业外支出是指与企业的生产经营活动无直接关系的各项支出，包括非流动资产处置损失、公益性捐赠支出、非常损失、盘亏损失等。

（4）所得税的计算

当期所得税是指根据所得税法的要求，按一定会计期间的应纳税所得额和适用税率计算的当期应交所得税。其计算公式如下：

$$当期所得税=当期应纳税所得额×适用税率$$

例12. 甲公司2023年度营业收入5 020万元，营业成本3 500万元，税金及附加120万元，期间费用合计320万元，营业外收入100万元，营业外支出10万元，适用的企业所得税税率为25%，假定不考虑其他因素，则甲公司应当确认的所得税费用为（   ）万元。

A. 292.5　　　　　B. 280.5　　　　　C. 270　　　　　D. 258

解析：A。营业利润=5 020-3 500-120-320=1 080（万元），利润总额=1 080+100-10=1 170（万元），所得税费用=1 170×25%=292.5（万元）。

（5）净利润的计算

净利润是企业一定会计期间的利润总额减去所得税费用后的净额。其计算公式如下：

$$净利润=利润总额-所得税费用$$

企业当期实现的利润扣除所得税费用后，按照以下顺序进行分配：

① 提取法定盈余公积，比例按照净利润的10%提取。

② 提取任意盈余公积，比例可由企业自行确定。

③ 向投资者分配利润。

例 13．某企业 2023 年利润总额为 300 万元，假设没有纳税调整因素，若企业所得税税率为 25%，则该企业的净利润为（　　）万元。

A．250　　　　　　　B．225　　　　　　　C．75　　　　　　　D．275

解析：B。净利润=利润总额-所得税费用。企业的净利润=300-300×25%=225（万元）。

2．设置的主要账户

（1）"投资收益"账户

"投资收益"账户属于损益类账户中的收入成果类账户，用来核算企业以各种方式对外投资所取得的收益和发生的亏损。借方登记发生的投资损失和期末转入"本年利润"账户的结转额（投资净收益），贷方登记取得的投资收益，期末结转后该账户无余额。

（2）"营业外收入"账户

"营业外收入"账户属于损益类账户中的收入成果类账户，用来核算发生的与企业生产经营活动无直接关系的各项收入。贷方登记取得的各项利得，借方登记期末转入"本年利润"账户的结转额，期末结转后该账户无余额。

例 14．某企业收到职工李某交的罚款 500 元，应记入（　　）账户的借方。

A．"营业外收入"　　　　　　　　B．"管理费用"

C．"营业外支出"　　　　　　　　D．"销售费用"

解析：A。"营业外收入"账户属于损益类账户中的收入成果类账户，用来核算发生的与企业生产经营活动无直接关系的各项收入。

（3）"营业外支出"账户

"营业外支出"账户属于损益类账户中的成本费用类账户，用来核算发生的与企业生产经营活动无直接关系的各项支出。借方登记发生的各项损失，贷方登记期末转入"本年利润"账户的损失，期末结转后该账户无余额。

（4）"本年利润"账户

"本年利润"账户属于所有者权益类账户，用来核算企业本年度实现的利润（或发生的亏损）总额。贷方登记从"主营业务收入""其他业务收入""营业外收入""投资收益"等损益类账户转入的各项收入，借方登记从"主营业务成本""税金及附加""其他业务成本""销售费用""管理费用""财务费用""营业外支出""所得税费用"等损益类账户转入的各项成本费用，期末贷方余额表示当期净利润，若为借方余额，则表示当期亏损。年度终了，应将本年度实现的净利润或亏损总额全部转入"利润分配——未分配利润"账户，结转后该账户无余额。

（5）"所得税费用"账户

"所得税费用"账户属于损益类账户中的成本费用类账户，用来核算企业按规定从本期损益中扣除的所得税。借方登记企业应缴纳的所得税，贷方登记期末转入"本年利润"账户的所得税，期末结转后该账户无余额。

（6）"利润分配"账户

"利润分配"账户属于所有者权益类账户，用来核算企业净利润的分配（或净亏损的弥补）和历年分配（或弥补）后的积存数额。借方登记净利润的分配数，包括提取的盈余公积、应付股利及由"本年利润"账户转入的本年累计亏损，贷方登记从"本年利润"账户转入的全年实现的净利润，期末贷方余额表示历年累计未分配利润，若是期末借方余额，则表示历年累计未弥补亏损。该账户按照提取的盈余公积、应付股利、未分配利润等设置明细账。

例15. "利润分配——未分配利润"账户借方登记（　　）。

A. 累计未分配利润　　　　　　　B. 全年分配的利润数额

C. 转入的亏损数额　　　　　　　D. 转入的全年实现的利润数额

解析：C。"利润分配"账户属于所有者权益类账户，借方登记净利润的分配数，包括提取的盈余公积、应付股利及由"本年利润"账户转入的本年累计亏损。

（7）"盈余公积"账户

"盈余公积"账户属于所有者权益类账户，用来核算企业从净利润中提取的盈余公积。借方登记盈余公积的减少数，贷方登记提取的盈余公积，期末贷方余额表示盈余公积的结存数。

（8）"应付股利"账户

"应付股利"账户属于负债类账户，用来核算企业应向投资者分配的利润。借方登记实际支付给投资者的股利，贷方登记按照规定应分配给投资者的利润，期末贷方余额表示尚未支付给投资者的利润。

3. 主要经济业务核算举例

（1）取得营业外收入

借：银行存款

　　贷：营业外收入

（2）发生营业外支出

借：营业外支出

　　贷：银行存款

（3）确认投资收益

借：应收股利

　　贷：投资收益

（4）月末计算利润总额

① 将收入类账户转入"本年利润"账户的贷方。

借：主营业务收入

　　其他业务收入

　　投资收益

　　营业外收入

　　贷：本年利润

② 将费用类账户转入"本年利润"账户的借方。

借：本年利润

　　贷：主营业务成本

　　　　税金及附加

　　　　营业外支出

　　　　其他业务成本

　　　　销售费用

　　　　管理费用

　　　　财务费用

（5）月末计算并结转所得税费用

① 计算本月应交所得税。

$$本月应交所得税=本月利润总额×适用税率$$

借：所得税费用

  贷：应交税费——应交所得税

② 结转本月所得税费用。

借：本年利润

  贷：所得税费用

③ 实际缴纳所得税。

借：应交税费——应交所得税

  贷：银行存款

（6）结转全年净利润

年度终了，把"本年利润"账户的年末余额转入"利润分配——未分配利润"账户。

借：本年利润

  贷：利润分配——未分配利润

（7）进行利润分配

① 提取法定盈余公积。

借：利润分配——提取法定盈余公积

  贷：盈余公积——法定盈余公积

② 提取任意盈余公积。

借：利润分配——提取任意盈余公积

  贷：盈余公积——任意盈余公积

③ 向股东分配股利。

借：利润分配——应付股利

  贷：应付股利

（8）利润分配的结转

年度终了，把本年度"利润分配"的其他明细账户余额转入"利润分配——未分配利润"明细账。

借：利润分配——未分配利润

  贷：利润分配——提取法定盈余公积

      ——提取任意盈余公积

      ——应付股利

基础过关

一、选择题

1. 股份有限公司应设置（   ）账户核算企业收到的股东投入的资本。

  A."实收资本"   B."股本"   C."资本公积"   D."本年利润"

2. "资本公积"账户属于（   ）账户。

  A. 资产类   B. 负债类   C. 所有者权益类 D. 损益类

3. 筹集资金所发生的利息支出、银行手续费等一般应计入（   ）账户。

  A."管理费用"   B."财务费用" C."销售费用"   D."制造费用"

4. 企业接受投资人以提供一台机器设备的方式进行的投资，其账务处理一般不涉及（   ）账户。

A. "固定资产"　　B. "实收资本"　　C. "股本"　　　　D. "管理费用"

5. 短期借款的期限通常为（　　）。

A. 1 年以上　　　　　　　　B. 1 年以下（含 1 年）

C. 1 年　　　　　　　　　　D. 1 季度

6. 某企业月末计提短期借款利息 8 000 元，应该贷记（　　）账户。

A. "应付利息"　　B. "财务费用"　　C. "管理费用"　　D. "制造费用"

7. 某一般纳税人企业购入原材料一批，增值税专用发票注明买价 200 000 元，增值税 26 000 元，另以银行存款支付运杂费 2 000 元，假定不考虑运费的增值税，该批材料的入账价值为（　　）元。

A. 200 000　　　　B. 236 000　　　　C. 234 000　　　　D. 202 000

8. 某企业购买材料一批，买价 5 000 元，增值税进项税额 650 元，运杂费 200 元。开出商业汇票支付，但材料尚未收到，应该贷记（　　）账户。

A. "在途物资"　　B. "原材料"　　C. "银行存款"　　D. "应付票据"

9. 下列各项中，不应计入材料采购成本的是（　　）。

A. 运输途中的合理损耗　　　　B. 运输费

C. 采购人员的工资　　　　　　D. 入库前的挑选整理费用

10. 某公司同时购进 A、B 两种材料，A 材料 3 000 千克，每千克 25 元，价款 75 000 元，增值税税额 9 750 元；B 材料 2 000 千克，每千克 40 元，价款 80 000 元，增值税税额 10 400 元。发生运杂费 1 500 元（不考虑增值税），所有款项均以银行存款支付，运杂费按材料的质量比例进行分配，则 A 材料的采购成本为（　　）元。

A. 75 900　　　　B. 80 600　　　　C. 87 750　　　　D. 88 650

11. 采用实际成本进行材料日常核算的企业，已采购但尚未到达或验收入库的材料采购成本应记入（　　）科目。

A. "原材料"　　B. "在途物资"　　C. "材料采购"　　D. "生产成本"

12. 下列各项中，不应计入产品成本的是（　　）。

A. 直接材料　　B. 直接人工　　C. 销售费用　　D. 制造费用

13. "生产成本"账户的期末余额表示（　　）。

A. 应计入产品成本的各项费用　　　B. 完工产品成本

C. 在产品成本　　　　　　　　　　D. 库存产品成本

14. 企业本期发生的下列支出中，不是直接或间接计入生产成本，而是直接计入期间费用的是（　　）。

A. 业务招待费　　　　　　　　B. 生产车间水电费

C. 生产设备折旧费　　　　　　D. 车间管理人员的工资

15. 下列费用中，不属于制造费用的是（　　）。

A. 行政管理人员的工资　　　　B. 车间物料消耗

C. 车间设备折旧费　　　　　　D. 车间管理人员的工资

16. 计提生产设备的折旧时，应借记的账户是（　　）。

A. "制造费用"　　B. "累计折旧"　　C. "生产成本"　　D. "其他业务成本"

17. 专设销售机构职工的工资应记入（　　）科目的贷方。

A. "销售费用"　　　　　　　　B. "应付职工薪酬"

C. "生产成本"　　　　　　　　D. "制造费用"

18. 企业为生产产品和提供劳务而发生的间接费用应先通过"制造费用"账户归集，期末再按一定的标准和方法分配后记入（　　）账户。

    A．"库存商品"　　B．"管理费用"　　C．"生产成本"　　D．"本年利润"

19．下列会计科目中，企业在计提固定资产折旧时，不可能涉及的是（　　）。

    A．"固定资产"　　B．"累计折旧"　　C．"制造费用"　　D．"管理费用"

20．下列属于成本类账户的是（　　）。

    A．"销售费用"　　B．"管理费用"　　C．"财务费用"　　D．"制造费用"

21．企业发放生产工人的工资时，应借记的科目是（　　）。

    A．"库存现金"　　　　　　　　　　B．"应付职工薪酬"

    C．"银行存款"　　　　　　　　　　D．"生产成本"

22．应计入产品成本的费用是（　　）。

    A．厂部管理人员的工资　　　　　　B．车间管理人员的工资

    C．销售机构人员的工资　　　　　　D．医疗福利部门人员的工资

23．车间李某出差回来，报销差旅费 5 000 元，应借记（　　）账户。

    A．"制造费用"　　B．"管理费用"　　C．"其他应收款"　D．"库存现金"

24．（　　）是指企业的生产车间为组织和管理生产而发生的各项间接费用。

    A．制造费用　　　B．管理费用　　　C．生产成本　　　D．主营业务成本

25．"制造费用"账户期末结转后（　　）。

    A．有借方余额　　　　　　　　　　B．有贷方余额

    C．一定没有余额　　　　　　　　　D．一般无余额

26．"预付账款"账户，期末若出现贷方余额，表示（　　）。

    A．企业预先支付的款项　　　　　　B．企业尚未补付的款项

    C．企业应收回的款项　　　　　　　D．企业已经支付的款项

27．企业出售材料的成本应通过（　　）账户核算。

    A．"营业外支出"　　　　　　　　　B．"低值易耗品"

    C．"主营业务成本"　　　　　　　　D．"其他业务成本"

28．下列项目中，不属于"销售费用"账户核算内容的是（　　）。

    A．产品展览费　　　　　　　　　　B．业务招待费

    C．销售部门人员的工资　　　　　　D．销售部门固定资产的折旧费

29．下列各种税费中，不通过"税金及附加"账户核算的是（　　）。

    A．消费税　　　　　　　　　　　　B．增值税

    C．城市维护建设税　　　　　　　　D．资源税

30．2022 年 12 月，A 公司预付 2023 年报纸杂志费、财产保险费等共 6 万元，则关于 2023 年每月摊销的会计分录的说法正确的是（　　）。

    A．借记"管理费用"账户 0.5 万元　　B．借记"预付账款"账户 0.5 万元

    C．贷记"预收账款"账户 0.5 万元　　D．借记"营业外支出"账户 0.5 万元

31．期末，应转入"本年利润"账户借方的是（　　）。

    A．主营业务收入　　　　　　　　　B．其他业务收入

    C．库存商品　　　　　　　　　　　D．其他业务成本

32．下列账户中，期末结转后无余额的账户是（　　）。

    A．"库存商品"　　　　　　　　　　B．"主营业务收入"

    C．"生产成本"　　　　　　　　　　D．"应收账款"

33．计提教育费附加时，应借记（　　）账户。

A．"销售费用"　　　　　　　　　B．"税金及附加"

C．"其他应收款"　　　　　　　　D．"管理费用"

34．某企业销售商品一批，增值税专用发票上标明的价款为 60 万元，增值税税率为 13%，为购买方代垫运杂费 2 万元，款项尚未收回。该企业确认的应收账款为（　　）万元。

A．60　　　　　　B．62　　　　　　C．70.2　　　　　　D．69.8

35．下列选项中，不应作为其他业务收入核算的是（　　）。

A．出租固定资产的收入　　　　　B．出租包装物的收入

C．销售材料的收入　　　　　　　D．销售产品的收入

36．结转已销商品的销售成本 60 000 元的会计分录是（　　）。

A．借：生产成本　　　　　　60 000

　　　　贷：库存商品　　　　　　　60 000

B．借：库存商品　　　　　　60 000

　　　　贷：生产成本　　　　　　　60 000

C．借：库存商品　　　　　　60 000

　　　　贷：主营业务收入　　　　　60 000

D．借：主营业务成本　　　　60 000

　　　　贷：库存商品　　　　　　　60 000

37．某公司为宣传新产品发生广告费用 80 000 元，对于这笔费用，应记入的账户为（　　）。

A．"管理费用"　　　　　　　　　B．"销售费用"

C．"营业外支出"　　　　　　　　D．"其他业务成本"

38．在借贷记账法下，当贷记"主营业务收入"账户时，下列选项中不可能成为其对应账户的是（　　）。

A．"应收账款"　　B．"银行存款"　　C．"本年利润"　　D．"应收票据"

39．销售产品发生的消费税应记入（　　）账户的借方。

A．"本年利润"　　B．"应交税费"　　C．"税金及附加"　D．"利润分配"

40．损益类账户期末需要将本期发生额结转到（　　）账户。

A．"本年利润"　　B．"盈余公积"　　C．"实收资本"　　D．"利润分配"

41．年终决算时，"本年利润"账户结转前贷方余额为 65 500 元，则结转时应编制的会计分录为（　　）。

A．借：本年利润　　　　　　65 500

　　　　贷：实收资本　　　　　　　65 500

B．借：本年利润　　　　　　65 500

　　　　贷：利润分配　　　　　　　65 500

C．借：实收资本　　　　　　65 500

　　　　贷：利润分配　　　　　　　65 500

D．借：利润分配　　　　　　65 500

　　　　贷：本年利润　　　　　　　65 500

42．大华公司 2023 年 12 月 31 日"本年利润"账户的借方余额为 60 万元，表明（　　）。

A．大华公司 2023 年 1～12 月的净利润为 60 万元

B．大华公司 2023 年 1～12 月的净亏损为 60 万元

C．大华公司 2023 年 12 月的净利润为 60 万元

D．大华公司 2023 年 12 月的净亏损为 60 万元

43．"本年利润"账户属于（　　）账户。

    A．费用类　　　　B．损益类　　　　C．资产类　　　　D．所有者权益类

44．某企业税前会计利润 2 000 万元，其中营业外收入 80 万元，假设不存在纳税调整事项，所得税税率为 25%，则应缴纳的所得税为（　　）万元。

    A．1 500　　　　B．480　　　　C．500　　　　D．1 440

45．关于企业缴纳的所得税，下列说法正确的是（　　）。

    A．应纳所得税应该直接记入"本年利润"账户的借方

    B．应纳税所得额就是税前会计利润

    C．"所得税费用"账户期末结转后有借方余额

    D．应纳所得税=应纳税所得额×所得税税率

46．"利润分配"账户的年末余额如果在借方，其借方余额表示的是（　　）。

    A．历年累计未分配利润　　　　　　B．本年未分配利润

    C．历年累计未弥补亏损　　　　　　D．本年未弥补亏损

47．年终结算后，"利润分配——未分配利润"账户的余额（　　）。

    A．在贷方　　　　　　　　　　　　B．在借方

    C．为 0　　　　　　　　　　　　　D．既可能在借方，又可能在贷方

48．甲公司 2023 年年初"利润分配——未分配利润"账户的余额在借方，金额为 50 万元，2023 年实现净利润 200 万元，提取盈余公积 20 万元，分配利润 50 万元，则 2023 年年末未分配利润为（　　）万元。

    A．150　　　　B．130　　　　C．180　　　　D．80

49．下列项目中，应记入"营业外支出"账户的是（　　）。

    A．公益性捐赠　　B．借款利息　　C．广告费　　　D．固定资产盘盈

50．企业期末结转利润时，下列各项中，不应将（　　）账户的余额转入"本年利润"账户。

    A．"财务费用"　　　　　　　　　　B．"主营业务收入"

    C．"税金及附加"　　　　　　　　　D．"制造费用"

51．下列经济业务不属于利润分配范畴的是（　　）。

    A．向国家缴纳所得税　　　　　　　B．用税前利润弥补亏损

    C．提取盈余公积　　　　　　　　　D．向投资者分配利润

52．下列项目中，影响营业利润的因素是（　　）。

    A．所得税费用　　　　　　　　　　B．营业外收入

    C．管理费用　　　　　　　　　　　D．营业外支出

53．企业本月利润表中的营业收入为 480 000 元，营业成本为 236 000 元，税金及附加为 9 000 元，管理费用为 10 000 元，财务费用为 5 000 元，销售费用为 6 000 元，则其营业利润为（　　）元。

    A．225 000　　　　B．202 000　　　　C．234 000　　　　D．214 000

54．某企业 2023 年度实现净利润 500 万元，经董事会决议，打算按税后利润的 10% 提取法定盈余公积，提取盈余公积之后，剩余净利润的 80% 作为现金股利分配给股东。那么，"未分配利润"科目的贷方余额将增加（　　）万元。

    A．100　　　　B．90　　　　C．10　　　　D．400

55．某企业以银行存款支付合同违约金 5 000 元，应借记（　　）账户。

    A．"其他业务成本"　　　　　　　　B．"管理费用"

    C．"营业外支出"　　　　　　　　　D．"销售费用"

56. 本年利润总额为 300 000 元，所得税税率为 25%，计算所得税的会计分录是（　　　）。

    A. 借：税金及附加　　　　　75 000

           贷：应交税费　　　　　　　　75 000

    B. 借：本年利润　　　　　　75 000

           贷：所得税费用　　　　　　　75 000

    C. 借：应交税费　　　　　　75 000

           贷：所得税费用　　　　　　　75 000

    D. 借：所得税费用　　　　　75 000

           贷：应交税费　　　　　　　　75 000

57. 下列项目对企业利润总额没有影响的是（　　　）。

    A. 投资收益　　　　　　　　　　B. 营业外支出

    C. 税金及附加　　　　　　　　　D. 所得税费用

58. 以下（　　　）科目不属于所有者权益类账户。

    A. "投资收益"　　　　　　　　　B. "本年利润"

    C. "利润分配"　　　　　　　　　D. "盈余公积"

59. 年度终了，应将本年实现的净利润或亏损总额全部转入（　　　）账户。

    A. "本年利润"　　　　　　　　　B. "利润分配——未分配利润"

    C. "实收资本"　　　　　　　　　D. "盈余公积"

二、判断题

1. 企业获取资金的主要途径有两种：一是接受投资人投入，二是从外部借入。（　　）

2. 投资者投入资本只能采用货币资金的方式。（　　）

3. "短期借款"账户只核算企业从金融机构借入的期限短于 1 年的借款。（　　）

4. "财务费用"账户期末余额转入"本年利润"账户，结转后该账户无余额。（　　）

5. 采购费用包括运输费、装卸费、包装费、入库后的挑选整理费用等。（　　）

6. 为购买某种材料发生的采购费用直接计入所购材料物资的采购成本；为购买几种材料发生的采购费用需分配计入各种材料的采购成本。

7. "在途物资"账户，若期末有余额，一定在贷方，表示尚未验收入库在途物资的成本。

    （　　）

8. "在途物资"账户只在材料物资按实际成本核算时使用。（　　）

9. 所有者投入的资本，通常表现为货币资金，如现金、银行存款，但有时也表现为存货、固定资产等非货币资产。

    （　　）

10. 直接人工是指直接或间接从事产品生产人员的工资及提取的其他职工薪酬。（　　）

11. 产品的生产过程就是生产资料的耗费过程。（　　）

12. 在企业的生产经营过程中发生的与产品生产无直接关系的各项费用应间接计入产品成本。

    （　　）

13. 直接材料、直接人工都属于直接费用，应直接计入产品生产成本。（　　）

14. 职工预借差旅费应借记"管理费用"账户。（　　）

15. "预付账款"作为资产类账户，期末若有余额，一定在借方，表示企业预先支付的款项。

    （　　）

16. "累计折旧"账户是"固定资产"账户的抵减账户。（　　）

17. "其他业务收入"账户期末结转后无余额。（　　）

18. "本年利润"账户属于损益类账户，期末结转后无余额。 （　　）

19. "税金及附加"账户主要核算企业经营活动发生的增值税、消费税、所得税等相关税费。 （　　）

20. "主营业务成本"账户的借方登记从"库存商品"等账户结转的本期已销售产品的生产成本，以及企业在产品销售过程中发生的各项销售费用。 （　　）

21. 期末，收入成果类的损益类账户从贷方转入"本年利润"账户的借方，结转后无余额。
（　　）

22. "利润分配"账户属于所有者权益类账户，期末分配后应无余额。 （　　）

23. 年度终了，"利润分配"账户各明细账均无余额。 （　　）

24. 营业利润等于营业收入减去营业成本。 （　　）

25. 营业外收入是指与企业的生产经营活动没有直接关系的各项收入，如非流动资产处置利得、盘盈利得、投资收益等。 （　　）

提 升 训 练

三、业务核算题

1. 利丰公司2023年12月发生如下经济业务。

（1）6日，宏达公司以一幢新建厂房进行的投资，价值1 000 000元。

（2）12日，向交通银行借入一年期借款100 000元存入银行。

（3）18日，收到远航公司以商标权进行的投资，评估价为250 000元。

（4）20日，从工商银行取得期限为2年的借款200 000元，所得借款已存入开户银行。

（5）25日，以银行存款280 000元偿还到期的短期借款本金。

（6）31日，计算本月应负担的短期借款利息7 500元。

2. 利丰公司2023年12月发生如下经济业务（运杂费暂不考虑税收因素）。

（1）1日，从明远公司购入A材料1 000千克，单价18元，增值税进项税额2 340元，运杂费350元，全部款项均以银行存款支付，材料已验收入库。

（2）15日，向天远公司购入甲材料3 000千克，单价20元，计60 000元，增值税进项税额7 800元，款项尚未付，材料在运输途中。

（3）16日，向天远公司购入的甲材料验收入库。

（4）19日，以银行存款归还天远公司货款67 800元。

（5）20日，向宏达工厂购入乙材料1 000千克，单价25元，计25 000元，增值税进项税额3 250元，宏达工厂代垫运杂费350元，全部款项均以银行存款支付，但材料尚在运输途中。

3. 利丰公司2023年12月发生如下经济业务。

（1）2日，生产车间购买办公用品花费360元，以现金支付。

（2）3日，采购员出差预借差旅费1 000元，付给现金。

（3）4日，通过银行将本月职工工资打入职工个人银行账户，共计180 000元。

（4）5日，以银行存款20 000元支付明年的报纸杂志费。

（5）9日，采购人员出差回来报销差旅费用1 300元，不足部分300元付给现金。

（6）10日，以银行存款购买办公用品，花费1 300元。其中车间用1 000元，行政管理部门用300元。

（7）31 日，材料仓库本月发出材料价值 37 000 元，其中用于 A 产品生产 30 000 元，车间一般耗用 5 800 元，行政管理部门耗用 1 200 元。

（8）31 日，根据工资汇总表，本月应付职工工资 150 000 元，其中 A 产品生产工人工资 60 000 元，B 产品生产工人工资 40 000 元，车间管理人员工资 25 000 元，行政管理人员工资 25 000 元。

（9）31 日，将本月实际发生的职工福利费分配计入成本费用，其中 A 产品生产工人 8 400 元，B 产品生产工人 5 600 元，车间管理人员 3 500 元，行政管理人员 3 500 元。

（10）31 日，用银行存款支付本月水电费 3 500 元，其中生产车间应负担 2 700 元，管理部门应负担 800 元。

（11）31 日，计提本月固定资产折旧 4 500 元，其中车间计提折旧 4 000 元，行政管理部门计提折旧 500 元。

（12）31 日，将本月发生的制造费用转入"生产成本"账户（按生产工人工资比例分摊制造费用）。

（13）31 日，本月生产的 A 产品 100 件，B 产品 60 件，全部制造完工并验收入库，结转其实际生产成本。

4. 利丰公司 2023 年 12 月发生如下经济业务。

（1）3 日，销售 A 产品 500 件，单价 300 元，增值税税额 19 500 元，款项全部收到并存入银行。

（2）5 日，销售 B 产品 800 件，单价 200 元，增值税税额 20 800 元，并以银行存款代垫运杂费 1 500 元，全部款项尚未收到。

（3）7 日，以银行存款支付广告费 65 000 元。

（4）13 日，收到东方公司前欠货款 600 000 元，存入银行。

（5）20 日，销售原材料一批，该批材料的实际成本 6 000 元，销售价款 8 000 元，增值税税额 1 040 元，货款收到并存入银行。

（6）31 日，结转已售产品的销售成本，其中 A 产品每件成本为 200 元，B 产品每件成本为 120 元。

（7）31 日，按税法规定计算销售产品应缴纳的城市维护建设税 2 100 元，教育费附加 900 元。

5. 利丰公司 2023 年 12 月发生如下经济业务。

（1）5 日，用银行存款向阳光希望小学捐赠 60 000 元。

（2）7 日，企业收到供货单位违约金 2 000 元，存入银行。

（3）15 日，收到联华公司分来利润 60 000 元，存入银行。

（4）31 日，将本月实现的主营业务收入 1 000 000 元、其他业务收入 35 000 元、营业外收入 6 200 元、投资收益 60 000 元，结转到"本年利润"账户。

（5）31 日，将本月发生的主营业务成本 550 000 元、税金及附加 80 000 元、销售费用 10 000 元、其他业务成本 16 000 元、营业外支出 9 500 元、管理费用 65 000 元、财务费用 4 800 元，转入"本年利润"账户。

（6）按利润总额的 25% 计算本月应交所得税。

（7）月末，将所得税费用转入"本年利润"账户。

（8）结转全年实现的净利润。

（9）按净利润的 10% 提取法定盈余公积。

（10）按净利润的 30% 计算应付给投资者的利润。

6. 甲公司为增值税一般纳税人，2023 年 6 月发生如下经济业务。

（1）5 日，甲公司购入 A 材料一批，取得的增值税专用发票上注明价款 400 000 元，增值税税额 52 000 元。材料已运到并验收入库，款项尚未支付。

（2）13 日，甲公司以银行存款支付上述款项。

（3）根据甲公司发料凭证汇总表的记录，6 月份，车间生产产品直接领用 A 材料 220 000 元，车间管理部门领用 A 材料 30 000 元，企业行政管理部门领用 A 材料 20 000 元。

（4）26 日，甲公司对外销售 A 材料，开具的增值税专用发票上注明售价 20 000 元，增值税税额 2 600 元，款项已由银行收讫。

要求：

（1）编制甲公司赊购 A 材料的会计分录。

（2）编制甲公司支付货款的会计分录。

（3）编制甲公司内部领用 A 材料的会计分录。

（4）编制甲公司对外销售 A 材料的会计分录。

7．某公司的生产车间生产甲、乙两种产品。2023 年 9 月份，车间发生如下经济业务。

（1）车间为生产甲产品向仓库领用 A 材料 1 000 千克，共计 15 000 元，B 材料 500 千克，共计 5 000 元；为生产乙产品领用 A 材料 500 千克，共计 7 500 元，B 材料 300 千克，共计 3 000 元。

（2）王某出差预借差旅费 2 000 元，以现金付讫。

（3）分配工资，其中行政管理人员 6 000 元，车间管理人员 3 500 元，生产甲产品工人工资 12 000 元，生产乙产品工人工资 8 000 元。

（4）计提本月单位负担的社会保险费，其中行政管理人员 1 500 元，车间管理人员 875 元，生产甲产品和乙产品工人分别为 3 000 元和 2 000 元。

（5）王某出差回来，报销差旅费 1 800 元，余款退回。

要求：根据以上资料，编制相应的会计分录。

8．某企业为增值税一般纳税人，2023 年 5 月发生如下经济业务。

（1）预收购货单位的货款 450 万元，存入银行。

（2）向购货单位发出产品一批，开出的增值税专用发票所列价款 500 万元，增值税税额 65 万元，共计 565 万元。原已向购货单位预收货款 450 万元，不足部分购货单位以银行存款补付。该批产品实际成本 300 万元。

（3）以银行存款 650 万元支付本月职工工资。

（4）以银行存款支付广告费 3 万元。

要求：根据以上资料，编制相应的会计分录。

9．胜利工厂 2023 年 12 月有关损益类账户的年末余额如表 1-5-1 所示。

表 1-5-1　2023 年 12 月胜利工厂有关损益类账户余额表

单位：元

账 户 名 称	借 或 贷	结账前余额
主营业务收入	贷	1 115 000
其他业务收入	贷	50 000
投资收益	贷	30 000
营业外收入	贷	80 000
主营业务成本	借	600 000
其他业务成本	借	25 000

续表

账户名称	借或贷	结账前余额
税金及附加	借	10 000
管理费用	借	50 000
销售费用	借	70 000
财务费用	借	10 000
营业外支出	借	20 000

假设胜利工厂不存在纳税调整因素，所得税税率为25%。

按净利润的10%提取法定盈余公积，按5%提取任意盈余公积。经董事会讨论，决定向投资者分配利润150 000元。

要求：

（1）结转损益类账户余额。

（2）计算并结转所得税。

（3）计算并结转净利润。

（4）编制提取盈余公积的会计分录。

（5）编制向投资者分配利润的会计分录。

10．甲企业2023年3月发生如下经济业务。

（1）本月生产A产品、B产品领用各种材料价值103 200元，其中用于A产品生产60 000元，用于B产品生产40 000元，生产车间耗用3 200元。

（2）本月发生行政管理部门水电费9 800元，款项已用银行存款支付。

（3）结转本月应付职工工资32 000元，其中制造A、B产品的生产工人工资分别为16 000元和12 000元，车间管理人员工资4 000元。

（4）计提本月生产车间固定资产折旧10 000元。

（5）以银行存款支付生产车间办公用品费用800元。

（6）根据A、B产品本月的生产工时分配制造费用，其中A产品7 500工时，B产品5 000工时。

（7）本月投产的A产品1 000件已全部完工并验收入库，计算其总成本和单位成本。B产品全部未完工。

要求：根据经济业务编制相应会计分录。

11．A公司为增值税一般纳税人，2023年6月发生如下经济业务。

（1）用银行存款支付公司下年度报刊订阅费1 200元。

（2）从市场上购入一台设备，价值100 000元，设备已交付使用，款项已通过银行支付。

（3）经计算本月应计提固定资产折旧20 000元，其中厂部固定资产应提折旧8 000元，车间固定资产应提折旧12 000元。

（4）用银行存款240 000元从其他单位购入一项专利权。

（5）采购原材料，价款20 000元已通过银行转账支付，材料尚未验收入库，不考虑增值税等因素。

要求：根据上述资料，编制会计分录。

12．某公司为增值税一般纳税人，假设2023年12月发生如下经济业务。

（1）1日，向工商银行借入期限为3年的借款60 000元，年利率6%，借款到期还本付息，借入的款项存入银行。

（2）8日，开出转账支票一张，向甲公司预付货款50 000元。

（3）12日，收到甲公司货物结算单，其中材料价款40 000元，增值税税额5 200元，材料已验收入库，货款已于本月8日预付，多余款项尚未退回。

（4）23日，向预付货款的乙公司销售A产品200件，单位售价100元，B产品300件，单位售价100元，增值税税率13%，其余款项尚未收回；公司另用银行存款为对方代垫运费500元。

（5）24日，接到银行通知，本季度企业存款利息收入300元，已划入企业账户（假设以前月份没有预提）。

要求：根据上述经济业务编制相应的会计分录。

第六章 会计凭证

要点导图

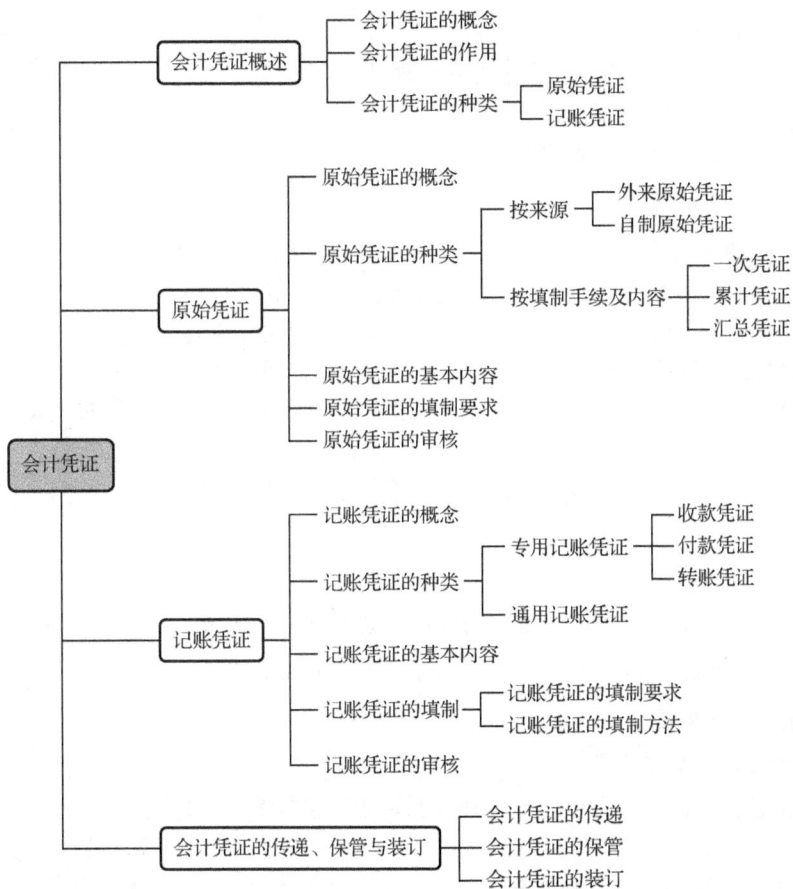

复习要求

1. 重点掌握会计凭证的概念和种类，了解会计凭证的作用。

2. 重点掌握原始凭证的概念和种类，掌握原始凭证的基本内容、填制要求、审核内容，熟练进行原始凭证的填制。

3. 重点掌握记账凭证的概念和种类，掌握记账凭证的基本内容、记账凭证的填制要求、记账凭证的审核内容，熟练进行记账凭证的填制。

4. 了解会计凭证的传递、保管与装订。

考点详解

知识点一　会计凭证概述

1. 会计凭证的概念

会计凭证是记录经济业务、明确经济责任、作为记账依据的具有法律效力的书面证明。

2. 会计凭证的作用

① 监督经济业务的真实性、合法性和合理性。

② 保证账簿记录的正确性。

③ 明确经济责任，加强内部管理。

3. 会计凭证的种类

按填制程序和用途不同，会计凭证分为原始凭证和记账凭证两类。

例1. 按填制程序和用途不同，会计凭证分为（　　　　）。

A. 原始凭证和记账凭证　　　　　　　B. 专用凭证和通用凭证

C. 记账凭证和转账凭证　　　　　　　D. 累计凭证和一次凭证

解析：A。按填制程序和用途不同，会计凭证分为原始凭证和记账凭证两类。

知识点二　原　始　凭　证

1. 原始凭证的概念

原始凭证简称单据，是在经济业务发生或完成时填制或取得的、用来表明某项经济业务发生或完成情况、明确有关经济责任、具有法律效力的书面证明。

2. 原始凭证的种类

（1）按来源不同分类

原始凭证按其来源不同，可以分为外来原始凭证和自制原始凭证。

例2. 原始凭证按填制手续及内容不同，可以分为外来原始凭证和自制原始凭证。（　　　）

解析：×。原始凭证按其来源不同，可以分为外来原始凭证和自制原始凭证。

① 外来原始凭证。外来原始凭证是指本单位业务经办人员在经济业务发生或完成时，从其他单位或个人手中取得的原始凭证，如购买材料时取得的发票、银行转来的各种结算凭证、职工出差取得的飞机票和车船票等。

② 自制原始凭证。自制原始凭证是指由本单位内部经办业务的部门或人员，在执行或完成某项经济业务时填制的原始凭证，如收料单（或材料入库单）、发料单、借款单、工资明细发放表、折旧计算表等。自制原始凭证大部分是各单位根据本单位内部管理需要自行设计、填制的，因此名称和格式等不尽相同，但都应具备原始凭证的基本内容。

例3. 下列原始凭证中，不属于自制原始凭证的是（　　　　）。

A. 折旧计算表　　　　　　　　　　　B. 入库单

C. 实存账存对比表　　　　　　　　　D. 飞机票

解析：D。自制原始凭证是指由本单位内部经办业务的部门或人员，在执行或完成某项经济业务时填制的原始凭证。A、B、C三个选项均为自制原始凭证。D选项的飞机票属于外来原始凭证。

例4．以下原始凭证属于自制凭证的是（　　）。

A．收料单　　　　　　B．购货发票　　　　C．飞机票　　　　D．银行结算凭证

解析：A。自制原始凭证是指由本单位内部经办业务的部门或人员，在执行或完成某项经济业务时填制的原始凭证，如收料单、发料单、借款单。

例5．自制原始凭证的名称和格式应统一。（　　）

解析：×。自制原始凭证大部分是各单位根据本单位内部管理需要自行设计、填制的，因此名称和格式等不尽相同，但都应具备原始凭证的基本内容。

例6．下列选项中，不属于本单位内部经办业务的部门或人员，在执行或完成某项经济业务时填制的原始凭证是（　　）。

A．工资明细发放表　　　　　　　B．借款单
C．银行结算凭证　　　　　　　　D．出库单

解析：C。本单位内部经办业务的部门或人员，在执行或完成某项经济业务时填制的原始凭证属于自制原始凭证。A、B、D三个选项均为自制原始凭证；C选项的银行结算凭证为外来原始凭证。

（2）按填制手续及内容不同分类

原始凭证按填制手续及内容不同，可以分为一次凭证、累计凭证和汇总凭证。

① 一次凭证。一次凭证是指一次完成填制手续的原始凭证，如收料单。

外来原始凭证一般都是一次凭证；大部分自制的原始凭证属于一次凭证，如产品入库单、产品出库单、折旧计算表，还有收据、借款单、销货发票、领料单等。

② 累计凭证。累计凭证是指在一定时期内，在一张凭证中经多次填制，记录发生的同类型经济业务的原始凭证。

累计凭证的特点是，在一张凭证内可以连续登记相同性质的经济业务，随时结出累计数及结余数，并按费用限额进行费用控制，期末按实际发生额记账。这类凭证的填制手续是多次进行才能完成的，一般为自制原始凭证。具有代表性的累计凭证是限额领料单。

③ 汇总凭证。汇总凭证又称原始凭证汇总表，是将一定时期若干份记录同类经济业务的原始凭证汇总编制一张凭证，用于集中反映某项经济业务的完成情况。这类凭证也是一种自制原始凭证，如月末根据若干张领料单填制的领料汇总表、工资结算汇总表、差旅费报销单、销售日报等。

有些单据由于不能证明经济业务的发生或完成情况，不能作为填制记账凭证和登记账簿的依据，如用工计划表、材料请购单、经济合同、银行存款余额调节表等。

例7．自制原始凭证和外来原始凭证所共有的种类是（　　）。

A．一次凭证　　　　B．累计凭证　　　　C．重制凭证　　　D．汇总凭证

解析：A。外来原始凭证一般都是一次凭证；大部分自制的原始凭证属于一次凭证。B选项的累计凭证一般为自制原始凭证；C选项，没有重制原始凭证这个种类；D选项的汇总凭证又称原始凭证汇总表，也是一种自制原始凭证。

3．原始凭证的基本内容

原始凭证一般应具备以下基本内容（又称原始凭证要素）。

① 原始凭证的名称。

② 填制原始凭证的日期。

③ 接收原始凭证的单位名称。

④ 经济业务内容，包括经济业务所涉及的实物或劳务的名称、计量单位、数量、单价和金额等。

⑤ 填制凭证单位名称或填制人姓名。

⑥ 相关责任人员签名或盖章。

4. 原始凭证的填制要求

（1）记录要真实

原始凭证所填列的经济业务内容和数字必须真实可靠，符合实际情况。

（2）内容要完整，手续要完备

原始凭证应按其设计项目逐项填列齐全，不可遗漏或简略。单位名称要写全称，不得简化。从外单位取得的原始凭证，必须按照有关规定加盖填制单位的公章；从个人取得的原始凭证，必须有填制人员的签名或盖章；自制原始凭证必须有经办单位负责人或者其指定人员的签名或盖章；对外开出的原始凭证，必须加盖本单位公章。

（3）书写要清楚、规范

① 用笔要求。原始凭证要使用蓝/黑墨水笔或碳素墨水笔书写，不得使用圆珠笔（复写的凭证除外）或铅笔书写。

② 大小写金额必须一致且填写规范。

③ 有关错误处理的要求。不得涂改、刮擦、挖补，不得使用褪色药水、涂改液消除等。发现原始凭证有错误的，应当按照以下原则办理：金额有误的，应当由出具单位重开，不得在原始凭证上更正；文字和数量错误的，可以由开出单位更正，更正处应当加盖开出单位相应的公章。

例8. 对于金额有误的原始凭证，应当（　　　　）。

A. 在原始凭证上更正　　　　　　　B. 由出具单位重开

C. 不予接受　　　　　　　　　　　D. 直接撕毁

解析：B. 金额有误的原始凭证，应当由出具单位重开，不得在原始凭证上更正。

④ 一式多联发票和收据填制要求。一式多联发票和收据必须用双面复写纸套写（发票和收据本身具备复写功能的除外），并连续编号。作废时应当加盖"作废"印章，连同存根一起保存，不得撕毁。

（4）填制要及时

经济业务一经发生或完成，就应当及时填制原始凭证，做到不积压、不误时、不事后补制。

5. 原始凭证的审核

原始凭证只有经过会计人员审核无误后，才能作为编制记账凭证和登记账簿的依据。

（1）对原始凭证进行审核的主要内容

① 审核原始凭证的真实性、合法性和合理性。

真实性审核主要是指审核原始凭证日期是否真实、业务内容是否真实、数据是否真实等。

合法性审核主要是指审核原始凭证所记录的经济业务是否符合国家法律、法规、规章制度的规定等。

合理性审核主要是指审核原始凭证所记录的经济业务是否符合企业生产经营活动的需要、是否符合有关的计划和预算等。

② 审核原始凭证的完整性、正确性和及时性。

完整性审核主要是指审核原始凭证各项基本要素是否齐全、是否有漏项情况、有关人员签章是否齐全、手续是否完备等。

正确性审核主要是指审核原始凭证各项金额的计算是否正确、填写是否规范、大小写金额是否一致、数字是否清晰、凭证联次是否正确等。

及时性审核主要是指审核原始凭证的填制日期，尤其是支票等时效性较强的原始凭证。

（2）原始凭证审核后的处理

对经过审核的原始凭证，会计人员应根据不同情况进行处理：

① 对于完全符合要求的原始凭证，会计人员应及时办理会计手续，并在原始凭证上加盖"现金收讫""转账付讫"或"现金付讫"等印章。

② 对于真实、合法、合理，但内容不够完整、填写有错误的原始凭证，应退给有关经办人员，由其负责将有关凭证补充完整、更正错误或重开后，办理正式会计手续。

③ 对于不真实、不合法的原始凭证，会计机构、会计人员有权不予接受，并向单位负责人报告。

知识点三　记　账　凭　证

1. 记账凭证的概念

记账凭证又称记账凭单，是会计人员根据审核无误的原始凭证，对经济业务按性质加以归类后，将确定的会计分录加以格式化的载体，是登记账簿的直接依据。

2. 记账凭证的种类

记账凭证按其反映的经济业务内容不同，可以分为专用记账凭证和通用记账凭证。

（1）专用记账凭证

专用记账凭证分为收款凭证、付款凭证和转账凭证。

① 收款凭证。收款凭证是指用于记录库存现金和银行存款收款业务的记账凭证，是登记现金日记账、银行存款日记账及有关明细分类账和总分类账的依据。

② 付款凭证。付款凭证是指用于记录库存现金和银行存款付款业务的记账凭证，是登记现金日记账、银行存款日记账及有关明细分类账和总分类账的依据。

③ 转账凭证。转账凭证是指用于记录不涉及库存现金和银行存款业务的记账凭证，是登记有关明细分类账和总分类账的依据。

例9. 应当编制转账凭证的业务是（　　　　）。

A. 从银行提取现金　　　　　　　　B. 用银行存款支付材料费

C. 出售一批产品，款项未收　　　　D. 使用现金预支销售人员差旅费

解析：C。转账凭证是指用于记录不涉及库存现金和银行存款业务的记账凭证。A、B选项涉及银行存款，D选项涉及库存现金，只有C选项不涉及库存现金和银行存款。

专用记账凭证根据业务性质不同采用不同格式，并分别编号，虽然增加了一定的工作量，但便于分工核算和查阅，适用于规模较大、经济业务量较多的单位。

对于现金和银行存款之间相互划转的经济业务，为了避免重复记账，一般只编制付款凭证。

（2）通用记账凭证

通用记账凭证不再对经济业务分类，而是将所有经济业务记录在同一种格式的记账凭证中。通用记账凭证的名称为"记账凭证"，适用于所有经济业务，统一编号，工作量较小。经济业务较简单、收付业务较少的单位，可采用该种记账凭证形式。

3. 记账凭证的基本内容

① 记账凭证的名称。

② 填制记账凭证的日期。

③ 记账凭证的编号。

④ 经济业务内容的摘要。

⑤ 经济业务所涉及的会计科目（包括总分类科目和明细分类科目）、记账方向和金额。

⑥ 记账标记。通常用"√"表示已记账完毕。

⑦ 所附原始凭证张数。

⑧ 有关人员签章。凡是与记账凭证有关的人员都要在记账凭证上签章，以明确经济责任，包括制单、审核、记账、会计主管等。有关收款和付款的凭证，还要有出纳人员的签章。

4. 记账凭证的填制

（1）记账凭证的填制要求

① 审核原始凭证。在原始凭证审核无误的基础上编制记账凭证。

② 确定所使用的记账凭证种类。

③ 记账凭证各项内容必须完整，书写应清楚、规范。

④ 记账凭证应连续编号。记账凭证的编号方法有多种，专用记账凭证可按收款、付款、转账三类业务分别编号，也可按现收、银收、现付、银付、转账五类业务分别编号；通用记账凭证不分业务种类，统一编号。

无论采用哪种编号方法，都应该按月顺序编号，即每月都从1号编起，按自然数顺序连续编号到月末，一张记账凭证编一个号，不得重号、跳号。为表示本月记账凭证编制完毕，可以在最后一张记账凭证上注明"全"字。

如果一笔经济业务包含的会计科目较多，需要编制两张或两张以上记账凭证，可以采用分数编号法，即在原顺序编号后，以分数形式表示该笔经济业务所编制的记账凭证张数及该张的顺序号。例如，第6笔经济业务需要编制3张记账凭证，其编号应分别为$6\frac{1}{3}$、$6\frac{2}{3}$、$6\frac{3}{3}$。

例10．某公司在编制本月第2笔经济业务的时候，需要编制3张记账凭证，其编号应当为（　　）。

A．2、3、4　　　　　　　　　　　B．2.1、2.2、2.3

C．$2\frac{1}{3}$、$2\frac{2}{3}$、$2\frac{3}{3}$　　　　　　　D．2-1、2-2、2-3

解析：C。如果一笔经济业务需要编制两张或两张以上记账凭证，可以采用分数编号法，即在原顺序编号后，以分数形式表示该笔经济业务所编制的记账凭证张数及该张的顺序号。

⑤ 记账凭证的附件应齐全。记账凭证可以根据每张原始凭证填制，也可以根据若干张同类原始凭证汇总编制，还可以根据原始凭证汇总表填制。但不得将不同内容和类别的原始凭证汇总填制在一张记账凭证上。

单位在填制记账凭证的附件张数时，应当以符合原始凭证的证明文件为统计依据。记账凭证中的附件应当以直接的原始凭证为依据，不包括原始凭证中的附件。

除结账和更正错误的记账凭证可以不附原始凭证外，其他记账凭证必须附原始凭证。对于计算、分配等事项，应当将计算、分配的过程和结果作为原始凭证。

一张原始凭证涉及几张记账凭证的，可以把原始凭证附在一张主要的记账凭证后面，并在其他记账凭证上注明附有该原始凭证的记账凭证的编号或者附上该原始凭证的复印件。

一张原始凭证所列支出需要几个单位共同负担的，应当将其他单位负担的部分，开给对方原始凭证分割单进行结算。原始凭证分割单必须具备原始凭证的基本内容。

⑥ 划斜线注销。填制完经济业务后，如记账凭证有空行，应当自金额栏最后一笔金额数字下的空行处至合计数上的空行处划斜线注销。

⑦ 记账凭证填制错误应采用规定的方法处理。填制记账凭证时发生错误，应当重新填制；已登记入账的记账凭证发现有错误时，应按规定的方法进行更正。

例11．填制记账凭证时发生错误，需用红线划去错误部分，并用黑笔在旁边更正。（　　）

解析：×。填制记账凭证时发生错误，应当重新填制。

（2）记账凭证的填制方法

① 确定记账凭证的种类。收款凭证借方账户应填写"库存现金"或"银行存款"账户；付款凭证贷方账户应填写"库存现金"或"银行存款"账户。

② 用阿拉伯数字填写记账凭证的填制日期。

③ 填写记账凭证编号。

④ 依据经济业务内容填写摘要。

⑤ 填写会计分录及相应金额。

⑥ 依据原始凭证张数填写附件张数。

⑦ 有关人员签章。

⑧ 填写已记入账簿的页码或用"√"表示记账完毕。

现从三个方面对原始凭证与记账凭证进行比较，如表1-6-1所示。

表1-6-1　原始凭证与记账凭证的比较

比 较 内 容	原 始 凭 证	记 账 凭 证
填制人员	一般由经办业务人员填制或取得	必须由会计人员填制
填制内容和目的	填制原始凭证主要是记录经济业务的发生和完成情况，明确经济责任，具有法律效力；是填制记账凭证和登记账簿的依据	填制记账凭证是将原始凭证所记载的经济信息，运用会计方法，转变成会计信息，即确定会计分录；是登记账簿的直接依据
二者关系	审核无误的原始凭证作为附件附在记账凭证的后面	记账凭证应写明所附原始凭证的张数，与原始凭证反映的经济业务内容应一致

5. 记账凭证的审核

① 内容是否真实。

② 项目是否齐全。

③ 科目是否正确。

④ 金额是否正确。

⑤ 书写是否正确。

⑥ 附件是否齐全。

知识点四　会计凭证的传递、保管与装订

1. 会计凭证的传递

会计凭证的传递是指从原始凭证的取得或填制时起到会计凭证归档保管时止，在单位内部有关部门和人员之间按规定的时间、程序办理业务手续，以及进行处理、移交的过程。

2. 会计凭证的保管

（1）装订成册前，应保管好原始凭证和记账凭证，防止污损和散失

① 从外单位取得的原始凭证如有遗失，应当取得原开出单位盖有公章的证明，并注明原来凭证的号码、金额和内容等。确实无法取得证明的，如火车票、轮船票、飞机票等凭证，需由当事人写出详细情况，由经办单位会计机构负责人或会计主管人员和单位负责人批准后，代作原始凭证。

② 单位的银行结算凭证、发票（行政事业单位的收据）、其他收款依据等重要空白凭证必须由专人负责管理，建立票据登记簿。

③ 原始凭证不得外借。其他单位如因特殊原因需要使用原始凭证时，经本单位会计机构负责人、会计主管人员批准，可以复制。同时，在专设的登记簿上进行登记，由提供人员和收取人员共同签章。

（2）装订成册

为了保证会计凭证安全、完整，便于日后查阅，必须将会计凭证按月装订成册，原则上应当每月装订一次。

（3）保管期限

会计凭证的保管期限一般为 30 年，对保管期满需要销毁的会计凭证，必须经本单位负责人审查，报上级主管部门检查、核实、批准后，才能按规定销毁。

每年装订成册的会计凭证，自年度终了起可暂由单位会计机构保管一年，期满后应当移交本单位档案机构统一保管；未设立档案机构的，应当在会计机构内部指定专人保管。出纳人员不得兼管会计档案。

例 12. 每年装订成册的会计凭证，自年度终了起可暂由出纳人员保管一年，期满后应当移交本单位档案机构统一保管。（　　　）

解析：×。每年装订成册的会计凭证，自年度终了起可暂由单位会计机构保管一年，期满后应当移交本单位档案机构统一保管。出纳人员不得兼管会计档案，不能进行保管。

3. 会计凭证的装订

① 会计凭证在装订前应进行排序，按照记账凭证在前、所附的原始凭证在后的顺序，从当月 1 号凭证开始依次排至月末。如果有科目汇总表，应放在每月第一张记账凭证前面。

② 会计凭证的装订方法通常有角订法和侧订法。

③ 一册凭证的厚度一般以 1.5～2.0cm 为宜，过薄不利于直立放置，过厚不便于翻阅核查。凭证装订一般以月为单位，每月装订成一册或若干册，每册的厚度应基本保持一致，不能把属于一张记账凭证附件的原始凭证拆开装订在两册凭证中，要做到既美观大方，又便于查阅。

基础过关

一、选择题

1. 限额领料单属于（　　　）。
　　A. 汇总凭证　　　　　　　　　　B. 外来原始凭证
　　C. 累计凭证　　　　　　　　　　D. 一次凭证

2. 审核原始凭证时，发现一张原始凭证不真实、不合法，应当（　　　）。
　　A. 予以退回，要求更正　　　　　B. 不予接受，并向单位负责人报告

C. 予以接受，不对外声张 　　　　 D. 不予接受，直接销毁

3. 以下不属于记账凭证的是（ 　　 ）。

A. 收款凭证　　 B. 转账凭证　　 C. 汇总凭证　　 D. 付款凭证

4. 下列有关记账凭证的填制要求正确的是（ 　　 ）。

A. 记账凭证后面不附相关原始凭证

B. 记账凭证应按年顺序编号

C. 同一张记账凭证可以填制两笔不同内容的经济业务

D. 填制记账凭证时发生错误，应当重新填制

5. 下列凭证中，（ 　　 ）属于外来原始凭证。

A. 收料单　　　　　　　　　　 B. 发料单

C. 购货时收到的增值税专用发票　 D. 发货单

6. 原始凭证的基本内容不包括（ 　　 ）。

A. 原始凭证的名称　　　　　　 B. 经济业务内容

C. 填制日期　　　　　　　　　 D. 记账标记

7. 对原始凭证所记录的经济业务是否符合企业生产经营活动的需要、是否符合有关的计划和预算进行审核，属于（ 　　 ）审核。

A. 真实性　　 B. 完整性　　 C. 合理性　　 D. 正确性

8. 对原始凭证进行审核的内容不包括（ 　　 ）。

A. 及时性　　 B. 正确性　　 C. 可靠性　　 D. 真实性

9. 将一定时期若干份记录同类经济业务的原始凭证汇总编制一张凭证的是（ 　　 ）。

A. 累计凭证　　 B. 汇总凭证　　 C. 通用凭证　　 D. 一次凭证

10. 会计凭证的保管期限一般为（ 　　 ）。

A. 10 年　　 B. 30 年　　 C. 20 年　　 D. 5 年

11. 在一定时期内，在一张凭证中多次记录发生的同类型经济业务的原始凭证是（ 　　 ）。

A. 一次凭证　　 B. 累计凭证　　 C. 汇总凭证　　 D. 重编凭证

12. 一张原始凭证所列支出需要几个单位共同负担的，应当将其他单位负担的部分，开给对方（ 　 ）进行结算。

A. 原始凭证复印件　　　　　 B. 支出证明

C. 原始凭证分割单　　　　　 D. 支出费用分配表

13. 原始凭证上的小写金额表示正确的是（ 　　 ）。

A. ¥690　　 B. ¥530.54　　 C. ¥324.1-　　 D. ¥543.4

14. 会计凭证的传递是指（ 　　 ），在单位内部有关部门和人员之间按规定的时间、程序办理业务手续，以及进行处理、移交的过程。

A. 从原始凭证的取得或填制时起到会计凭证归档保管时止

B. 从业务发生时起到取得会计凭证时止

C. 从审核原始凭证后起到会计凭证归档保管时止

D. 从原始凭证的取得时起到登记账簿完成后止

15. 下列关于借款单的表述正确的是（ 　　 ）。

A. 借款单是一种自制原始凭证　 B. 借款单是一种汇总凭证

C. 借款单是一种外来原始凭证　 D. 借款单是一种累计凭证

16. 下列属于一次凭证的是（ 　　 ）。

A. 借款单　　　　　　　　　 B. 限额领料单

　　C．工资结算汇总表　　　　　　　　D．销售合同

17．某企业从银行提取 2 000 元现金，应填制的记账凭证是（　　　）。

　　A．现金付款凭证　　　　　　　　　B．现金收款凭证

　　C．银行存款收款凭证　　　　　　　D．银行存款付款凭证

18．原始凭证和记账凭证的相同点是（　　　）。

　　A．反映的经济业务内容一致　　　　B．填制人员一致

　　C．作用一致　　　　　　　　　　　D．填制的内容一致

19．下列属于对原始凭证真实性进行审核的是（　　　）。

　　A．原始凭证的手续是否完备　　　　B．凭证日期是否真实

　　C．大小写金额是否一致　　　　　　D．各项金额的计算是否正确

20．付款凭证左上角的贷方科目应填（　　　）。

　　A．"应收账款"　　B．"银行存款"　　C．"应付票据"　　D．"原材料"

21．下列各项中，属于原始凭证按来源不同分类的是（　　　）。

　　A．外来原始凭证　　　　　　　　　B．一次凭证

　　C．累计凭证　　　　　　　　　　　D．借款凭证

22．在原始凭证上书写阿拉伯数字，正确的是（　　　）。

　　A．金额数字一律填写到角、分

　　B．阿拉伯数字可以连笔，能辨认相应数字即可

　　C．有角无分的，分位应当写"0"

　　D．有角无分的，分位也可以用符号"-"代替

23．按照原始凭证格式的不同，购货合同属于（　　　）。

　　A．外来原始凭证　　　　　　　　　B．自制原始凭证

　　C．一次凭证　　　　　　　　　　　D．以上均不属于

24．企业销售货物收到货款 10 000 元存入银行，这笔经济业务应编制的记账凭证是（　　　）。

　　A．收款凭证　　　　B．付款凭证　　　C．转账凭证　　　　D．以上均可

25．下列属于专用记账凭证的优点的是（　　　）。

　　A．减少了工作量　　　　　　　　　B．便于分工核算和查阅

　　C．直接体现了账户对应关系　　　　D．业务分类不清晰

26．下列关于会计凭证的说法正确的是（　　　）。

　　A．会计凭证是登记账簿的直接依据

　　B．记账凭证上有会计科目，而原始凭证不涉及会计科目

　　C．原始凭证按其来源不同，可以分为一次凭证和汇总凭证

　　D．原始凭证上仅出现阿拉伯数字

27．收款凭证主要用于记录的经济业务是（　　　）。

　　A．货币资金的增加　　　　　　　　B．应收账款的增加

　　C．应收票据的增加　　　　　　　　D．其他应收款的增加

28．对支票的填制日期进行审核，属于（　　　）审核。

　　A．合理性　　　　B．及时性　　　　C．正确性　　　　D．真实性

29．企业销售一批产品，已收到部分货款并存入银行，余款暂欠，这笔经济业务发生应填制的专用记账凭证是（　　　）。

　　A．收款凭证一张　　　　　　　　　B．收款凭证两张

　　C．转账凭证两张　　　　　　　　　D．收款凭证和转账凭证各一张

30. 付款凭证的贷方科目可能是（　　）。
    A. "库存现金"　　　　　　　　　B. "应付账款"
    C. "其他货币资金"　　　　　　　D. "应付票据"

31. 小张将企业的 3 000 元现金送存银行，应填制的记账凭证是（　　）。
    A. 现金付款凭证　　　　　　　　B. 现金收款凭证
    C. 银行存款收款凭证　　　　　　D. 银行存款付款凭证

32. 企业购进一批价值 5 000 元的原材料，款项未付，该笔经济业务应编制的记账凭证是
（　　）。
    A. 收款凭证　　　B. 付款凭证　　　C. 转账凭证　　　D. 以上均可

33. 下列符合¥60 412.50 对应的大写金额填写要求的是（　　）。
    A. 人民币陆万零肆佰壹拾贰元伍角
    B. 人民币陆万肆佰壹拾贰元伍角整
    C. 人民币陆万零肆佰壹拾贰元伍角整
    D. 人民币陆万零肆佰拾贰元伍角整

34. 以下不属于原始凭证的是（　　）。
    A. 材料请购单　　　　　　　　　B. 工资结算汇总表
    C. 折旧计算表　　　　　　　　　D. 职工出差取得的飞机票

二、判断题

1. 通用记账凭证适用于规模较大、经济业务较多的单位。（　　）
2. 原始凭证有文字和数量错误的，可以由开出单位更正，更正处应当加盖开出单位相应的公章。（　　）
3. 如果业务繁忙，本月发生的经济业务，可以等到下个月再填制原始凭证。（　　）
4. 外来原始凭证一般都是一次凭证。（　　）
5. 收款凭证的贷方科目应填写"库存现金"或"银行存款"。（　　）
6. 原始凭证必须由会计人员填制。（　　）
7. 更正错误的记账凭证可以不附原始凭证。（　　）
8. 只要是真实的原始凭证就可以作为记账的依据。（　　）
9. 填制原始凭证时如果出现错误，可以使用褪色药水进行消除并更正。（　　）
10. 原始凭证可以使用蓝/黑墨水笔、碳素墨水笔或圆珠笔书写。（　　）
11. 专用记账凭证必须按收款、付款、转账三类业务分别编号。（　　）
12. 填制完经济业务后，如记账凭证有空行，应当自金额栏最后一笔金额数字下的空行处至合计数上的空行处划斜线注销。（　　）
13. 小写金额用阿拉伯数字逐个填写，合计金额前写明"人民币"字样。（　　）
14. 填写记账凭证中的会计科目时，先贷方后借方。（　　）
15. 收款凭证是指用于记录库存现金和银行存款收款业务的记账凭证。（　　）
16. 累计凭证填制手续随着经济业务的多次发生才能完成。（　　）
17. 在审核原始凭证时，对于不真实、不合法的原始凭证，应当直接退回。（　　）
18. 填制记账凭证时发生错误，应当重新填制。（　　）
19. 汇总凭证又称原始凭证汇总表。（　　）
20. 转账凭证用于填制库存现金和银行存款之间的相互划转业务。（　　）
21. 记账凭证所附的原始凭证数量过多时，也可以单独装订保管，但应在其封面及有关记

账凭证上加注说明。　　　　　　　　　　　　　　　　　　　　　　　　（　　）

22．收款凭证是登记现金日记账、银行存款日记账及有关明细分类账和总分类账的依据。
　　　　　　　　　　　　　　　　　　　　　　　　　　　　　　　　　（　　）

23．审核原始凭证所记录的经济业务是否符合企业生产经营活动的需要、是否符合有关的计划和预算属于正确性审核。　　　　　　　　　　　　　　　　　　　　（　　）

24．原始凭证是登记总分类账的依据，记账凭证是登记明细分类账的依据。（　　）

25．外来原始凭证既有一次凭证，也有累计凭证。　　　　　　　　　　　（　　）

26．原始凭证不得外借。其他单位如因特殊原因需要使用原始凭证，经本单位会计机构负责人、会计主管人员批准，可以复制，且应当进行登记。　　　　　　　　（　　）

27．对于库存现金和银行存款之间相互划转的经济业务，一般只填制收款凭证。（　　）

28．经济合同可以作为填制记账凭证和登记账簿的依据。　　　　　　　　（　　）

29．出纳人员在办理收付款业务后，应在原始凭证上加盖"收讫"或"付讫"印章。
　　　　　　　　　　　　　　　　　　　　　　　　　　　　　　　　　（　　）

30．记账凭证可以根据每张原始凭证编制，但不能根据原始凭证汇总表编制。（　　）

三、名词解释题

1．原始凭证

2．会计凭证

3．记账凭证

4．外来原始凭证

5．自制原始凭证

6．一次凭证

7．累计凭证

8．汇总凭证

四、实训题

1．请将对应的大小写金额填入表 1-6-2 内。

表 1-6-2　大小写金额

小 写 金 额	大 写 金 额
￥543.42	人民币
￥4 010.06	人民币
￥61 401.10	人民币
￥5 431.00	人民币
￥	人民币贰仟元贰角整
￥	人民币壹仟元整
￥	人民币贰仟肆佰叁拾贰元肆角陆分
￥	人民币陆万零肆元零角伍分

2．已知的企业资料及业务描述如下。

企业名称：中原科技有限公司

企业类型：制造业，增值税一般纳税人

单位负责人：张云　　财务主管：王丽　　会计：李英　　出纳：吴宇

地址：郑州市人民路 99 号

业务：2023 年 3 月 10 日，管理人员陈勇参加业务招待会，预借差旅费 3 000 元。

要求：根据上述资料填制借款单（见表1-6-3）。

表 1-6-3 借款单

单位：　　　　　　　　　　　　　　　　年　月　日

借款人		借款部门	
借款金额	大写（人民币）：	小写：¥	
借款用途			
备注			

单位负责人：　　　　　　财务负责人：　　　　　　出纳：

3．中原科技有限公司 2023 年 4 月发生如下经济业务。

（1）6 日，收到华山公司归还前欠货款 20 000 元，存入银行。（附件一张）

（2）14 日，从银行提取现金 5 000 元。（附件一张）

（3）23 日，向宏远公司购入甲材料 30 000 元，增值税税率 13%，货款尚未支付。材料已验收入库。（附件两张）

要求：根据经济业务完成记账凭证（见表1-6-4~表1-6-6）的填制。

表 1-6-4 记账凭证 1

记 账 凭 证

年　月　日　　　　　　　　字第　　号

摘　要	会 计 科 目		借 方 金 额											贷 方 金 额											记账√
	总账科目	明细科目	亿	千	百	十	万	千	百	十	元	角	分	亿	千	百	十	万	千	百	十	元	角	分	
附件　　张	合　计																								

会计主管：　　　　记账：　　　　出纳：　　　　审核：　　　　制证：

表1-6-5　记账凭证2

记 账 凭 证

年　　月　　日　　　　　　　　　　字第　　号

摘　　要	会 计 科 目		借 方 金 额										贷 方 金 额										记账√
	总 账 科 目	明 细 科 目	亿	千	百	十	万	千	百	十	元	角	分	亿	千	百	十	万	千	百	十	元	角	分	
附件　　张	合　　计																							

会计主管：　　　　记账：　　　　　出纳：　　　　　审核：　　　　　制证：

表1-6-6　记账凭证3

记 账 凭 证

年　　月　　日　　　　　　　　　　字第　　号

摘　　要	会 计 科 目		借 方 金 额										贷 方 金 额										记账√
	总 账 科 目	明 细 科 目	亿	千	百	十	万	千	百	十	元	角	分	亿	千	百	十	万	千	百	十	元	角	分	
附件　　张	合　　计																							

会计主管：　　　　记账：　　　　　出纳：　　　　　审核：　　　　　制证：

第七章　会 计 账 簿

要点导图

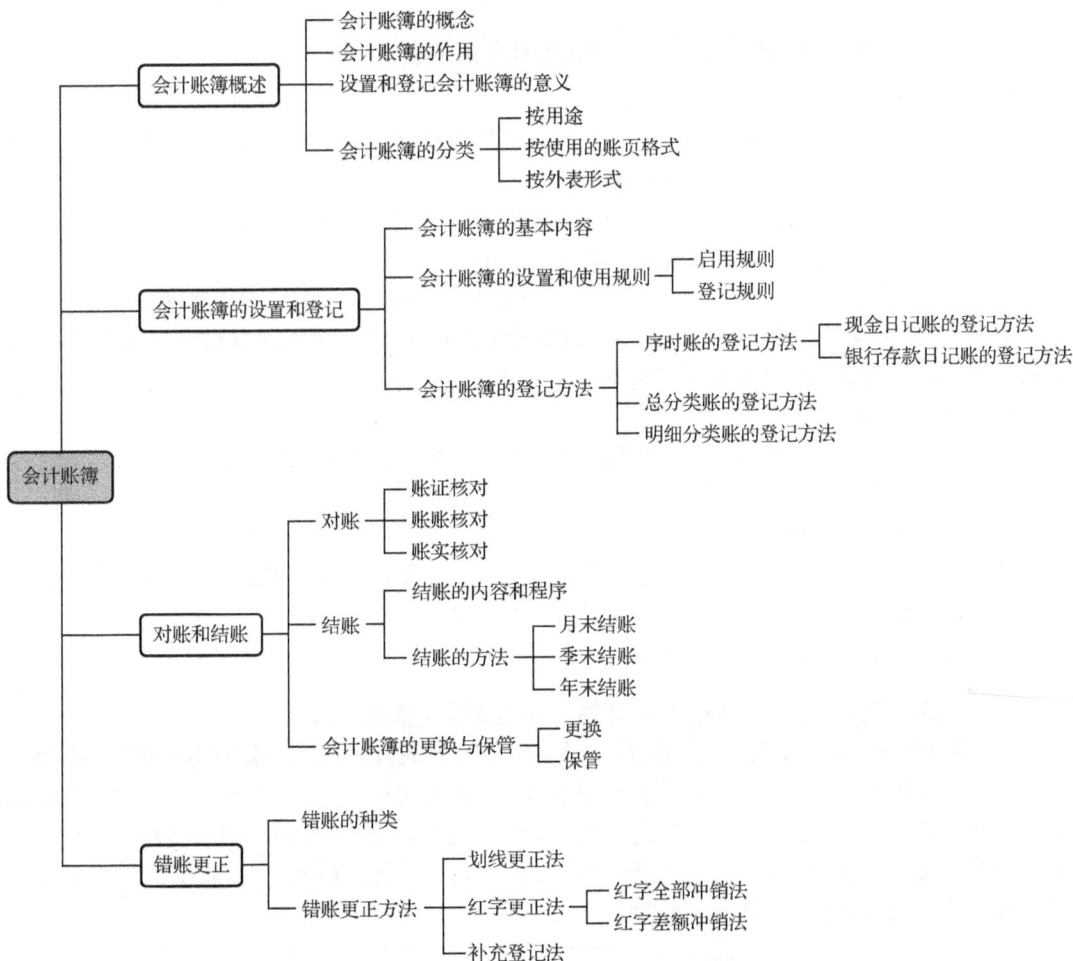

复习要求

　　1. 重点掌握会计账簿的概念和分类，了解设置和登记会计账簿的意义，以及会计账簿的基本内容和作用。

　　2. 了解会计账簿的设置和使用规则。

　　3. 掌握日记账的概念和分类，重点掌握三栏式现金日记账和三栏式银行存款日记账的填制方法，熟练进行三栏式日记账的填制，掌握明细分类账与总分类账的关系、登记方法。

4. 重点掌握对账的内容与方法、结账的方法，了解结账时应注意的问题及期末账项的结转。

5. 了解会计账簿的更换规则。

6. 重点掌握错账更正方法，熟练进行错账更正。

考 点 详 解

知识点一　会计账簿概述

1. 会计账簿的概念和作用、设置和登记会计账簿的意义

（1）会计账簿的概念

会计账簿是由具有一定格式的账页组成的，以经过审核无误的会计凭证为依据，全面、系统、连续地记录和反映各项经济业务的簿籍。

例1. 由具有一定格式的账页组成的，以经过审核无误的会计凭证为依据，全面、系统、连续地记录和反映各项经济业务的簿籍称为（　　）。

A. 会计账簿　　　　B. 会计账户　　　C. 序时账簿　　　D. 分类账簿

解析：A。会计账簿是由具有一定格式的账页组成的，以经过审核无误的会计凭证为依据，全面、系统、连续地记录和反映各项经济业务的簿籍。

（2）会计账簿的作用

① 通过账簿记录，可以为经营管理提供连续、全面、系统的会计信息。

② 账簿记录是编制财务报表的主要依据。

（3）设置和登记会计账簿的意义

设置和登记会计账簿是会计核算的一种专门方法，是编制财务报表的基础，是连接会计凭证与财务报表的中间环节，在会计核算中具有重要意义。

2. 会计账簿的分类

（1）账簿按用途不同，可分为序时账簿、分类账簿和备查账簿

① 序时账簿又称日记账，是按照经济业务发生或完成时间的先后顺序逐日逐笔连续登记的账簿。序时账簿按其记录经济业务的范围不同，通常有两种（见图 1-7-1）：一种是用来登记全部经济业务发生情况的日记账，称为普通日记账，这种日记账目前在会计实务中很少使用；另一种是用来登记某类经济业务发生情况的日记账，称为特种日记账，在我国，大多数单位一般只设现金日记账和银行存款日记账等。

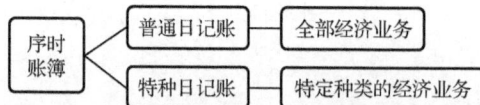

图 1-7-1　序时账簿的分类

例2. 现金日记账属于（　　）。

A. 分类账簿　　　　B. 普通日记账　　　C. 特种日记账　　　D. 备查账簿

解析：C。特种日记账是一种用来登记某类经济业务发生情况的日记账，如现金日记账和银行存款日记账等。

② 分类账簿是对经济业务进行分类登记的账簿。分类账簿是会计账簿的主体，也是编制

财务报表的主要依据。账簿按提供核算资料的详细程度不同，可分为总分类账簿和明细分类账簿。

总分类账簿简称总账，是根据总分类科目开设账户，提供总括核算资料的分类账簿，如库存现金、银行存款、原材料、库存商品、本年利润、利润分配等总分类账。

明细分类账簿简称明细账，是根据明细分类科目开设账户，提供明细核算资料的分类账簿，如"原材料——A 材料"明细账、"原材料——B 材料"明细账、"库存商品——甲产品"明细账、"库存商品——乙产品"明细账等。

例3.（　　）提供的核算信息是编制财务报表的主要依据。

A．特种日记账　　　　B．分类账簿　　　C．备查账簿　　　　D．序时账簿

解析：B。会计账簿是编制会计报表的重要依据，分类账簿是会计账簿的主体，其提供的核算信息是编制财务报表的主要依据。

③ 备查账簿简称备查簿，是对某些在序时账簿和分类账簿中不予登记或登记不够详细的事项进行补充登记的辅助性账簿，如租入固定资产登记簿、代管委托加工材料登记簿、应收（付）票据备查簿等。备查账簿可以由各单位根据需要进行设置，无固定格式，主要是为某些经济业务提供必要的参考资料。

（2）账簿按使用的账页格式不同，可分为三栏式账簿、多栏式账簿、数量金额式账簿和横线登记式账簿

① 三栏式账簿。三栏式账簿是由设有"借方""贷方"和"余额"三个基本栏目的账页组成的账簿，是账簿中最简单的格式，适用于只需要进行金额核算的经济业务。各种日记账、总分类账及资本、债权、债务明细账都可采用三栏式账簿。

例4. 三栏式账簿是指具有"日期""摘要""金额"三个栏目格式的账簿。（　　）

解析：×。三栏式账簿是由设有"借方""贷方"和"余额"三个基本栏目的账页组成的账簿。

② 多栏式账簿。多栏式账簿是由多栏式账页组成的账簿，即在借方和贷方两个基本栏目内按需要分设若干专栏。多栏式账簿是一种特殊的账簿格式，它在一个账簿中设置了多个栏目，用于记录不同的财务信息。它主要适用于成本费用类和收入成果类账户（如制造费用、生产成本、主营业务收入、本年利润等账户）的明细分类核算。多栏式账簿格式可分为借方多栏式，贷方多栏式，借、贷方多栏式三种。

③ 数量金额式账簿。数量金额式账簿是在"借方"（收入）、"贷方"（发出）和"余额"（结存）三个栏目内，都分设数量、单价和金额三小栏，同时反映财产物资的实物数量和价值量的账簿。数量金额式账簿适用于既需要核算金额，又需要核算数量的经济业务，如原材料、库存商品、产成品等明细分类账。它能提供各种财产物资收入、发出、结存等的数量和金额资料，也便于企业开展业务和加强管理。

④ 横线登记式账簿。横线登记式账簿是在同一账页的同一行登记某项经济业务从发生到结束的有关内容的账簿，即当经济业务发生时登记借方或贷方之后，与之相应的经济业务不管什么时候发生，均在同一行的另一方（贷方或借方）登记，以便查看每笔经济业务的发生和完成情况。它主要适用于需要逐笔结清的经济业务，如材料采购、应收票据、应付票据、备用金的借出和报销收回。

（3）账簿按外表形式不同，可分为订本式账簿、活页式账簿和卡片式账簿

① 订本式账簿。订本式账簿又称订本账，是在启用之前就已将账页装订在一起，并对账页进行连续编号的账簿。如总分类账、现金日记账和银行存款日记账必须采用订本式账簿。订本账的优点是能避免账页散失和防止抽换账页，保证账簿记录资料的安全、完整。其缺点是不能根据

记账需要随时增减账页，只能根据个人经验为各账户预留，预留过多容易造成账页浪费，预留过少会影响账户的连续登记；因账页固定，导致在同一时间只能由一人登记，不便于分工记账。

② 活页式账簿。活页式账簿又称活页账，是在账簿登记完毕之前不将账页固定装订在一起，而将账页装在活页账夹中，可以随时增减账页的账簿。各种明细分类账一般采用活页账形式。活页账的优点是记账时可以根据实际需要，随时将空白账页装入账簿，或抽出不需要的空白账页，便于分工记账。其缺点是如果管理不善，可能会造成账页散失或被人故意抽换账页。

③ 卡片式账簿。卡片式账簿又称卡片账，是由许多零散的、具有专门格式的硬纸卡片组成，存放在卡片箱中的账簿。每张卡片均需编号，登记后按顺序放置在卡片箱内以免散失，可跨年度使用。在我国，企业一般只对固定资产明细账的核算采用卡片账形式。卡片账的优缺点与活页账相同。

知识点二　会计账簿的设置和登记

1. 会计账簿的基本内容

会计账簿的种类和格式虽然多种多样，但其基本内容都包括封面、扉页和账页三部分。

（1）封面

封面上要标明账簿名称和记账单位名称。其中："立账单位"填写本单位全称；"账簿名称"填写如现金日记账、总分类账、往来明细账等；"第　册共　册"填写该种账簿的总册数和本册所处的顺序；"起止日期"一般为当年 1 月 1 日至 12 月 31 日，特殊情况如当年新开业单位等根据实际情况填写；"账簿张数"填写"本册自第　页至第　页"；"保管期限"分情况填写，会计档案的保管期限从会计年度终了后的第一天算起，总分类账、明细分类账、日记账、其他辅助性账簿的保管期限为 30 年，固定资产卡片的保管期限为固定资产报废清理后 5 年；会计主管及经办会计需要在相应位置签名或盖章；全宗号和目录号按单位档案管理部门要求填写；卷号按单位档案管理办法编制。

（2）扉页

扉页的作用主要是便于查阅账簿中登记的内容，主要包括两个内容。

一是账簿启用表。账簿启用表包括：

① 单位名称。

② 账簿名称。

③ 账簿编号。

④ 账簿页数。

⑤ 启用日期。

⑥ 单位公章。

⑦ 会计主管人员。

⑧ 经管人员。

⑨ 移交人和移交日期。

⑩ 接管人和接管日期。

二是账户目录索引。账户目录索引主要包括账户名称和对应页码，以便于查阅账簿中各账户的内容。

（3）账页

账页是账簿的核心，账页的格式因反映的经济业务内容不同而存在差异，但基本内容包括：

① 账户的名称，包括总分类科目、明细分类科目。

② 日期栏。

③ 凭证种类、号数栏。

④ 摘要栏。

⑤ 金额栏。

2. 会计账簿的设置和使用规则

根据《会计法》的规定，所有实行独立核算的国家机关、社会团体、公司、企业、事业单位和其他组织都必须设置总分类账、明细分类账、日记账和其他辅助性账簿等法定会计账簿，并保证其内容真实、完整。

（1）账簿启用规则

启用订本式账簿，应当按从第一页到最后一页的顺序编定页号，不得跳页、缺号。使用活页式账簿，应当按账户顺序编列分页号，一个账户一个号，当一个账户记载两页以上账页时，可在分页号后加编附号；年终装订成册时，按顺序编列总页号，另加账户目录，记录每个账户的名称和页次。

（2）账簿登记规则

① 准确、完整。登记账簿（记账）必须以审核无误的会计凭证为依据，以保证账簿记录的正确性。登记账簿时，应当将会计凭证日期、编号、业务摘要、金额和其他有关资料逐项记入账内，做到数字准确、摘要清楚、登记及时、字迹工整。账簿记录中的日期，应该填写记账凭证上的日期。

② 注明记账符号。为避免重记或漏记，便于查阅，每次记账完毕时，要在记账凭证下方的"记账"处签名或盖章，并在记账凭证的"记账"或"过账"栏内标注页码或"√"，表示已经记账完毕。

③ 书写留白。账簿中记录的文字或数字应紧贴每格下线书写，不要写满格，一般应占格距的1/2，方便更正，同时也方便查账。

④ 正常记账使用蓝/黑墨水笔。为了保证账簿记录的持久性，防止涂改，登记账簿必须使用蓝/黑墨水笔或碳素墨水笔，不得使用圆珠笔（银行的复写账簿除外）或铅笔。上下栏内容相同的摘要，不得以省略号替代。

⑤ 特殊记账使用红色墨水笔。在下列情况下，可以用红色墨水笔记账：

a. 按照红字冲账的记账凭证，冲销错误记录。

b. 在不设借贷等栏的多栏式账页中，登记减少数。

c. 在三栏式账户的"余额"栏前，如未印明余额方向，在"余额"栏内登记负数余额。

d. 根据国家统一的会计制度的规定可以用红字登记的其他会计记录。

由于会计中的红色代表负数，因而除上述情况外，不得使用红色墨水笔登记账簿。

例5. 下列情况中，不可以用红色墨水笔记账的是（　　　）。

A. 冲账的记账凭证，冲销错误记录

B. 在不设借贷等栏的多栏式账页中，登记减少数

C. 在三栏式账户的"余额"栏前，印明余额方向的，在"余额"栏内登记负数余额

D. 在三栏式账户的"余额"栏前，未印明余额方向的，在"余额"栏内登记负数余额

解析：C。由于会计中的红色代表负数，因此红色墨水笔只能在改错、划线、结账和冲账时使用。具体情况如下：按照红字冲账的记账凭证，冲销错误记录；在不设借贷等栏的多栏式账页中，登记减少数；在三栏式账户的"余额"栏前，如未印明余额方向，在"余额"栏内登

记负数余额；根据国家统一的会计制度的规定可以用红字登记的其他会计记录。

⑥ 顺序连续登记。在登记各种账簿时，应按页次顺序连续登记，不得跳行、隔页。如发生隔页、跳行现象，应在空页、空行处用红色墨水笔划对角线注销，或者注明"此页空白"或"此行空白"字样，并由记账人员签名或盖章。

⑦ 结出余额。凡需要结出余额的账户，结出余额后，应在"借或贷"栏内注明"借"或"贷"字样，以表示余额的方向；对于没有余额的账户，应在"借或贷"栏内写"平"字，并在"余额"栏用"0"表示。现金日记账和银行存款日记账必须逐日结出余额。

⑧ 过次承前。每一账页登记完毕结转到下页时，应在账页最后一行结出本页合计数和余额，在"摘要"栏内注明"过次页"，同时把本页合计数和余额记入下一页第一行的有关栏内，并在"摘要"栏内注明"承前页"，然后登记新的经济业务，以便对账和结账。

a. 对需要结计本月发生额的账户，结计"过次页"的本页合计数应当为自本月初起至本页末止的发生额合计数。

b. 对需要结计本年累计发生额的账户，结计"过次页"的本页合计数应当为自本年初起至本页末止的累计数。

c. 对既不需要结计本月发生额也不需要结计本年累计发生额的账户，可以只将每页末的余额结转到次页。

例 6. 需要结计本年累计发生额的账户，结计"过次页"的本页合计数为（　　）。

A. 自本年初起至本日止的累计数　　　　B. 自本年初起至本页末止的累计数

C. 自本月初起至本页末止的累计数　　　D. 自本页初起至本页末止的累计数

解析：B. 结计"过次页"的本页合计数应当为自本年初起至本页末止的累计数。

⑨ 不得刮擦、涂改、挖补。账簿记录发生错误时，不能刮擦、涂改、挖补或用化学药水更改字迹，而应根据错误的具体情况，按规定的更正方法更正。

⑩ 期末及时结转。各种账簿期末都应计算出每个账户的本期发生额和余额，并将期末余额转入下期该账户，作为各账户的期初余额。年初开始启用新账簿时，也应将上年末各账户余额转记到新账户"余额"栏，并标明余额的方向，在"摘要"栏内注明"上年结转"字样。

例 7. 下列做法中，不符合会计账簿登记规则的是（　　）。

A. 登记后在记账凭证上标注已经记账的符号

B. 使用圆珠笔或铅笔登记

C. 账簿中书写的数字占格距的 1/2

D. 按账簿页次顺序连续登记，不得跳行、隔页

解析：B. 登记账簿必须使用蓝/黑墨水笔或碳素墨水笔，红色墨水笔只能在改错、划线、结账和冲账时使用。不得使用圆珠笔（银行的复写账簿除外）或铅笔，以保证账簿记录的持久性，防止涂改。

3. 会计账簿的登记方法

（1）序时账的登记方法

① 现金日记账的登记方法。现金日记账是用来登记库存现金每天的收入、支出和结存情况的账簿，是一种特种日记账。它是由出纳人员根据库存现金的收款凭证和付款凭证及从银行提取现金的银行存款付款凭证，或者根据涉及库存现金的通用记账凭证，按经济业务发生的时间顺序逐日逐笔进行登记的。

现金日记账的账页格式有三栏式和多栏式两种。一般采用三栏式，并增设"对方科目"栏，以反映库存现金的来源和用途。无论是采用三栏式还是采用多栏式，现金日记账都必须使用订本账。

三栏式现金日记账的具体登记方法如下：

a. 日期栏。填写记账凭证的日期，应与库存现金实际收付日期一致。

b. "凭证"栏。填写登记入账的记账凭证的种类和编号，如"现金收/付款凭证"，简写为"现收/付"；"银行存款付款凭证"，简写为"银付"；采用通用记账凭证的，为"记字"。

c. "摘要"栏。抄写记账凭证中的摘要即可。

d. "对方科目"栏。填写记账凭证中的"库存现金"科目的对应科目。

e. "借方""贷方"栏（或"收入""支出"栏）及"余额"栏。填写库存现金实际收付的金额，并计算出余额。库存现金余额可以逐笔结出，也可以每日一结，要做到日清月结。

② 银行存款日记账的登记方法。银行存款日记账是用来登记银行存款的收入、支出和结余情况的账簿，是一种特种日记账。银行存款日记账应按企业在银行开立的账户和币种分别设置，每个银行账户设置一本日记账。它是由出纳人员根据银行存款收款凭证和付款凭证及将库存现金存入银行的现金付款凭证，或者根据涉及银行存款收付业务的通用记账凭证，按时间顺序逐日逐笔进行登记的。

银行存款日记账的格式与现金日记账相同，既可以采用三栏式，也可以采用多栏式，但都必须使用订本账。

（2）总分类账的登记方法

总分类账是按照总分类账户分类登记以提供总括会计信息的账簿。由于总分类账能够总括、全面地记录和反映经济活动情况，可以为编制财务会计报告提供资料，因此，每个单位都应设置总分类账。总分类账通常采用订本式账簿，使用三栏式账页。

总分类账可以直接根据记账凭证逐笔登记，也可以根据经过汇总的科目汇总表或汇总记账凭证汇总登记。总分类账根据什么登记，取决于所采用的账务处理程序。

（3）明细分类账的登记方法

明细分类账一般采用活页式账簿，账页格式有三栏式、多栏式、数量金额式和横线登记式四种。

① 三栏式明细分类账。三栏式明细分类账是设有"借方""贷方"和"余额"三个栏目，用以分类核算各项经济业务，提供详细核算资料的账簿，其格式与三栏式总分类账的格式相同。三栏式明细分类账适用于只进行金额核算的资产类、债权债务类账户，如"应收账款""应付账款""应交税费"等账户。

例 8. 下列关于三栏式账簿的说法中，错误的是（ ）。

A. 三栏式账簿是设有"借方""贷方"和"余额"三个基本栏目的账簿

B. 各种收入、费用类明细账都采用三栏式账簿

C. 三栏式账簿又分为设对方科目和不设对方科目两种

D. 有"对方科目"栏的，称为设对方科目的三栏式账簿

解析：B。收入、费用类明细账都采用多栏式账簿。三栏式明细分类账适用于只进行金额核算的资产类、债权债务类账户，如"应收账款""应付账款""应交税费"等账户。

② 多栏式明细分类账。多栏式明细分类账是将属于同一个总分类科目的各个明细分类科目合并在一张账页上进行登记的账簿，一般在借方或贷方"金额"栏内按照明细项目设若干专栏，也可在借、贷双方栏下分别设若干专栏。多栏式明细分类账的账页格式可以分为借方多栏式、贷方多栏式、借贷多栏式三种。多栏式明细分类账适用于收入、成本、费用、本年利润和利润分配明细分类账的核算。

③ 数量金额式明细分类账。数量金额式明细分类账适用于既要进行金额核算又要进行数量核算的存货类账户，如原材料、库存商品、委托加工物资等财产物资的明细分类核算。基本

结构为"收入""发出"和"结存"三栏，这些栏内分别设有"数量""单价""金额"项目，以分别登记实物的数量和金额，用货币和实物两种量度来反映经济业务的详细情况。

④ 横线登记式明细分类账。横线登记式明细分类账是指在同一账页的同一行，登记某项经济业务从发生到结束的有关内容的账簿，适用于登记材料采购、应收票据、应付票据和一次性备用金业务。

以上各种明细分类账的登记方法（见表1-7-1），应由会计人员根据本单位经济业务的繁简程度和管理上的需要，根据审核无误的记账凭证及所附的原始凭证或原始凭证汇总表等，逐日逐笔或定期汇总进行登记。

表1-7-1　明细分类账的登记方法

登记方法	
三栏式	适用于只进行金额核算的账户，如"应收账款""应付账款"等往来结算账户，以及"实收资本""盈余公积"等账户
多栏式	适用于收入、成本、费用明细分类账
数量金额式	适用于既要进行金额核算又要进行数量核算的账户，如原材料、库存商品等存货明细账户
横线登记式	适用于材料采购、在途物资、应收票据和一次性备用金业务

例9. 下列明细分类账中，可以采用多栏式账簿的是（　　　）。

A. 应付账款明细分类账　　　　　　　B. 应收票据明细分类账

C. 库存商品明细分类账　　　　　　　D. 管理费用明细分类账

解析：D。多栏式明细分类账适用于收入、成本、费用、本年利润和利润分配明细分类账的核算。A选项适合采用三栏式明细分类账，B选项适合采用横线登记式明细分类账，C选项适合采用数量金额式明细分类账。

知识点三　对账和结账

记账、对账和结账是登记账簿的三个相互联系、不可分割的工作环节。

1. 对账

为保证账簿记录的正确性，记账之后、结账之前都要进行对账。

对账就是核对账目，定期将各类账簿记录进行核对，以做到账证相符、账账相符和账实相符。对账的内容一般包括账证核对、账账核对和账实核对。

（1）账证核对

账证核对是指核对会计账簿记录与有关记账凭证及所附原始凭证的时间、凭证字号、内容、金额是否一致，记账方向是否相符。这种核对一般是在填制记账凭证和登记账簿的日常核算工作中随时进行的，可以及时发现错误并更正。账证核对是保证账账相符、账实相符的基础，也是追查账簿记录正确与否的最终途径。

（2）账账核对

账账核对是指核对不同会计账簿之间的账簿记录是否相符。这种核对要求至少在每月末进行一次。核对的内容主要包括以下方面。

① 总分类账有关账户核对，包括所有总分类账账户借方发生额合计与贷方发生额合计是否相符，所有总分类账账户借方余额合计与贷方余额合计是否相符。这种核对可以通过编制试算平衡表进行。

② 总分类账与其所属明细分类账核对。总分类账账户本期借、贷方发生额应与其所属明细分类账户本期借、贷方发生额合计数核对相符。这种核对可以通过编制总分类账户、明细分类账户本期发生额及余额对照表等形式进行。

③ 总分类账与序时账核对。现金日记账和银行存款日记账的本期发生额及余额应与库存现金、银行存款总分类账户的相应数字核对相符。

④ 明细分类账之间的核对。会计部门各种财产物资明细分类账的期末余额应与财产物资保管或使用部门有关明细账的期末余额核对相符。

（3）账实核对

账实核对是指各项财产物资、债权债务等账面余额与实有数额之间的核对。账实核对的内容包括以下方面。

① 现金日记账账面余额与库存现金实际库存数额是否相符。现金日记账账面余额与库存现金实际库存数额应每日核对。

② 银行存款日记账账面余额与银行对账单的余额是否相符。这种核对一般至少每月一次。

③ 各项财产物资明细分类账账面余额与财产物资的实有数额是否相符。这种核对一般通过定期的财产清查进行。

④ 有关债权债务明细分类账账面余额与对方单位的账面记录是否相符。

例10.（   ）是指核对不同会计账簿之间的账簿记录是否相符。

A. 账证核对　　　　　B. 账账核对　　　C. 账实核对　　　D. 余额核对

解析：B。账账核对是指核对不同会计账簿之间的账簿记录是否相符。

2. 结账

结账就是结算账目，是指会计人员在把一定时期内所发生的经济业务全部登记入账的基础上，在会计期末（月末、季末、年末）结算各账户的本期发生额和期末余额，并将期末余额结转到下期的方法。结账是一项将账簿记录定期结算清楚的账务工作，如图1-7-2所示。

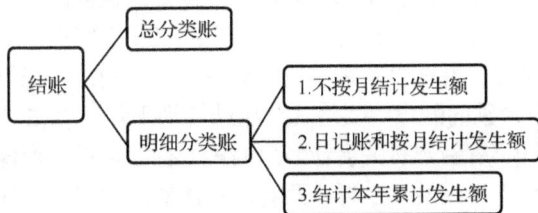

图 1-7-2　结账

（1）结账的内容和程序

① 将本期发生的经济业务全部登记入账，并保证其正确性。若发现漏账、错账，应及时补记、更正，既不能提前结账，也不能将本期发生的经济业务推至下期登记入账。

② 根据权责发生制的要求，填制有关账项调整的记账凭证并登记入账，合理确定本期应计的收入和费用、成本。

③ 将损益类科目转入"本年利润"科目，结平所有损益类科目。

④ 结算出资产、负债和所有者权益科目的本期发生额和余额，并结转到下期。

上述工作完成后，就可以根据总分类账和明细分类账的本期发生额和期末余额，分别进行试算平衡。

（2）结账的方法

根据结账的时间不同，一般可分为月末结账（月结）、季末结账（季结）和年末结账（年结），各期间结账的要求和方法基本一致。按照《会计基础工作规范》的要求，一般采用划线结账的方法进行结账。月结和季结需通栏划单红线，年结需通栏划双红线。

① 月末结账。总分类账账户平时只需结出月末余额。

a. 不需要结出当月发生额的账户，如往来账项、所有者权益账项等，每次记账以后，都要随时结出余额，每月最后一笔余额即月末余额。月末结账时，只需要在最后一笔经济业务记录之下通栏划单红线，不需要再结计一次余额。

b. 需要结出当月发生额的账户，如库存现金、银行存款日记账和收入、费用等明细账，每月结账时，要结出本月发生额和余额，在当月最后一笔经济业务记录下一行的"摘要"栏内注明"本月合计"或"本月发生额及余额"字样，在"余额方向"栏内注明"借"或"贷"，如果月末无余额，在"借或贷"栏内注明"平"字样，并在"余额"栏内写上"0"。最后，在该行下通栏划单红线（也可以在当月最后一笔经济业务记录下和"本月合计"行下均通栏划单红线）。

c. 需要结出本年累计发生额的账户，每月结账时，应在"本月合计"行下结出自本年初起至本月末止的累计发生额，登记在月份发生额下面，在"摘要"栏内注明"本年累计"字样，并在下面通栏划单红线。12 月末的"本年累计"就是全年累计发生额，在全年累计发生额下通栏划双红线。

② 季末结账。需要结出季度发生额的账户，结账方法与上述方法类似，每季末结出本季度的借方发生额合计、贷方发生额合计及季末余额。季末，在月结下一行的"摘要"栏内注明"本季合计"或"本季发生额及余额"字样，并在季结下面通栏划单红线。

③ 年末结账。

a. 需要结出本年累计发生额的账户，12 月末的"本年累计"就是全年累计发生额，年终结账时，只需在 12 月末的"本年累计"下通栏划双红线即可。

b. 不需要结出本年累计发生额的账户，包括所有总分类账户和部分明细分类账户，年终结账时，结出全年借、贷方发生额和年末余额，在"摘要"栏内注明"本年合计"或"本年发生额及余额"字样，在"余额方向"栏内注明"借"或"贷"字样，如果年末无余额，在"借或贷"栏内注明"平"字样，并在"余额"栏内写上"0"。最后，在该行下通栏划双红线。

c. 年终结账时，有余额的账户，要将其余额结转到下年，并在"摘要"栏内注明"结转下年"字样；在下一会计年度新建有关会计账户的第一行"余额"栏内填写上年结转的余额，并在"摘要"栏内注明"上年结转"字样。两者均不需要填制记账凭证或科目结转表，且余额方向相同，均为该账户年末实际的余额方向。

例 11. 下列结账方法错误的是（　　）。

A. 总分类账账户平时只需结出月末余额

B. 12 月末的"本年累计"就是全年累计发生额，在全年累计发生额下通栏划双红线

C. 年终结账时，在"本年合计"栏下通栏划双红线

D. 库存现金、银行存款日记账，每月结账时，在"摘要"栏内注明"本月合计"字样，并在该行下通栏划双红线

解析：D。库存现金、银行存款日记账和需要按月结计发生额的收入、费用等明细账，每月结账时，要在最后一笔经济业务记录下面通栏划单红线，结出本月发生额和余额，在"摘要"栏内注明"本月合计"字样，并在该行下通栏划单红线。

例 12. 年终结账，将余额结转到下年时（　　）。

A. 不需要编制记账凭证，但应将上年账户的余额反向结平

B. 应编制记账凭证，并将上年账户的余额反向结平

C．不需要编制记账凭证，也不需要将上年账户的余额结平，直接注明"结转下年"字样

D．应编制记账凭证予以结转，但不需要将上年账户的余额反向结平

解析：C。年终结账时，有余额的账户，要将其余额结转到下年，并在"摘要"栏内注明"结转下年"字样；在下一会计年度新建有关会计账户的第一行"余额"栏内填写上年结转的余额，并在"摘要"栏内注明"上年结转"字样。两者均不需要填制记账凭证或科目结转表，且余额方向相同，均为该账户年末实际的余额方向。

3. 会计账簿的更换与保管

（1）会计账簿的更换

会计账簿的更换通常在新会计年度建账时进行。一般来说，总分类账、日记账和多数明细分类账应每年更换一次。但有些财产物资明细分类账和债权债务明细分类账由于材料品种、规格和往来单位较多，若更换新账，工作量较大，因此，不必每年更换一次。各种备查账簿也可以连续使用。

会计账簿的种类及其适用范围如表 1-7-2 所示。

表 1-7-2　会计账簿的种类及其适用范围

种　类	适 用 范 围
每年更换一次	总分类账
	日记账
	多数明细分类账
跨年度使用，不必每年更换	变动较小的明细分类账和量大、换账麻烦的备查账簿可以连续使用

结转新账时，在登记第一笔经济业务之前，应首先将本账户的上年余额列示出来。方法如下：在第一行填写"1 月 1 日"，在"摘要"栏内填写"上年结转"字样，将上年的余额列入"余额"栏，并标明余额借、贷方向，余额方向应与上年末余额方向相同。如会计科目有变动，可在"摘要"栏内注明"由××科目结转"字样；如果会计科目有重大变动，应编制"总分类账新旧科目结转对照表"，据此登记新账。

（2）会计账簿的保管

年度终了，在各种账户结转下年、建立新账后一般要把旧账送交总账会计集中统一管理。会计账簿暂由本单位财务会计部门保管一年，期满之后，由财务会计部门编造清册移交本单位的档案部门保管。

知识点四　错 账 更 正

如果账簿记录发生错误，必须按照规定的方法予以更正，不准涂改、挖补、刮擦或者用褪色药水、涂改液消除字迹，不准重新抄写。

1. 错账的种类

（1）影响借贷平衡关系的差错

① 业务的一方记账方向错误。

② 业务的一方漏记。

③ 业务的一方重记。

④ 数字记错，如错位、变数。

（2）不影响借贷平衡关系的差错

如整笔业务漏记、重记，不会影响借贷平衡关系。

2. 错账更正方法

（1）划线更正法

划线更正法又称红线更正法，一般适用于在期末结账前发现账簿记录有文字或数字错误，而所对应的记账凭证没有错误。该种错误一般是在登记账簿时不细心造成的。

更正时，先在错误的文字或数字正中位置划一条红线，以示注销，但必须使原有字迹仍清晰可辨。然后，在红线上方空白处用蓝/黑墨水笔填写正确的文字或数字，并由更正人员和会计机构负责人（会计主管人员）在更正处盖章。对于文字错误，可只划去错误的文字并进行更正；对于数字错误，应当将该数字全部划红线更正，不能只更正其中的错误数字。

（2）红字更正法

红字更正法又称红字冲销法，是指用红字冲销原有错误的账户记录或凭证记录，以更正或调整账簿记录的一种方法，适用于在当年内发现的由于记账凭证中会计科目错误或金额多记而造成的账簿记录错误。对于上述两种错误，应分别采用红字全部冲销法和红字差额冲销法予以更正。

① 红字全部冲销法。记账后在当年内发现记账凭证所记的会计科目错误，导致账簿记录错误，可以采用红字全部冲销法更正。

更正方法如下：先用红字填制一张内容与原错误记账凭证内容一样的记账凭证，在"摘要"栏内注明"冲销×月×日第×号凭证的错账"，并据以登记入账，以冲销原有错误记录；再用蓝/黑字重填写一张正确的记账凭证，在"摘要"栏内注明"更正×月×日第×号凭证的错账"，并据以登记入账。

② 红字差额冲销法。在当年内发现记账凭证和账簿记录中会计科目无误而所记金额大于应记金额，从而引起账簿记录错误，应采用红字差额冲销法。

更正方法如下：按多记的金额（差额），用红字填制一张与原错误记账凭证应借、应贷科目完全相同的记账凭证，在"摘要"栏内注明"冲销×月×日第×号凭证多记金额"，并据以用红字登记入账，以冲销多记的金额。

（3）补充登记法

补充登记法是在记账后发现记账凭证和账簿记录中应借、应贷会计科目无误，只是所记金额小于应记金额时，所采用的一种更正方法。

更正方法如下：按少记的金额（差额）用蓝/黑字填制一张与原错误记账凭证应借、应贷科目完全相同的记账凭证，在"摘要"栏内注明"补充登记×月×日第×号凭证少记金额"，并据以登记入账，以补充少记的金额。

例13. 更正错账时，划线更正法的适用范围是（　　　）。

A. 记账凭证上会计科目或记账方向错误，导致账簿记录错误

B. 记账凭证正确，在记账时发生错误，导致账簿记录错误

C. 记账凭证上会计科目或记账方向正确，所记金额大于应记金额，导致账簿记录错误

D. 记账凭证上会计科目或记账方向正确，所记金额小于应记金额，导致账簿记录错误

解析：B。划线更正法又称红线更正法，一般适用于在期末结账前发现账簿记录有文字或数字错误，而所对应的记账凭证没有错误。选项A的错账应采用红字更正法中的红字全部冲销法更正，选项C的错账应采用红字更正法中的红字差额冲销法更正，选项D的错账应采用补充登记法更正。

例 14. 某企业通过银行收回应收账款 9 000 元, 在填制记账凭证时, 会计科目、方向无误, 但误将金额记为 90 000 元, 并登记入账。当年发现错误, 应采用的错账更正方法是 ( )。

A. 划线更正法   B. 红字更正法

C. 重新编制正确的记账凭证   D. 补充登记法

解析: B。企业应记 9 000 元, 误记 90 000 元, 多记 81 000 元, 属于金额多记。如当年内发现记账凭证和账簿记录中会计科目无误而所记金额大于应记金额, 从而引起账簿记录错误, 应采用红字更正法中的红字差额冲销法。

例 15. 采用补充登记法更正错账时, 可以按正确金额与错误金额的差额, 编制一张账户对应关系与原错误记账凭证相同的记账凭证, 并用蓝字登记入账, 以补记少记的金额。( )

解析: √。补充登记法是在记账后发现记账凭证和账簿记录中应借、应贷会计科目无误, 只是所记金额小于应记金额时, 所采用的一种更正方法。更正方法如下: 按少记的金额 (差额) 用蓝/黑字填制一张与原错误记账凭证应借、应贷科目完全相同的记账凭证, 在"摘要"栏内注明"补充登记×月×日第×号凭证少记金额", 并据以登记入账, 以补充少记的金额。

基础过关

一、选择题

1. 为编制会计报表提供主要依据的账簿是 ( )。

    A. 原始凭证   B. 备查账簿   C. 分类账簿   D. 序时账簿

2. 现金日记账属于 ( )。

    A. 序时账簿   B. 备查账簿   C. 分类账簿   D. 特种账簿

3. 用来登记各单位的全部经济业务, 提供所有会计要素总括核算资料的账簿是 ( )。

    A. 明细分类账簿   B. 序时账簿   C. 总分类账   D. 备查账簿

4. 下列账簿中, ( ) 是备查账簿。

    A. 固定资产明细分类账   B. 租入固定资产登记簿

    C. 普通日记账   D. 特种日记账

5. 下列账簿组成部分中, 作为记录经济业务载体的是 ( )。

    A. 封面   B. 扉页   C. 账页   D. 说明

6. 在各种账务处理程序下, 下列各项中, 不属于库存现金日记账登账依据的是 ( )。

    A. 银行存款收款凭证   B. 库存现金收款凭证

    C. 库存现金付款凭证   D. 银行存款付款凭证

7. 收入、费用明细账一般采用 ( )。

    A. 两栏式账簿   B. 三栏式账簿

    C. 多栏式账簿   D. 数量金额式账簿

8. 订本式账簿主要适用于 ( )。

    A. 债权、债务明细账   B. 收入、费用明细分类账

    C. 材料、商品明细账   D. 总分类账、日记账

9. 下列各项可以采用卡片账的是 ( )。

    A. 固定资产总分类账   B. 库存现金日记账

    C. 固定资产明细分类账   D. 原材料总分类账

10. 在登账过程中, 如发生跳行、隔页现象, 下列处理不正确的是 ( )。

  A. 应在空行、空页处用红色墨水笔划对角线注销

  B. 注明"此行空白"或"此页空白"字样

  C. 由记账人员签名或盖章

  D. 发生空行、空页处一定要补充书写

11. 主营业务收入明细账宜采用的账簿格式一般是（ ）。

  A. 数量金额式 B. 多栏式   C. 横线登记式 D. 三栏式

12. 能够避免账页散失和防止被抽换的账簿是（ ）。

  A. 活页式账簿 B. 订本式账簿 C. 总分类账簿 D. 明细分类账簿

13. 必须逐日结出余额的账簿是（ ）。

  A. 银行存款日记账   B. 库存商品明细账

  C. 原材料明细账   D. 应收账款明细账

14. 下列适合采用多栏式明细账格式核算的是（ ）。

  A. 原材料   B. 制造费用 C. 应付账款 D. 库存商品

15. 在登记账簿过程中，每一账页的最后一行及下一页第一行都要办理转页手续，是为了（ ）。

  A. 便于查账 B. 防止遗漏 C. 防止隔页 D. 保持账簿记录的连续性

16. 银行存款日记账是根据（ ）逐日逐笔登记的。

  A. 审核无误的转账凭证   B. 审核无误的银行存款收付款凭证

  C. 审核无误的库存现金收款凭证 D. 银行对账单

17. 下列关于现金日记账登记方法的说法错误的是（ ）。

  A. 每日终了，应分别计算现金收入和现金支出的合计数，结出余额，同时将余额同库存现金实有数核对

  B. 现金日记账可逐月结出现金余额，与库存现金实存数核对，以检查每月的现金收付是否有误

  C. "凭证"栏填写登记入账的收付款凭证的种类和编号

  D. "日期"栏填写记账凭证的日期

18. 下列不属于对账内容的是（ ）。

  A. 账表核对 B. 账证核对 C. 账实核对 D. 账账核对

19. 总分类账与其所属的明细分类账之间的核对属于（ ）。

  A. 账证核对 B. 账账核对 C. 账实核对   D. 余额核对

20. 会计档案的保管期限从（ ）算起。

  A. 会计年度终了后的第一天 B. 移交档案管理机构之日

  C. 会计资料的整理装订日   D. 发布审计报告之日

21. 固定资产卡片在固定资产报废清理后保管（ ）。

  A. 5 年   B. 10 年   C. 15 年   D. 30 年

22. 如果发现记账凭证所用的科目正确，只是所填金额大于应填金额，并已登记入账，应采用（ ）更正。

  A. 划线更正法   B. 红字更正法

  C. 相反分录冲减法   D. 补充登记法

23. 期末结账前发现会计账簿记录有文字或数字错误，而记账凭证正确，一般适用的错账更正方法是（ ）。

  A. 划线更正法   B. 红字全部冲销法

C. 红字差额冲销法 　　　　　　　D. 补充登记法

24. 某会计人员在审核记账凭证时，发现误将 8 000 元写成 800 元，尚未入账，可以使用的方法是（　　　）。

A. 重新编制记账凭证 　　　　　　B. 红字更正法

C. 补充登记法 　　　　　　　　　D. 划线更正法

二、判断题

1. 在实际工作中，每个会计主体都应为所有的总分类账账户设置明细分类账。（　　）

2. 备查账簿属于辅助性账簿，与其他账簿之间不存在严密的勾稽关系，不受总分类账或明细分类账的控制。（　　）

3. 银行存款日记账既可以采用三栏式，也可以采用多栏式，但都必须使用订本账。
（　　）

4. 三栏式账簿适用于只需要提供金额核算信息，不需要提供数量核算信息的账簿。
（　　）

5. 三栏式或多栏式库存现金日记账可以使用活页账。（　　）

6. 普通日记账既适用于设置特种日记账的企业，也适用于未设置特种日记账的企业。
（　　）

7. 季末结账时，应在"本季合计"下面划通栏单红线。（　　）

8. 账簿中记录的文字或数字应紧贴每格下线书写，不要写满格，一般应占格距的1/3，以便发生错账时有余地更正。（　　）

9. 所有的账簿每年都要更换。（　　）

10. 现金日记账和银行存款日记账要做到日清月结。（　　）

11. 月结时，收入、费用类账户需要结出本月发生额和余额，记入最后一笔经济业务记录下的"借方"和"贷方"栏内，并在"摘要"栏内注明"本月合计"字样，同时在该行下划双红线。（　　）

12. 账簿记录的日期，应该填写记账凭证上的日期。（　　）

13. 会计档案保管期满后，会计人员有权销毁。（　　）

14. 企业应当每季度进行一次对账，以检查企业账簿是否真实、准确。（　　）

15. 会计人员根据审核无误的记账凭证记账时，将贷记账户的金额 45 000 元写成 54 000 元，更正时应采用划线更正法。（　　）

三、名词解释题

1. 会计账簿

2. 日记账

3. 对账

4. 红字更正法

提升训练

四、实训题

1. 佳华公司 2023 年 8 月 1 日"银行存款"账户余额为 320 000 元。8 月发生下列收付业务。

（1）3 日，投资者投入 50 000 元，存入银行（银收字 01 号）。

（2）5 日，以银行存款 15 000 元归还短期借款（银付字 01 号）。

（3）5 日，以银行存款 30 000 元偿还光华公司货款（银付字 02 号）。

（4）11 日，从银行提取现金 4 000 元备用（银付字 03 号）。

（5）13 日，收到应收账款 80 000 元，存入银行（银收字 02 号）。

（6）16 日，以银行存款 60 000 元支付原欠立达公司货款（银付字 04 号）。

（7）24 日，销售产品一批，货款 70 000 元，应收销项增值税 9 100 元，价税款收到存入银行（银收字 03 号）。

（8）31 日，用银行存款缴纳上月增值税 5 800 元（银付字 05 号）。

（9）31 日，将销售废旧物资收到的现金 2 500 元存入银行（现付 01 号）。

要求：根据上述经济业务，在表 1-7-3 中登记银行存款日记账，逐笔结出余额，并进行月度结账。

表 1-7-3　银行存款日记账

单位：元

年		凭　证		摘　要	借　方	贷　方	借或贷	余　额
月	日	字	号					

2. 某企业 2023 年 9 月 30 日在进行当月经济业务的账证核对时，发现下列几笔经济业务的记录有错误，它们都已根据记账凭证登记入账。

（1）2 日，以银行存款支付上月应付 B 单位的赔偿款 350 元。原填制的记账凭证如下：

借：其他应收款　　　　3 500

　　贷：银行存款　　　　　3 500

（2）9 日，以银行存款缴纳第 1 季度应交企业所得税 5 000 元。原填制的记账凭证如下：

借：所得税费用　　　　5 000

　　贷：银行存款　　　　　5 000

（3）12 日，车间生产甲产品领用的材料价值 5 600 元。原填制的记账凭证如下：

借：制造费用　　　　　6 500

　　贷：原材料　　　　　　6 500

（4）20 日，以银行存款购入一台设备，价款 38 000 元（暂不考虑增值税）。原填制的记账凭证如下：

借：固定资产　　　　3 800
　　贷：银行存款　　　　3 800

要求：判断错误的性质，并采用适当的方法予以更正。

3. 某公司会计人员在结账前进行对账时，发现部分账务处理如下。

（1）用银行存款支付前欠的购货款 8 900 元，编制的会计分录如下：

借：应付账款　　　　9 800
　　贷：银行存款　　　　9 800

（2）接受投资者追加的投资 30 000 元，款项已存入银行，编制的会计分录如下：

借：银行存款　　　　30 000
　　贷：实收资本　　　　30 000

在记账时，"实收资本"账户记录为 3 000 元。

（3）用银行存款支付广告费 8 000 元，编制的会计分录如下：

借：管理费用　　　　8 000
　　贷：银行存款　　　　8 000

（4）计提车间生产用固定资产折旧 5 500 元，编制的会计分录如下：

借：制造费用　　　　550
　　贷：累计折旧　　　　550

要求：根据上述材料，分析各个业务的账务处理是否正确；若不正确，请说明如何更正错误。

第八章　财产清查

要点导图

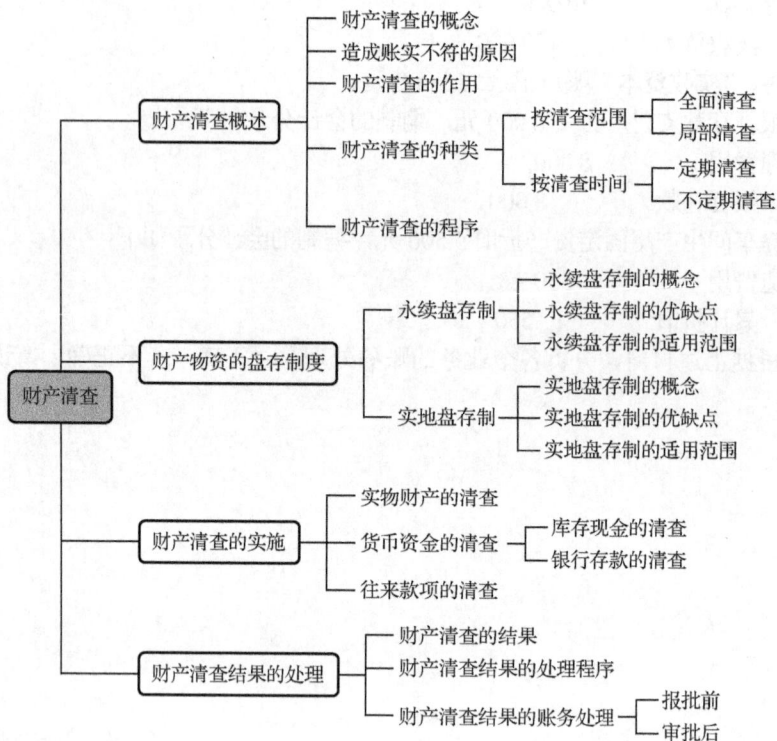

```
财产清查
├── 财产清查概述
│   ├── 财产清查的概念
│   ├── 造成账实不符的原因
│   ├── 财产清查的作用
│   ├── 财产清查的种类
│   │   ├── 按清查范围
│   │   │   ├── 全面清查
│   │   │   └── 局部清查
│   │   └── 按清查时间
│   │       ├── 定期清查
│   │       └── 不定期清查
│   └── 财产清查的程序
├── 财产物资的盘存制度
│   ├── 永续盘存制
│   │   ├── 永续盘存制的概念
│   │   ├── 永续盘存制的优缺点
│   │   └── 永续盘存制的适用范围
│   └── 实地盘存制
│       ├── 实地盘存制的概念
│       ├── 实地盘存制的优缺点
│       └── 实地盘存制的适用范围
├── 财产清查的实施
│   ├── 实物财产的清查
│   ├── 货币资金的清查
│   │   ├── 库存现金的清查
│   │   └── 银行存款的清查
│   └── 往来款项的清查
└── 财产清查结果的处理
    ├── 财产清查的结果
    ├── 财产清查结果的处理程序
    └── 财产清查结果的账务处理
        ├── 报批前
        └── 审批后
```

复习要求

1. 重点掌握财产清查的概念和种类，了解不同财产清查方法的适用情况和财产清查的作用与准备工作。

2. 重点掌握库存现金、银行存款、实物财产的清查方法及内容，了解往来款项的清查方法。

3. 重点掌握"待处理财产损溢"账户的设置与使用，库存现金、原材料清查结果的账务处理。

4. 能熟练登记财产清查过程中的各类表格和银行存款余额调节表。

考点详解

知识点一 财产清查概述

1. 财产清查的概念

财产清查是指企业、行政事业单位通过对库存现金、原材料、固定资产等财产物资的实地盘点和对银行存款、应收、应付等往来款项的核对，以确定各项财产的实际结存数，并查明账面结存数与实际结存数是否相符的一种专门的会计核算方法。

2. 造成账实不符的原因

① 制度不严或工作人员的疏忽，造成漏记、错记或计算上的错误。

② 实物收发手续不严，造成品种、数量、规格或质量上的差错。

③ 计量工具校正不准、计量方法不恰当等原因造成计量不准确。

④ 实物保管、运输和销售过程中发生自然损耗或自然溢余。

⑤ 管理不善或工作人员过失导致财产物资腐烂变质或毁损。

⑥ 贪污盗窃、营私舞弊、非法侵占等违法行为造成实物资产数量短缺。

⑦ 未达账项引起银行存款、往来款项的账实数额不符。

3. 财产清查的作用

① 可以确保账实相符，保证会计信息质量。

② 可以充分挖掘财产物资的潜力，提高其利用率和使用效果。

③ 可以强化物资管理，健全财产物资管理责任制，保护财产的安全与完整。

4. 财产清查的种类

（1）按清查的范围不同，可分为全面清查和局部清查

① 全面清查。

a. 概念：对本单位所有的财产进行全面的盘点和核对。它涉及企业资产的全部，包括货币资金及有价证券、存货、固定资产、投资和债权债务等。

b. 特点：范围广、工作量大、清查时间长、涉及人员多。

c. 适用情况：年终决算时；单位关停并转或改变隶属关系时；按国家规定进行清产核资时；单位主要负责人调离或离任时。

② 局部清查。

a. 概念：根据需要对企业的部分财产进行盘点和核对，主要针对一些流动性强、较贵重、易发生损耗的财产物资进行清查。

b. 特点：内容少、范围小、人力与时间耗费较少，专业性较强。由于全面清查费时费力，难以经常进行，因而企业时常采用局部清查。

c. 适用情况：存货中流动性较大或者易发生溢余或损耗的，除在年终决算时进行全面清查外，还应在每月、每季轮流盘点或重点抽查；贵重物资至少每月清查一次；库存现金由出纳人员在每日终了时自行清查一次；银行存款每月应与银行核对一次；各种债权债务每年至少核对一至两次。

（2）按清查的时间不同，可分为定期清查和不定期清查

① 定期清查。

a．概念：按照预先计划安排的时间对财产进行的盘点和核对。

b．特点：通常在年末、季末、月末结账时进行。

c．适用情况：可以进行全面清查，也可以进行局部清查，多数情况下，年末进行全面清查，季末和月末进行局部清查。

② 不定期清查。

a．概念：事先并未规定清查时间，而是根据实际需要临时决定对财产进行的盘点和核对。

b．特点：通常为局部清查，如有必要也可进行全面清查。

c．适用情况：为明确经济责任，财产物资、库存现金等保管人员更换时；发生自然灾害和意外损失时；监管部门对企业进行审计查账时；按规定进行临时清产核资时。

例1．企业在遭受自然灾害后，对其受损的财产物资进行的清查属于（　　）。

A．局部清查和定期清查　　　　　　　　B．局部清查和不定期清查

C．全面清查和定期清查　　　　　　　　D．全面清查和不定期清查

解析：B。自然灾害的发生是偶然的，没有固定时间，受损的物资也是部分的，因此属于局部清查和不定期清查。

5．财产清查的程序

① 财产清查前的准备工作（组织准备、业务准备）。

② 实施财产清查。

③ 财产清查结果的处理。

知识点二　财产物资的盘存制度

1．永续盘存制

（1）永续盘存制的概念

永续盘存制又称账面盘存制，是对单位的各项财产物资的增减变动情况，根据会计凭证在有关账簿中进行连续登记，并随时结算出账面结存数的一种盘存制度。计算公式如下：

$$期末账面结存数=期初账面结存数+本期增加数-本期减少数$$

（2）永续盘存制的优缺点

① 优点：可以随时了解存货的增减变动及其结存情况，正确计算耗用；通过账面结存数与实地盘点数的核对，还可以及时发现和解决存货短缺、毁损等问题，有利于保护企业财产物资的安全完整。

② 缺点：对于存货品种繁多、收发业务频繁的企业，若采用这种方法，工作量较大，耗用的人力、物力较多。

（3）永续盘存制的适用范围

与实地盘存制相比，永续盘存制在保护存货安全完整等方面具有优越性。所以，除个别情况外，大多数企业采用永续盘存制。

例2．万利公司6月1日A材料库存价值2 000元，本月购入A材料价值5 000元，本月发出A材料价值4 000元。按照永续盘存制计算出A材料的账面结存数为（　　）元。

A．3 000　　　　　　B．2 500　　　　　　C．4 000　　　　　　D．2 000

解析：A。根据永续盘存制的计算公式，材料的账面结存数=2 000+5 000-4 000=3 000（元）。

2. 实地盘存制

（1）实地盘存制的概念

实地盘存制是指对单位的各项财产物资，根据会计凭证平时在账簿中只登记增加数，不登记减少数，期末通过实地盘点确定实际结存数，从而倒挤出本期减少数的一种盘存制度。计算公式如下：

$$本期减少数=期初账面结存数+本期增加数-期末账面结存数$$

（2）实地盘存制的优缺点

① 优点：核算手续简便。

② 缺点：不能随时反映和监督各项财产物资的减少和结余情况；以存计耗、以存计销易造成虚增成本。

（3）实地盘存制的适用范围

实地盘存制只适用于存货品种多、价值低、收发频繁、损耗多，以及不便于实行永续盘存制的企业，如经营鲜活、易变质、易腐烂的农副产品的企业。

例 3．在例 2 中，若月末 A 材料实地盘存数为 2 500 元，按照实地盘存制计算，A 材料的本期发出数是 4 500 元。（   ）

解析：√。A 材料的本期发出数=2 000+5 000-2 500=4 500（元）。

知识点三　财产清查的实施

1. 实物财产的清查

实物财产主要包括原材料、库存商品、在产品、周转材料、固定资产等。

（1）实物财产的清查方法

① 实地盘点法。

a．概念：在财产物资堆放现场逐一清点数量或用计量仪器确定实存数的一种方法。

b．特点：操作简单、计量准确、适用范围较广，大部分实物财产的清查都采用这种方法。

② 技术推算盘点法。

a．概念：利用量方、计尺等技术方法对财产物资的实存数进行推算的一种方法。

b．特点：工作量相对较小，但盘点的结果不够准确，主要适用于量大成堆、难以逐一清点的财产物资的清查，如煤炭、黄沙等。

实物财产质量的清查可根据不同实物的特点分别采用物理、化学方法进行。

（2）实物财产的清查过程

清查时，实物保管人员应与清查人员一起在场，以明确经济责任。要逐一盘点，不得遗漏或重复盘点，还要检查实物财产的质量是否完好，有无缺损、霉烂、变质等情况。清查结束后，将结果如实登记在"盘存单"上，并由清查人员和实物保管人员共同签章。

盘存单是记录财产清查日实物财产实存数的原始书面证明，一般一式三份，一份由清查人员留存备查，一份交实物保管人员保存，一份交财会部门以便与账面记录核对。

清查结束后，财会部门应根据盘存单上所列示的各种实物的盘点结存数与会计账簿记录相核对，并编制账存实存对比表。账存实存对比表又称盘盈盘亏报告表，用来记录和反映财产物资的盘盈、盘亏情况。是编制记账凭证并据以调整账簿记录的原始凭证。

清查人员根据账存实存对比表，分析查明账实不符的性质和原因，并按规定程序报请有关部门领导予以审批处理。清查人员应根据清查中发现的问题提出改进意见。

未存放在本单位的自有财产，如委托外单位加工、保管的财产物资，出租的周转材料、固定资产，在途的材料、物资等，可以按照有关账面结存数，通过信函等方式与对方进行核对，确定账实是否相符。代外单位加工、保管的财产物资，也要按照实物财产的清查方法进行清查。

2. 货币资金的清查

货币资金包括库存现金、银行存款和其他货币资金。对货币资金的清查主要是清查库存现金和银行存款。

（1）库存现金的清查

① 库存现金的清查方法。库存现金的清查采用实地盘点法。在清查当日，通过现场盘点确定现金的实际库存数，并与现金日记账当天的账面结存数相核对，以查明盈亏情况。

② 库存现金的日清日结。这种清查一般由出纳人员在每日工作结束之前，对库存现金日记账当日的账面结存数与库存现金实际盘点数进行核对，以此来检查当日库存现金的账实是否相符。

③ 库存现金的一般清查过程。清查前，出纳人员先将现金的收付款凭证全部登记入账，结出库存现金余额，并填列在库存现金盘点报告表的"账存金额"栏内。清查时，出纳人员和清查人员均必须在场，逐张清点现金。清查结束，应将结果填列在"库存现金盘点报告表"的"实存金额"栏内，然后将实存金额与账存金额相核对，确定盈亏，并对差异进行分析和调整。最后由清查人员和出纳人员共同在库存现金盘点报告表上签名，以示负责。

（2）银行存款的清查

① 银行存款的清查方法。银行存款的清查主要采用与开户银行核对账目的方法进行，即对本单位的银行存款日记账与开户银行转来的对账单逐笔进行核对，以查明账实是否相符。

② 银行存款的清查过程。在核对账目前，先检查本单位银行存款日记账记录的准确性和完整性。在与银行送来的对账单逐笔核对时，不仅要核对金额，还要核对收付款内容和结算凭证的种类及编号。首先确定溢缺，然后对核对结果进行分析和调整。

③ 银行存款清查结果的分析。进行银行存款清查，往往会发现双方账目不相符。其主要原因有两种：一是双方记账可能有差错，如错账、漏账、串户记账等，这是不正常的，应及时查明原因并予以更正；二是存在未达账项，这是正常的。

未达账项，是指企业与银行之间对于同一项经济业务，因结算凭证传递时间不一致，而产生的一方已经登记入账，另一方因尚未接到有关凭证而未入账的账项。未达账项有以下四种情况：

a. 企业已收，银行未收。

b. 企业已付，银行未付。

c. 银行已收，企业未收。

d. 银行已付，企业未付。

④ 银行存款清查结果的处理。如果清查结果为银行存款日记账余额与银行对账单上的存款余额不相符，要根据不同的情况进行不同的处理。如果该结果是由记账错误引起的，属于银行的责任，应督促银行更正，如果属于企业的责任，应查明原因，采用一定的方法予以更正；如果是由未达账项引起的，应采用银行存款余额调节法，即通过编制银行存款余额调节表，查明银行存款余额的真实数字，掌握企业实际可动用的银行存款数额。调节后的余额既不是企业银行存款日记账的余额，也不是银行对账单的余额，而是企业银行存款的真实数字，是企业当日可以动用的银行存款的极大值。

3. 往来款项的清查

往来款项主要是指应收账款、应付账款、预收账款、预付账款、暂付款等。

（1）往来款项的清查方法

往来款项的清查一般是采用与对方单位通过对账单核对账簿记录的方法进行的。

（2）往来款项的清查过程

① 企业首先将截至清查日的相关结算凭证全部登记入账，确保往来款项的总分类账与明细分类账的余额相等。

② 向对方填发对账单。对账单应按明细分类账逐笔抄列，一式两联。其中一联作为回单，对方单位如核对相符，应在回单上盖章后退回，另一联留存。对方单位如发现数字不符，应将不符情况在回单上注明或另抄对账单退回，作为进一步核对的依据。在收到对方回单后，应填制往来款项清查表。

例 4．某些资产项目的清查应采用向有关单位发函证核对账目的方法。下列各项中，应当采用该方法核算的是（　　）。

A．原材料　　　B．实收资本　　　C．应收账款　　　D．银行存款

解析：C。往来款项一般通过发函证进行核对。

注意：清查过程中，不仅要查明往来款项的余额，还要查明形成的原因。对于清查中发现的坏账损失及无法支付的应付款项，均必须按规定进行处理，不得擅自冲销账簿记录。

知识点四　财产清查结果的处理

1. 财产清查的结果

财产清查的结果有以下三种情况：

① 实存数大于账存数，即盘盈。

② 实存数小于账存数，即盘亏。

③ 实存数等于账存数，账实相符。

财产清查结果的处理一般指的是对账实不符，即盘盈、盘亏情况的处理。但账实相符中如财产物资发生变质、霉烂及损坏时，也是其处理的对象。

2. 财产清查结果的处理程序

① 分析产生差异的原因和性质，提出处理建议。

② 积极处理多余积压财产，清理往来款项。

③ 总结经验教训，建立健全各项管理制度。

④ 及时调整账簿记录，保证账实相符。

3. 财产清查结果的账务处理

（1）财产清查结果的账务处理程序

财产清查结果的账务处理需要分两步进行。

① 报批前的处理。首先，根据财产清查后填制的各类报告表编制记账凭证；其次，根据记账凭证登记相关账簿，使账簿记录与实际盘存数相符；最后，根据企业的管理权限，将处理建议报股东大会、董事会、经理（厂长）会议等批准。

② 审批后的处理。在审批之后，根据发生差异的性质和原因及上报批复的处理意见，填制记账凭证，并根据记账凭证登记相关账簿。

（2）账户设置

为核算和监督财产清查中所查明的财产物资的盘盈、盘亏、毁损及其处理情况，应设置"待处理财产损溢"账户。

"待处理财产损溢"是一个暂记账户，属于资产类账户，用来核算企业在财产清查过程中发现的各种财产物资的盘盈、盘亏和毁损的价值，借方登记发生的财产物资的盘亏、毁损数及经批准转销的盘盈数，贷方登记发生的财产物资的盘盈数和经批准转销的盘亏、毁损数，期末为借方余额反映企业尚未处理的各种财产物资的净损失，期末为贷方余额反映企业尚未处理的各种财产物资的净溢余。年度终了，该账户一般没有余额。按照资产的流动性不同，分别设置"待处理固定资产损溢"和"待处理流动资产损溢"两个明细账。

往来款项的清查结果均不通过"待处理财产损溢"账户核算。

（3）业务核算

一般来说，盘亏的财产，如果属于个人造成的损失，应由个人赔偿；因管理不善造成的损失和因自然灾害或非常事故造成的非常损失，记入"营业外支出"账户，如果损失的财产已经向保险公司投保财产保险，还应向保险公司索赔。

盘盈的财产大多是由于收发过程中的失误造成的，流动资产的盘盈一般记入"营业外收入"账户，固定资产的盘盈记入"以前年度损益调整"账户。

① 库存现金清查结果的账务处理。

第一阶段：根据库存现金盘点报告表进行账务处理，以保证账实相符。

盘亏时：

借：待处理财产损溢——待处理流动资产损溢
　　贷：库存现金

盘盈时：

借：库存现金
　　贷：待处理财产损溢——待处理流动资产损溢

第二阶段：针对盘亏、盘盈的原因进行账务处理。

盘亏处理时：

借：其他应收款——××出纳（由出纳人员赔偿）
　　管理费用（无法查明原因的部分）
　　　贷：待处理财产损溢——待处理流动资产损溢

盘盈处理时：

借：待处理财产损溢——待处理流动资产损溢
　　贷：其他应付款——××单位或个人
　　　　营业外收入（无法查明原因的部分）

例 5. 甲公司期末清查现金，发现短缺 200 元，无法查明原因，决定由出纳人员承担责任，尚未收到赔款。请进行账务处理。

解析：

a. 报批前：

借：待处理财产损溢——待处理流动资产损溢　　　　　200
　　贷：库存现金　　　　　　　　　　　　　　　　　　　200

b. 审批后：

借：其他应收款——××出纳　　　　　　　　　　　　200
　　贷：待处理财产损溢——待处理流动资产损溢　　　　200

一般来说，盘亏的现金，如果属于个人造成的损失，应由个人赔偿；无法查明原因的，应记入"管理费用"账户。

② 原材料清查结果的账务处理。

第一阶段：根据原材料盘点表进行账务处理，以保证账实相符。

盘亏时：

借：待处理财产损溢——待处理流动资产损溢
　　贷：原材料——××材料

盘盈时：

借：原材料——××材料
　　贷：待处理财产损溢——待处理流动资产损溢

第二阶段：针对盘亏、盘盈的原因进行账务处理。

盘亏处理时：

借：其他应收款——××保管员或保险公司（由保管人员或保险公司赔偿）
　　管理费用（自然损耗、无法确定责任人的损失）
　　营业外支出（非常损失）
　　贷：待处理财产损溢——待处理流动资产损溢

盘盈处理时：

借：待处理财产损溢——待处理流动资产损溢
　　贷：管理费用

例 6. 朝阳公司期末进行财产清查，盘盈甲材料价值 2 000 元，经核实，其中的 1 000 元属于保管人员失职造成的，由其赔偿；剩余的 1 000 元属于计量误差造成的。请进行账务处理。

解析：

a. 报批前：

借：原材料——甲材料　　　　　　　　　　　　　　2 000
　　贷：待处理财产损溢——待处理流动资产损溢　　　　　2 000

b. 审批后：

借：待处理财产损溢——待处理流动资产损溢　　　　2 000
　　贷：其他应收款——××保管员　　　　　　　　　　1 000
　　　　管理费用　　　　　　　　　　　　　　　　　1 000

一般来说，盘亏的财产，如果属于个人造成的损失，应由个人赔偿；因管理不善或计量不准造成的损失，应记入企业的"管理费用"账户。

③ 固定资产清查结果的账务处理。

第一阶段：根据固定资产盘点表进行账务处理，以保证账实相符。

盘亏时：

借：待处理财产损溢——待处理固定资产损溢
　　累计折旧
　　贷：固定资产

盘盈时：

借：固定资产（重置成本）
　　贷：以前年度损益调整

第二阶段：针对盘亏的原因进行账务处理。

借：其他应收款（由过失人或保险公司赔偿）

营业外支出（固定资产盘亏或毁损扣除过失人赔偿的金额）
　　　贷：待处理财产损溢——待处理固定资产损溢
④ 应收账款清查结果的账务处理。
借：坏账准备
　　贷：应收账款——××公司
⑤ 应付账款清查结果的账务处理。
借：应付账款——××公司
　　贷：营业外收入

　　例7. 甲公司在往来款项清查中发现应收乙公司货款 20 000 元，无法收回，经查明因乙公司遭受自然灾害而无法收回，批准作为坏账损失核销。请进行账务处理。
解析：
借：坏账准备　　　　　　　　　　　　20 000
　　贷：应收账款——乙公司　　　　　　　　20 000
　　往来款项的清查不通过"待处理财产损溢"账户核算，无法收回的款项直接记入"坏账准备"账户。

基础过关

一、选择题

1. 企业在遭受自然灾害后，对其受损的财产物资进行的清查属于（　　　）。
　　A. 全面清查和定期清查　　　　　　B. 全面清查和不定期清查
　　C. 局部清查和定期清查　　　　　　D. 局部清查和不定期清查

2. 对库存现金的清查采用的方法是（　　　）。
　　A. 抽查法　　　B. 实地盘点法　　　C. 函证法　　　D. 倒挤法

3. 银行存款的清查方法是（　　　）。
　　A. 实地盘点法　　　　　　　　　　B. 定期盘存法
　　C. 与银行核对账目　　　　　　　　D. 与往来单位核对账目

4. 由于管理不善导致存货的盘亏一般应作为（　　　）处理。
　　A. 管理费用　　　B. 营业外支出　　　C. 坏账损失　　　D. 销售费用

5. （　　　）是用于调整财产物资账簿记录的重要原始凭证，也是分析产生差异的原因、明确经济责任的依据。
　　A. 盘存单　　　　　　　　　　　　B. 银行对账单
　　C. 账存实存对比表　　　　　　　　D. 产品入库单

6. 在记账无误的情况下，银行对账单和企业银行存款日记账账面余额不一致的原因是（　　　）。
　　A. 应付账款　　　B. 应收账款　　　C. 未达账项　　　D. 外埠存款

7. 财产清查中查明的各项财产物资的盘亏，根据不同的原因，报经审批后不可能记入的账户是（　　　）。
　　A. "营业外支出"　　B. "管理费用"　　C. "其他应收款"　　D. "营业外收入"

8. "待处理财产损溢"账户的贷方余额表示（　　　）。
　　A. 财产盘盈　　　　　　　　　　　　B. 结转已批准处理的财产盘盈

C. 转销已批准处理的财产盘亏和盘盈　D. 尚待处理的各种财产物资的净溢余

9. 一般来说，单位撤销、合并或改变隶属关系时，要进行（　　）。

　　A. 全面清查　　　B. 局部清查　　　C. 实地清查　　　D. 定期清查

10. 某公司 6 月底对该公司甲产品进行实地盘点，结果是甲产品实地盘点数为 180 件，该产品月初结存数为 70 件，本月购进数为 195 件，那么该产品本月减少数是（　　）件。

　　A. 125　　　　　B. 85　　　　　C. 55　　　　　D. 445

11. 在对账的基本内容中，（　　）是基础。

　　A. 账证相符　　　B. 账账相符　　　C. 账表相符　　　D. 账实相符

12. 对应收账款进行清查时，应采用的方法是（　　）。

　　A. 与记账凭证核对　　　　　　　　B. 函证法

　　C. 实地盘点法　　　　　　　　　　D. 技术推算盘点法

13. 按财产清查对象的范围不同，财产清查分为（　　）。

　　A. 定期清查和不定期清查　　　　　B. 实物清查和现金清查

　　C. 全面清查和局部清查　　　　　　D. 银行存款清查和往来款项清查

14. 所谓日清日结，指出纳人员办理库存现金业务，必须做到（　　）。

　　A. 按日清理，按月结算　　　　　　B. 按日清理，按月结算

　　C. 按日清理和结算　　　　　　　　D. 按月清理和结算

15. 财产清查按（　　）可以分为定期和不定期清查。

　　A. 清查范围　　　B. 清查时间　　　C. 清查人员　　　D. 清查地点

16. 财产清查是对（　　）进行盘点和核对，确定其实存数，并查明其账存数与实存数是否相符的一种专门方法。

　　A. 存货　　　　　B. 固定资产　　　C. 货币资金　　　D. 各项财产及债务债权

17. 采用实地盘存制，平时对财产物资的记录（　　）。

　　A. 只登记收入数，不登记发出数　　B. 只登记发出数，不登记收入数

　　C. 先登记收入数，后登记发出数　　D. 先登记发出数，后登记收入数

18. 对于财产清查结果的处理，国家会计制度和单位会计制度都有规定和要求，未作明确规定的是（　　）。

　　A. 分析产生差异的原因和性质，并提出处理意见

　　B. 积极处理多余挤压财产，清理往来款项

　　C. 落实经济责任，表彰先进

　　D. 及时调整账目记录，保证账实相符

19. 对计量不准造成盘盈的存货，应（　　）。

　　A. 计入营业外支出　　　　　　　　B. 计入营业外收入

　　C. 冲减管理费用　　　　　　　　　D. 计入主营业务收入

20. 有可能导致将损失浪费计入发货成本的是（　　）。

　　A. 实地盘存制　　B. 永续盘存制　　C. 权责发生制　　D. 未达账项

21. 对于盘盈的固定资产应（　　）。

　　A. 计入以前年度损益调整　　　　　B. 计入营业外收入

　　C. 冲减管理费用　　　　　　　　　D. 计入主营业务收入

22. 库存商品毁损属于非常损失的部分，扣除保险公司赔款和残料价值之后，记入（　　）账户。

　　A. "营业外支出"　　　　　　　　　B. "营业外收入"

C. "管理费用" D. "主营业务成本"

23. 银行存款余额调节表调整后的银行存款余额为（　　）。

　　A. 企业账上的银行存款余额

　　B. 银行对账单上的银行存款余额

　　C. 企业可实际动用的银行存款余额

　　D. 企业应当在会计报表中反映的银行存款余额

24. 库存现金盘点报告表应由（　　）签章方能生效。

　　A. 会计人员 B. 出纳人员

　　C. 盘点人员和出纳人员 D. 盘点人员

25. 企业与银行核对双方账目时，必须注意有无未达账项，如果发现有未达账项，应据以编制（　　）。

　　A. 银行存款盘点表 B. 账存实存对比表

　　C. 银行存款余额调节表 D. 未达账项清查表

二、判断题

1. 在企业撤销或合并时，要对企业的部分财产进行重点清查。 （　　）

2. 通过财产清查，可以挖掘财产物资的潜力，有效利用财产物资，加速资金周转。

　　（　　）

3. 企业更换财产和现金保管人员时应进行定期、全面的财产清查。 （　　）

4. 一般情况下，全面清查是定期清查，局部清查是不定期清查。 （　　）

5. 财产清查结果的账务处理一般分两步进行，即报批前先根据清查后填制的各类报告表编制记账凭证并调整有关账面记录，审批后根据批复意见将相关盘盈和盘亏转入有关账户。

　　（　　）

6. 清查现金时，出纳人员必须回避。 （　　）

7. 企业在进行库存现金的清查时，不仅要查明账实是否相符，还要检查有无如白条抵充现金的情况。 （　　）

8. 对于未达账项，会计人员应根据银行存款余额调节表登记入账。 （　　）

9. 银行对账单上的存款余额与本单位银行存款日记账上的存款余额不一致的原因在于未达账项。 （　　）

10. 产生未达账项的原因是记账错误，应采用适当的方法予以纠正。 （　　）

11. 实地盘存制的最大缺点是期末通过盘点来倒挤出本期发生数量和金额，如果管理中出现问题，不易被发现。 （　　）

12. 银行存款账实不符肯定是因为存在未达账项。 （　　）

13. 企业年末对财产进行的盘点，从时间上属于定期盘点，从范围上属于局部盘点。

　　（　　）

14. 财产清查是一种专门的会计核算方法。 （　　）

15. 无论哪个企业，凡是财产清查的结果都要通过"待处理财产损溢"账户记录。

　　（　　）

三、名词解释题

1. 财产清查

2. 永续盘存制

3. 未达账项

4．实地盘存制

提升训练

四、实训题

1．2023 年 6 月 30 日，某企业银行存款日记账余额 324 000 元，银行对账单余额 316 000 元，经逐笔核对，发现下列未达账项。

（1）企业送存银行转账支票一张，金额 12 800 元，银行尚未入账。

（2）银行支付到期货款 98 000 元，企业尚未入账。

（3）银行收到外单位汇来货款 32 000 元，企业尚未入账。

（4）企业开出转账支票一张，金额 70 800 元，持票人尚未到银行办理转账手续。

要求：根据上列资料编制银行存款余额调节表，将金额填入表 1-8-1 的①～⑧处。

表 1-8-1　银行存款余额调节表

2023 年 6 月 30 日　　　　　　　　　　　　　　　　　　　单位：元

项　　目	金　　额	项　　目	金　　额
企业银行存款日记账余额	①	银行对账单余额	⑤
加：银行已收，企业未收	②	加：企业已收，银行未收	⑥
减：银行已付，企业未付	③	减：企业已付，银行未付	⑦
调节后的存款余额	④	调节后的存款余额	⑧

2．甲公司财产清查中存在如下问题。

（1）盘盈库存现金 1 800 元，原因待查。

（2）经核查，盘盈现金中有 1 200 元属于应支付给其他公司的违约金，剩余盘盈金额无法查明原因。

（3）发现甲产品盘盈 50 千克，单位成本为 12 元，共计 600 元，原因待查。

（4）经核查，甲产品盘盈为收发计量错误造成。

（5）发现原材料盘亏 3 000 元。

（6）经审核批准，材料盘亏可以收回的保险赔偿款为 2 850 元，150 元属于自然损耗。

要求：根据上述经济业务编制相应的会计分录。

3．朝阳公司在期末财产清查时发现如下问题。

（1）短缺现金 200 元，无法查明原因，决定由出纳人员承担责任，尚未收到赔款。

（2）盘盈甲材料价值 3 000 元，经核查，其中的 2 000 元为自然升溢造成，1 000 元为计量错误造成。

（3）盘亏乙材料价值 9 000 元，经核查，其中的 1 800 元为定额内自然损耗造成，1 200 元为计量错误造成，1 000 元属保管员王某责任，责令其赔偿，从下月工资中扣除，5 000 元为暴雨袭击造成。按规定保险公司应赔偿 4 000 元，其余计入营业外支出。

（4）盘亏机床一台，账面价值 43 000 元，已提折旧 13 000 元，经核查为自然灾害所致，按规定应向保险公司索赔 25 000 元，款项未收到，其余作营业外支出处理。

要求：根据上述经济业务编制批准前后的会计分录。

第九章　财务报表

要点导图

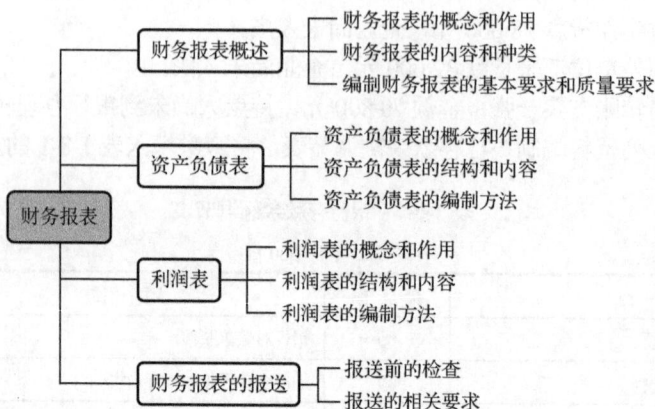

```
                    ┌─ 财务报表的概念和作用
        财务报表概述 ─┼─ 财务报表的内容和种类
                    └─ 编制财务报表的基本要求和质量要求

                    ┌─ 资产负债表的概念和作用
        资产负债表 ──┼─ 资产负债表的结构和内容
                    └─ 资产负债表的编制方法
财务报表
                    ┌─ 利润表的概念和作用
        利润表 ─────┼─ 利润表的结构和内容
                    └─ 利润表的编制方法

                    ┌─ 报送前的检查
        财务报表的报送┴─ 报送的相关要求
```

复习要求

1. 重点掌握财务报表的概念、内容及分类，了解财务报表的作用。

2. 了解财务报表的编制依据和要求，重点掌握资产负债表、利润表的基本结构和基本填列方法。

3. 熟练编制资产负债表、利润表。

4. 了解财务报表报送的相关要求。

考点详解

知识点一　财务报表概述

1. 财务报表的概念

财务报表又称财务会计报表，是指单位会计部门根据审核无误的会计账簿记录和有关资料编制，对外提供的、反映单位某一特定日期财务状况、某一会计期间经营成果、现金流量及所有者权益等会计信息的总结性书面文件。

例1. 财务报表是单位会计部门根据审核无误的（　　）记录和有关资料编制的。

A. 原始凭证　　　　　　B. 记账凭证　　　　　　C. 会计账簿　　　　　　D. 科目汇总表

解析：C。财务报表是指单位会计部门根据审核无误的会计账簿记录和有关资料编制，对外提供的、反映单位某一特定日期财务状况、某一会计期间经营成果、现金流量及所有者权益等会计信息的总结性书面文件。

2. 财务报表的作用

① 为企业内部的经营管理者进行日常经营管理提供依据。

② 为现时和潜在的投资者做出投资决策提供依据。

③ 为债权人、银行等机构观察企业的资金运转情况和判断偿债能力提供依据。

④ 为财政、工商、税务、审计等部门实施检查、监督管理提供依据。

例2. 财务报表为现时和潜在的投资者做出投资决策提供依据。（　　）

解析：√。为现时和潜在的投资者做出投资决策提供依据是财务报表的作用之一。

3. 财务报表的内容

财务报表分为月度、季度、半年度和年度财务报表。

例3. 财务报表分为月度、季度、半年度和年度财务报表。（　　）

解析：√。财务报表分为月度、季度、半年度和年度财务报表，表述正确。

月度和季度财务报表通常至少包括资产负债表和利润表。国家统一的会计制度规定：月度、季度财务报表需要编制财务报表附注的，从其规定。

半年度和年度财务报表应当包括以下内容。

（1）财务报表

财务报表是会计主体对外提供的、以一定的会计方法和程序由会计账簿的数据整理得出，以表格的形式反映企业财务状况、经营成果和现金流量的书面文件。

财务报表包括资产负债表、利润表、现金流量表、所有者权益变动表及相关附表。

（2）财务报表附注

财务报表附注是为便于财务报表使用者理解财务报表的内容而对财务报表的编制依据、编制原则、编制方法及主要项目等所做的解释。它是财务报表的补充。

例4.（　　）是财务报表的补充。

A. 资产负债表　　　　B. 利润表　　　　C. 现金流量表　　　　D. 财务报表附注

解析：D。财务报表附注是为便于财务报表使用者理解财务报表的内容而对财务报表的编制基础、编制依据、编制原则、编制方法及主要项目等所做的解释。它是财务报表的补充。

4. 财务报表的种类

（1）按反映的经济内容不同，可以分为资产负债表、利润表、现金流量表和所有者权益变动表

① 资产负债表是反映企业在某一特定日期财务状况的报表，由资产、负债和所有者权益三大项目构成，是一种静态报表。

② 利润表是反映企业在一定会计期间经营成果的报表，由收入、费用和利润三大项目构成，是一种动态报表。

③ 现金流量表是以现金为基础编制的反映本单位现金流入、流出和现金净流量情况的报表，是一种动态报表。

④ 所有者权益变动表是反映企业在某一特定日期所有者权益增减变动情况的报表，是一种动态报表。

（2）按服务对象不同，可以分为外部财务报表和内部财务报表

① 外部财务报表是企业必须定期编制、定期向上级主管部门、投资者、财税部门、债权人等报送或按规定向社会公布的财务报表。它要求有统一的报表格式、指标体系和编制时间等。

资产负债表、利润表和现金流量表等均属于外部财务报表。

② 内部财务报表是企业根据其内部经营管理的需要而编制，供其内部管理人员使用的财务报表。它不要求统一格式，没有统一指标体系。反映本单位收支情况的主营业务收支明细表和反映成本、费用情况的产品生产成本表均属于内部财务报表。

（3）按提供会计信息的重要性不同，可以分为主表和附表

① 主表即主要财务报表，是指所提供的会计信息比较全面、完整，能基本满足各种信息需要者的不同要求的财务报表。现行的主表主要有三种，即资产负债表、利润表和现金流量表。

② 附表即从属财务报表，是指对主表中不能或难以详细反映的一些重要信息所做的补充说明的报表。

主表与有关附表之间存在勾稽关系。主表反映企业的主要财务状况、经营成果和现金流量，附表则对主表进行进一步补充说明。

（4）按编制和报送的时间不同，可以分为中期财务报表和年度财务报表

① 中期财务报表又称中报，是在年度中期（月度、季度、半年度）编制的，用以总括反映企业会计年度中期的财务状况和经营成果的财务报表。它主要包括资产负债表、利润表和应交增值税明细表。

② 年度财务报表又称年报，是在年度终了时编制的，用以反映本企业年度终了时的财务状况和全年经营成果的财务报表。它主要包括现金流量表、所有者权益变动表及其他附表，也包括月度报送的资产负债表和利润表。企业在年末必须编制并报送年度财务报表。

例 5. 财务报表按（　　）不同，可以分为资产负债表、利润表、现金流量表和所有者权益变动表。

A. 反映的经济内容不同　　　　　　B. 服务对象不同
C. 提供会计信息的重要性不同　　　D. 编制和报送的时间不同

解析：A。财务报表按反映的经济内容不同，可以分为资产负债表、利润表、现金流量表和所有者权益变动表。

5. 编制财务报表的基本要求

（1）应以持续经营为基础

（2）列报的一致性

列报的一致性要求财务报表中的列报和分类应在各期间保持一致。

（3）重要性项目应单独列报

如果项目的省略或误报会单独或共同影响内外部使用者做出的经济决策，则该项目是重要的。重要性应当根据企业所处环境，从项目性质和金额大小两方面加以判断。

（4）应列报所有金额的前期比较信息

当期财务报表的列报，至少应当提供所有列报项目上一个可比会计期间的比较数据，以及与理解当期财务报表相关的说明，其他会计准则另有规定的除外。

（5）披露要求

企业至少应当在财务报表的显著位置披露下列各项：①编报企业的名称；②资产负债表日或财务报表涵盖的会计期间；③人民币金额单位；④财务报表是合并财务报表的，应当予以标明。

6. 编制财务报表的质量要求

① 数字真实。

② 内容完整。

③ 计算准确。

④ 说明清楚。

⑤ 报送及时。

⑥ 手续完备。

知识点二　资产负债表

1. 资产负债表的概念

前已述及，资产负债表是反映企业在某一特定日期（月末、季末、半年末、年末）财务状况的报表。编制资产负债表的理论依据是"资产=负债+所有者权益"会计平衡式。

例6. 资产负债表是反映企业在（　　）财务状况的报表。

A. 某一特定日期　　　　　　　　　　B. 某一特定会计期间

C. 一定时间　　　　　　　　　　　　D. 某一特定时期

解析：A。资产负债表是反映企业在某一特定日期财务状况的报表。

例7. 根据"资产=负债+所有者权益"填列的会计报表是（　　　）。

A. 资产负债表　　　B. 利润表　　　C. 现金流量表　　　D. 所有者权益变动表

解析：A。编制资产负债表的理论依据是"资产=负债+所有者权益"会计平衡式。

2. 资产负债表的作用

① 可以反映企业资产的构成及其状况，分析企业在某一日期所拥有的经济资源及其分布情况。

② 可以反映企业某一日期的负债总额及其结构，分析企业目前与未来需要支付的债务数额。

③ 可以反映企业所有者权益的情况，了解企业现有投资者在企业投资总额中所占的份额。

3. 资产负债表的结构

资产负债表通常有两种格式，分别是报告式和账户式。我国企业的资产负债表采用账户式结构。账户式资产负债表分左、右两方。左方为资产项目，大体按资产的流动性大小排列。右方为负债和所有者权益项目，一般按要求清偿时间的先后顺序排列，在企业清算之前不需要偿还的所有者权益项目排在后面。

例8. 报告式资产负债表分左、右两方。左方为资产项目，大体按资产的流动性大小排列。右方为负债和所有者权益项目，一般按要求清偿时间的先后顺序排列。（　　）

解析：×。题目所述为账户式资产负债表的结构。

4. 资产负债表的内容

资产负债表通常由表头和正表两部分组成。表头部分主要说明报表名称、编制单位名称、编制日期、金额单位及报表的编号。正表作为资产负债表的基本部分，主要按照规定的标准和顺序，综合反映企业某一特定日期资产、负债、所有者权益各要素的年初数和期末数。

5. 资产负债表的编制方法

资产负债表的日期填列为报告期中某一天的日期，一般为月末、季末、半年末或年末。

资产负债表内的数字填列方法有两种。

（1）根据科目汇总表填列

资产负债表中的数字可以直接根据上月的资产负债表和本月的科目汇总表进行填列。资产负债表中的各项目均需填列"年初余额"和"期末余额"两栏。

（2）根据账簿填列

资产负债表中的数字主要是根据有关总分类账户、明细分类账户的期末余额进行填列的。"期末余额"栏主要有以下几种填列方法：

① 根据总分类账户余额直接填列。大多数项目是可以根据总分类账户余额直接填列的。

② 根据总分类账户余额计算填列。少数项目需要根据几个总分类账户的期末余额计算填列。

例9. 资产负债表中，（　　）项目包含了"库存现金""银行存款"和"其他货币资金"三个科目的内容。

A."库存现金"　　B."银行存款"　　C."其他货币资金"　　D."货币资金"

解析：D。"货币资金"项目需根据"库存现金""银行存款"和"其他货币资金"三个总分类账户的期末余额的合计数填列。

③ 根据总分类账户和明细分类账户余额分析计算填列。

④ 根据有关账户余额减去其备抵账户余额后的净额填列。

⑤ 综合运用上述填列方法分析填列。

例10."应收账款"项目的金额应根据"应收账款""预收账款"两个账户所属的明细分类账户的期末贷方余额计算填列。（　　）

解析：×。"应收账款"项目的金额应根据"应收账款""预收账款"两个账户所属的明细分类账户的期末借方余额计算填列。

知识点三　利　润　表

1. 利润表的概念

前已述及，利润表是反映企业在一定会计期间（月度、年度）经营成果的报表。该表以"收入−费用=利润"会计平衡式为理论依据，将一定会计期间（如年度、季度、月度）的营业收入与其同一会计期间相关的营业费用进行配比，计算出企业一定时期的净利润（或净亏损）。

例11. 根据"收入−费用=利润"填列的会计报表是（　　）。

A. 资产负债表　　　B. 利润表　　　C. 现金流量表　　　D. 所有者权益变动表

解析：B。编制利润表以"收入−费用=利润"会计平衡式为理论依据。

2. 利润表的作用

① 通过利润表可以从总体上了解企业收入、成本和费用，以及净利润（或亏损）的实现及构成情况。

② 通过对利润表提供的不同时期数字的比较（本月数、本年累计数、上年数），可以分析企业的获利能力及利润的未来发展趋势，了解投资者投入资本的保值、增值情况。

③ 通过利润表可以评价企业未来一定时期内的利润发展趋势，便于投资者和外部利害关系集团做出正确的投资决策。

例12. 通过利润表可以评价企业未来一定时期内的利润发展趋势，便于投资者和外部利害关系集团做出正确的投资决策。（　　）

解析：√。通过利润表可以评价企业未来一定时期内的利润发展趋势，便于投资者和外部利害关系集团做出正确的投资决策。

3．利润表的结构

世界各国目前主要采用的利润表基本格式有两种：一种是单步式利润表，另一种是多步式利润表。

（1）单步式利润表

单步式利润表描述的内容是收入、费用和利润之间的关系，即收入减去费用等于利润。这种格式的利润表不利于科学地反映企业利润的形成过程，所以很少被采用。

（2）多步式利润表

多步式利润表是运用会计规则中的配比规则，把收入和为了取得收入所支出的费用按照管理的要求进行搭配，以一定的格式排序，分步计算出的当期利润。这种格式的利润表能够科学地揭示企业利润及其构成内容的形成过程，被世界上大多数国家所采用。我国企业的利润表采用的是多步式结构。

例13．利润表的基本格式有两种：一种是单步式利润表，另一种是多步式利润表。（　　）

解析：√。世界各国目前主要采用的利润表基本格式有两种：一种是单步式利润表，另一种是多步式利润表。

4．利润表的内容

利润表通常由表头和正表两部分组成。表头部分主要说明报表名称、编制单位名称、编制日期、金额单位及报表的编号。正表作为利润表的主要内容，主要是按照规定的标准和顺序，综合反映企业净利润的计算过程。

第一步，营业利润=营业收入-营业成本-税金及附加-销售费用-管理费用-研发费用-财务费用-资产减值损失+公允价值变动收益（-公允价值变动损失）+投资收益（-投资损失）+资产处置收益（-资产处置损失）+其他收益（-其他损失）。

第二步，利润总额=营业利润+营业外收入-营业外支出。

第三步，净利润=利润总额-所得税费用。

例14．（　　）=营业利润+营业外收入-营业外支出。

A．营业收入 　　　　B．营业成本 　　　　C．利润总额 　　　　D．净利润

解析：C。利润总额=营业利润+营业外收入-营业外支出。

5．利润表的编制方法

利润表主要根据损益类账户的本期发生额直接填列，有些项目还需根据表中若干项目的数字分析计算后填列。

①"本月金额"栏，反映各项目本月的实际发生数额。

②"本年累计金额"栏，反映各项目自本年初起至本月末止的累计实际发生数额。根据上月利润表中"本年累计金额"栏的数字，加上本月利润表中"本月金额"栏的数字，可得出各项目本月的本年累计金额，然后填入相应的项目内。

③在编制利润表（年度）时，应将"本月金额"栏改为"上年金额"，根据上年度利润表（年度）中的"本年累计金额"填列。

知识点四　财务报表的报送

1．报送前的检查

企业在编制财务报表前，除应当全面清查资产、核实债务外，还应当完成下列工作。

① 核对各会计账簿记录与会计凭证的内容、金额等是否一致，记账方向是否相符。

② 依照规定的结账日进行结账，结出有关会计账簿的余额和发生额，并核对各会计账簿之间的余额。

③ 检查相关的会计核算是否按照国家统一的会计制度的规定进行。

④ 对于国家统一的会计制度没有规定统一核算方法的交易、事项，检查其是否按照会计核算的一般原则进行确认和计量，以及相关账务处理是否合理。

⑤ 检查是否存在因会计差错、会计政策变更等需要调整前期或本期数额的相关项目。

2. 报送的相关要求

纳税人应定期向税务机关报送财务报表，税务机关对财务报表数据进行接收、处理及维护。

（1）报送报表的内容

① 纳税人应提供主表的份数：至少两份，一份交税务机关、一份交公司（税务机关盖章后返回公司）。

② 纳税人还应提供以下资料：资产负债表、利润表、综合纳税申报表和扣缴个人所得税报告表。

（2）报送报表的期间

① 凡年纳税额在 30 万元以上的重点税源户，应报送月报、季报和年报。

② 纳税人符合下列条件之一的，应报送季报和年报：年纳税额在 5 万元以上的；年减免税款在 5 万元以上的；主管地税务机关列入重点行业管理的；注册资金在 200 万元以上新成立的纳税人；主管税务机关根据需要确定的其他企业。

③ 除上述按月、季报送的纳税人外，其他纳税人均只报送年报。

例 15. 凡年纳税额在（　　）以上的重点税源户，应报送月报、季报和年报。

A. 10 万元　　　　　　B. 20 万元　　　　　　C. 30 万元　　　　　　D. 50 万元

解析：C。凡年纳税额在 30 万元以上的重点税源户，应报送月报、季报和年报。

（3）报送报表的时限

纳税人财务会计报表的报送期限：月报于月度终了后 6 日内报送；季报于季度终了后 15 日内报送；年报于年度终了后 45 日内报送，外商投资企业和外国企业在年度终了后 4 个月内报送。

例 16. 季报于季度终了后 15 日内报送。（　　）

解析：√。纳税人财务会计报表的报送期限：月报于月度终了后 6 日内报送；季报于季度终了后 15 日内报送；年报于年度终了后 45 日内报送，外商投资企业和外国企业在年度终了后 4 个月内报送。

（4）报送报表的方式

纳税人可以选择网络报送、直接上门报送等方式报送财务报表。鼓励纳税人采取网络报送方式。纳税人以网络方式报送财务报表的，仍应按照税务机关规定，报送相应的纸质报表。纳税人经过 CA（电子认证服务）认证、以电子签名方式报送财务报表的，不再报送纸质报表。

（5）税务机关对报表的操作

① 审核和接收资料。税务机关审核财务报表的内容是否完整、准确，印章是否齐全。

② 资料归档。若资料完全符合要求，则税务机关专管员盖章，由企业在税务办事大厅完税或网上完税，即完成了报表报送。

基础过关

一、选择题

1.（　　）主要反映企业在某一特定日期的财务状况。
   A．资产负债表　　B．利润表　　C．现金流量表　　D．所有者权益变动表

2.（　　）主要反映企业在一定会计期间的经营成果即利润或亏损的情况。
   A．资产负债表　　B．利润表　　C．现金流量表　　D．所有者权益变动表

3. 财务报表按（　　）不同，可以分为主表和附表。
   A．反映的经济内容　　　　　　B．服务对象
   C．提供会计信息的重要性　　　D．编制和报送的时间

4．"货币资金"项目需根据"库存现金""银行存款"和"其他货币资金"三个总分类账户的期末余额的合计数填列，用的是（　　）填列方法。
   A．根据总分类账户余额直接填列
   B．根据总分类账户余额计算填列
   C．根据总分类账户和明细账分类账户余额分析计算填列
   D．根据有关账户余额减去其备抵账户余额后的净额填列

5．"长期股权投资"项目应根据"长期股权投资"账户的期末余额减去（　　）账户余额后的净额填列。
   A．"累计折旧"　　　　　　　　B．"累计摊销"
   C．"固定资产减值准备"　　　　D．"长期股权投资减值准备"

6. 资产负债表中，可以根据有关账簿记录直接填列的项目是（　　）。
   A．"货币资金"　　B．"短期借款"　　C．"固定资产"　　D．"未分配利润"

7．"年初余额"通常出现在（　　）中。
   A．资产负债表　　B．利润表　　C．现金流量表　　D．所有者权益变动表

8. 利润表是反映企业在（　　）经营成果的报表。
   A．某一特定日期　　　　　　　B．一定会计期间
   C．一定时间　　　　　　　　　D．某一特定时期

9. 营业利润=（　　）-营业成本-税金及附加-销售费用-管理费用-研发费用-财务费用-资产减值损失+公允价值变动收益（-公允价值变动损失）+投资收益（-投资损失）+资产处置收益（-资产处置损失）+其他收益（-其他损失）。
   A．主营业务收入　　　　　　　B．其他业务收入
   C．营业收入　　　　　　　　　D．利润总额

10. 月报于月度终了后（　　）内报送。
    A．3 日　　　　B．5 日　　　　C．6 日　　　　D．10 日

11. 季报于季度终了后（　　）内报送。
    A．5 日　　　　B．10 日　　　　C．15 日　　　　D．20 日

12. 年报于年度终了后（　　）内报送。
    A．10 日　　　　B．15 日　　　　C．30 日　　　　D．45 日

13. 下列会计报表中，属于内部财务报表的是（　　）。
    A．资产负债表　　B．利润表　　C．现金流量表　　D．主营业务收支明细表

14．我国企业利润表的格式为（　　）。
　　A．多步式　　　　B．单步式　　　　C．报告式　　　　D．账户式

15．资产负债表"应付账款"科目所属明细分类账如有借方余额，应在（　　）项目中反映。
　　A．"预付账款"　　B．"预收账款"　　C．"应收账款"　　D．"应付账款"

16．下列各项中，应根据相应总分类科目的余额直接在资产负债表中填列的是（　　）。
　　A．"固定资产"　　　　　　　　　　　B．"短期借款"
　　C．"长期借款"　　　　　　　　　　　D．"应收票据"及"应收账款"

二、判断题

1．财务报表是对外提供的、反映单位某一特定会计期间财务状况、某一特定日期经营成果、现金流量及所有者权益等会计信息的总结性书面文件。　　　　　　　　　　　（　　）

2．资产负债表主要反映企业在某一特定日期的财务状况。　　　　　　　　　（　　）

3．利润表主要反映企业在某一特定日期的经营成果即利润或亏损的情况。　　（　　）

4．现金流量表主要反映企业在一定会计期间现金和现金等价物的流入和流出情况。
　　　　　　　　　　　　　　　　　　　　　　　　　　　　　　　　　　（　　）

5．所有者权益变动表反映一定会计期间构成所有者权益的各个组成部分当期的增减变动情况。　　　　　　　　　　　　　　　　　　　　　　　　　　　　　　　　　（　　）

6．资产负债表是一种动态报表。　　　　　　　　　　　　　　　　　　　　（　　）

7．利润表是一种静态报表。　　　　　　　　　　　　　　　　　　　　　　（　　）

8．财务报表按提供会计信息的重要性不同，可以分为外部财务报表和内部财务报表。
　　　　　　　　　　　　　　　　　　　　　　　　　　　　　　　　　　（　　）

9．财务报表按编制和报送的时间不同，可以分为中期财务报表和年度财务报表。
　　　　　　　　　　　　　　　　　　　　　　　　　　　　　　　　　　（　　）

10．资产负债表、利润表和现金流量表等均属于内部财务报表。　　　　　　（　　）

11．企业年末不必须编制并报送年度财务报表。　　　　　　　　　　　　　（　　）

12．凡是国家要求提供的财务报表，各企业必须全部编制并报送，不得漏编和漏报；凡是国家统一要求披露的信息，都必须披露。　　　　　　　　　　　　　　　　　（　　）

13．编制财务报表前必须做好对账和结账工作，做到账证相符、账账相符、账实相符，以保证报表数据的真实与准确。　　　　　　　　　　　　　　　　　　　　　　　（　　）

14．我国企业的资产负债表采用报告式结构。　　　　　　　　　　　　　　（　　）

15．通过资产负债表可以了解企业负债的基本信息。　　　　　　　　　　　（　　）

16．实收资本和留存收益是所有者权益的重要内容。　　　　　　　　　　　（　　）

17．"固定资产"项目应根据"固定资产"账户的期末余额减去"累计摊销""固定资产减值准备"账户余额后的净额填列。　　　　　　　　　　　　　　　　　　　　　（　　）

18．资产负债表的格式分账户式和报告式两种。　　　　　　　　　　　　　（　　）

19．"无形资产"项目应根据"无形资产"账户的期末余额减去"累计摊销""无形资产减值准备"账户余额后的净额填列。　　　　　　　　　　　　　　　　　　　　　（　　）

20．"其他应收款"项目应根据"应收利息""应收股利"和"其他应收款"账户的期末余额合计数减去"坏账准备"账户的期末余额后的金额填列。　　　　　　　　　　　（　　）

21．"其他应付款"项目应根据"应付利息""应付股利"和"其他应收款"账户的期末余额合计数填列。　　　　　　　　　　　　　　　　　　　　　　　　　　　　　（　　）

22．我国企业的利润表采用的是单步式结构。　　　　　　　　　　　　　　（　　）

23．利润总额=营业利润+营业外支出-营业外收入。　　　　　　　　　（　　）

24．净利润=利润总额-所得税费用。　　　　　　　　　　　　　　　　（　　）

25．年报于年度终了后 30 日内报送。　　　　　　　　　　　　　　　　（　　）

26．资产负债表的"预收账款"项目根据"预收账款"和"应收账款"账户所属各明细账户的期末贷方余额合计数填列。　　　　　　　　　　　　　　　　　（　　）

27．接受捐赠收到的现金应列入利润表的"营业收入"项目。　　　　　　（　　）

三、名词解释题

1．财务报表

2．资产负债表

3．利润表

提升训练

四、综合题

1．艾华公司 2023 年 10 月末各账户期末余额如表 1-9-1 所示。

表 1-9-1　艾华公司 2023 年 10 月末各账户期末余额

单位：元

总账科目	明细账	借方	贷方	总账科目	明细账	借方	贷方
库存现金		500		短期借款			10 000
银行存款		32 500		应付账款	D 公司		15 000
交易性金融资产		10 000			E 公司	5 000	
应收账款	A 公司	27 700		预收账款	F 公司		4 300
	B 公司		4 700	应付票据	G 公司		1 800
预付账款	C 公司	5 000		应付职工薪酬			3 200
其他应收款	张明	2 300		应交税费			15 600
原材料		10 000		长期借款			10 000
周转材料		3 000		实收资本			105 000
库存商品		25 000		本年利润			64 000
长期股权投资		10 000		盈余公积			5 000
固定资产		70 000		利润分配		43 000	
累计折旧			17 400				
无形资产		12 000					

要求：根据上述资料编制资产负债表（见表 1-9-2）。

表 1-9-2　资产负债表

会企 01 表

编制单位：艾华公司　　　　　　　　　　　2023 年 10 月 31 日　　　　　　　　　　　单位：元

资　产	期末余额	年初余额	负债和所有者权益（或股东权益）	期末余额	年初余额
流动资产：		（略）	流动负债：		（略）

资　产	期　末余　额	年　初余　额	负债和所有者权益（或股东权益）	期　末余　额	年　初余　额
货币资金			短期借款		
交易性金融资产			交易性金融负债		
衍生金融资产			衍生金融负债		
应收票据			应付票据		
应收账款			应付账款		
应收款项融资			预收款项		
预付账款			合同负债		
其他应收款			应付职工薪酬		
存货			应交税费		
合同资产			其他应付款		
持有待售资产			持有待售负债		
一年内到期的非流动资产			一年内到期的非流动负债		
其他流动资产			其他流动负债		
流动资产合计			流动负债合计		
非流动资产：			非流动负债：		
债权投资			长期借款		
其他债权投资			应付债券		
长期应收款			其中：优先股		
长期股权投资			永续债		
其他权益工具投资			租赁负债		
其他非流动金融资产			长期应付款		
投资性房地产			预计负债		
固定资产			递延收益		
在建工程			递延所得税负债		
生产性生物资产			其他非流动负债		
油气资产			非流动负债合计		
使用权资产			负债合计		
无形资产			所有者权益（或股东权益）：		
开发支出			实收资本（或股本）		
商誉			其他权益工具		
长期待摊费用			其中：优先股		
递延所得税资产			永续债		

续表

资　　产	期　末余　额	年　初余　额	负债和所有者权益（或股东权益）	期　末余　额	年　初余　额
其他非流动资产			资本公积		
非流动资产合计			减：库存股		
			其他综合收益		
			专项储备		
			盈余公积		
			未分配利润		
			所有者权益（或股东权益）合计		
资产总计			负债和所有者权益（或股东权益）总计		

企业负责人：（略）　　　　　　　　会计主管：（略）　　　　　　　　制表人：（略）

2．大力公司 2023 年 6 月 30 日有关会计科目余额如表 1-9-3 所示。

表 1-9-3　大力公司 2023 年 6 月 30 日有关会计科目余额

单位：元

会 计 科 目	借　　方	贷　　方
库存现金	7 000	
银行存款	60 000	
应收账款	15 000	
预收账款	4 000	
坏账准备		3 000
预付账款		7 000
原材料	70 000	
库存商品	60 000	
生产成本	31 000	
应付账款		30 000
本年利润		320 000
利润分配	210 000	

要求：根据上述资料计算以下项目的数额。

（1）资产负债表上的"货币资金"项目=

（2）资金负债表上的"应收账款"项目=

（3）资金负债表上的"存货"项目=

（4）资金负债表上的"应付账款"项目=

（5）资金负债表上的"未分配利润"项目=

3．华联公司 2023 年 10 月 31 日结账前损益类账户发生额资料如表 1-9-4 所示。

表 1-9-4　华联公司 2023 年 10 月 31 日结账前损益类账户发生额资料

单位：元

会 计 科 目	借方发生额合计	贷方发生额合计
主营业务收入		235 000
主营业务成本	65 000	
其他业务收入		5 000
其他业务成本	4 000	
税金及附加	7 600	
销售费用	2 100	
管理费用	11 500	
财务费用	4 000	
营业外收入		6 000
营业外支出	3 200	
所得税费用	37 150	

要求：根据上述资料，编制华联公司 2023 年 10 月的利润表（见表 1-9-5）。

表 1-9-5　利润表

会企 02 表

编制单位：　　　　　　　　　　　　　　年　　　月　　　　　　　　　　　　　单位：元

项　　目	行　次	本 月 金 额	本年累计金额
一、营业收入	1		
减：营业成本	2		
税金及附加	3		
销售费用	4		
管理费用	5		
研发费用	6		
财务费用	7		
其中：利息费用	8		
利息收入	9		
加：其他收益	10		
投资收益（损失以"－"号填列）	11		
其中：对联营企业和合营企业的投资收益	12		
公允价值变动收益（损失以"－"号填列）	13		
资产减值损失（损失以"－"号填列）	14		
资产处置收益（损失以"－"号填列）	15		
二、营业利润（亏损以"－"号填列）	16		
加：营业外收入	17		

续表

项　　目	行　　次	本　月　金　额	本年累计金额
减：营业外支出	18		
三、利润总额（亏损总额以"-"号填列）	19		
减：所得税费用	20		
四、净利润（净亏损以"-"号填列）	21		
（一）持续经营净利润（净亏损以"-"号填列）	22		
（二）终止经营净利润（净亏损以"-"号填列）	23		
五、其他综合收益的税后净额	24		
（一）不能重分类进损益的其他综合收益	25		
1．重新计量设定受益计划变动额	26		
2．权益法下不能转损益的其他综合收益	27		
（二）将重分类进损益的其他综合收益	28		
1．权益法下可转损益的其他综合收益	29		
2．可供出售金融资产公允价值变动损益	30		
3．持有至到期投资重分类为可供出售金融资产损益	31		
4．现金流量套期损益的有效部分	32		
5．外币财务报表折算差额	33		
六、综合收益总额	34		
七、每股收益	35		
（一）基本每股收益	36		
（二）稀释每股收益	37		

单位负责人：　　　　　　　　　　　　　　　　　　　　制表：

第十章　账务处理程序

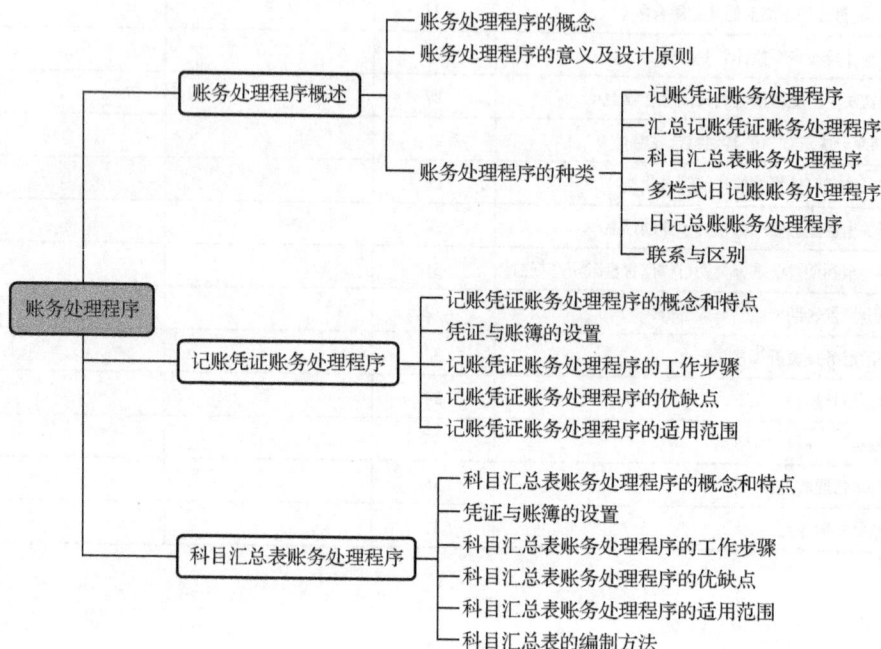

要点导图

账务处理程序
- 账务处理程序概述
  - 账务处理程序的概念
  - 账务处理程序的意义及设计原则
  - 账务处理程序的种类
    - 记账凭证账务处理程序
    - 汇总记账凭证账务处理程序
    - 科目汇总表账务处理程序
    - 多栏式日记账账务处理程序
    - 日记总账账务处理程序
    - 联系与区别
- 记账凭证账务处理程序
  - 记账凭证账务处理程序的概念和特点
  - 凭证与账簿的设置
  - 记账凭证账务处理程序的工作步骤
  - 记账凭证账务处理程序的优缺点
  - 记账凭证账务处理程序的适用范围
- 科目汇总表账务处理程序
  - 科目汇总表账务处理程序的概念和特点
  - 凭证与账簿的设置
  - 科目汇总表账务处理程序的工作步骤
  - 科目汇总表账务处理程序的优缺点
  - 科目汇总表账务处理程序的适用范围
  - 科目汇总表的编制方法

复习要求

1. 掌握账务处理程序的概念、种类及不同账务处理程序之间的联系与区别，了解账务处理程序的意义及设计原则。

2. 掌握记账凭证账务处理程序的概念、特点、账簿组织，了解工作步骤、优缺点和适用范围，能够熟练运用该种账务处理程序处理基本经济业务。

3. 重点掌握科目汇总表账务处理程序的概念、特点、账簿组织，了解工作步骤、优缺点和适用范围，掌握科目汇总表的编制方法，能够熟练运用该种账务处理程序处理基本经济业务。

考点详解

知识点一　账务处理程序概述

1. 账务处理程序的概念

账务处理程序又称会计核算组织程序或会计核算形式，是会计凭证、账簿组织、记账程序和记账方法有机结合的方式。其中，账簿组织指账簿的种类、格式和各种账簿间的关系。

2. 账务处理程序的意义

① 有利于会计工作规范化。

② 有利于保证会计记录的完整性和正确性。

③ 有利于减少不必要的会计核算环节。

3. 账务处理程序的设计原则

① 适合本企业的业务性质、规模大小、组织结构、经济业务繁简程度、经营管理要求和特点，有利于加强会计核算工作的分工协作，有利于落实会计核算工作的岗位责任制，有利于实现会计控制和监督目标。

② 能正确、及时、系统、全面地提供会计信息使用者所需要的各种必要的会计核算资料。

③ 在保证会计核算工作质量的前提下，力求简化核算手续，节约人力和物力，降低会计信息成本，提高会计核算工作效率。

例1. 由于各企业的业务性质、规模大小、管理要求不同，各企业所采用的账务处理程序也就不同。（　　）

解析：√。要根据本企业的业务性质、规模大小、组织结构、经济业务繁简程度、经营管理要求和特点等选择账务处理程序。

4. 账务处理程序的种类

（1）目前我国企业、事业单位等常用的账务处理程序

① 记账凭证账务处理程序。

② 汇总记账凭证账务处理程序。

③ 科目汇总表账务处理程序。

④ 多栏式日记账账务处理程序。

⑤ 日记总账账务处理程序。

记账凭证账务处理程序是基本的账务处理程序，其他账务处理程序是在此基础上发展、演变而来的。五种账务处理程序的主要区别是登记总分类账的依据和方法不同。

例2. 基本的账务处理程序是（　　）。

A. 科目汇总表账务处理程序　　　　B. 记账凭证账务处理程序

C. 日记总账账务处理程序　　　　　D. 多栏式日记账账务处理程序

解析：B。记账凭证账务处理程序是基本账务处理程序，其他账务处理程序是在此基础上发展、演变而来的。

例3. 各种账务处理程序的主要区别是（　　）。

A. 使用的记账凭证不同　　　　　　B. 登记总分类账的依据和方法不同

C．登记总分类账的时间不同　　　　　　D．适用范围不同

解析：B。五种账务处理程序的主要区别是登记总分类账的依据和方法不同。

（2）各种账务处理程序包括的基本工作步骤

① 根据原始凭证编制汇总原始凭证。

② 根据审核无误的原始凭证或汇总原始凭证填制记账凭证。

③ 根据审核无误的记账凭证及其所附的原始凭证或汇总原始凭证逐笔登记现金日记账和银行存款日记账。

④ 根据审核无误的记账凭证及其所附的原始凭证或汇总原始凭证登记各种明细分类账。

⑤ 期末，进行账账核对。

⑥ 期末，根据总分类账和明细分类账的记录编制财务报表。

知识点二　记账凭证账务处理程序

1．记账凭证账务处理程序的概念和特点

（1）概念

记账凭证账务处理程序是直接根据记账凭证逐笔登记总分类账的一种账务处理程序。

（2）特点

记账凭证账务处理程序直接根据记账凭证逐笔登记总分类账，在记账凭证和总分类账之间没有其他汇总形式。

例4．根据记账凭证逐笔登记总分类账是（　　）账务处理程序的主要特点。

A．汇总记账凭证　　　　B．科目汇总表　　　C．多栏式日记账　　　　D．记账凭证

解析：D。记账凭证账务处理程序是直接根据记账凭证逐笔登记总分类账的一种账务处理程序。

2．凭证与账簿的设置

① 记账凭证一般采用通用记账凭证，也可采用收款凭证、付款凭证和转账凭证三种专用格式凭证。

② 设置的账簿有现金日记账、银行存款日记账、总分类账和明细分类账。

③ 现金日记账和银行存款日记账一般采用三栏式。

④ 总分类账一般采用三栏式；明细分类账可根据需要采用三栏式、数量金额式、多栏式等。

3．记账凭证账务处理程序的工作步骤

记账凭证账务处理程序的工作步骤如图 1-10-1 所示。

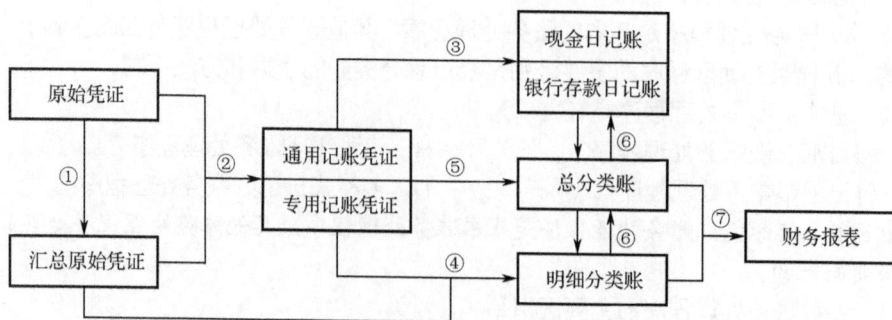

图 1-10-1　记账凭证账务处理程序的工作步骤

① 根据原始凭证编制汇总原始凭证。

② 根据审核无误的原始凭证或汇总原始凭证填制记账凭证（也可采用收款凭证、付款凭证和转账凭证）。

③ 根据审核无误的记账凭证及其所附的原始凭证或汇总原始凭证逐笔登记现金日记账和银行存款日记账。

④ 根据审核无误的记账凭证及其所附的原始凭证或汇总原始凭证登记各种明细分类账。

⑤ 根据审核无误的记账凭证及其所附的原始凭证或汇总原始凭证逐笔登记总分类账。

⑥ 期末，将总分类账与现金日记账、银行存款日记账，总分类账与其所属的明细分类账进行核对。

⑦ 期末，根据核对无误的总分类账和明细分类账的有关资料编制财务报表。

4．记账凭证账务处理程序的优缺点

（1）优点

记账凭证账务处理程序直接根据记账凭证登记总分类账，简单明了，容易理解，便于掌握和运用；总分类账可以较详细地反映各项经济业务，便于查账。

（2）缺点

由于记账凭证账务处理程序是根据记账凭证直接登记总分类账，登记总分类账的工作量较大。

5．记账凭证账务处理程序的适用范围

记账凭证账务处理程序一般适用于规模较小、经济业务较少的单位。

例5．记账凭证账务处理程序适用于（　　）的单位。

A．规模小、业务少 　　　　　　　B．规模大、业务多

C．规模小、涉及金额较多 　　　　D．以上均可

解析：A。记账凭证账务处理程序一般适用于规模较小、经济业务较少的单位。

知识点三　科目汇总表账务处理程序

1．科目汇总表账务处理程序的概念和特点

（1）概念

科目汇总表账务处理程序又称记账凭证汇总表账务处理程序。它是根据记账凭证定期编制科目汇总表，再根据科目汇总表登记总分类账的一种账务处理程序。

（2）特点

科目汇总表账务处理程序根据记账凭证定期按照相同的科目分别归类、汇总编制科目汇总表，然后根据科目汇总表登记总分类账。科目汇总表编制的时间，应根据经济业务的多少而定，可选择3天、5天、10天、15天或1个月。科目汇总表账务处理程序是由记账凭证账务处理程序演变而来的。

2．凭证与账簿的设置

① 记账凭证一般采用通用记账凭证，也可采用收款凭证、付款凭证和转账凭证三种专用格式凭证。

② 必须设置科目汇总表。

③ 设置的账簿有现金日记账、银行存款日记账、总分类账和明细分类账。

④ 现金日记账和银行存款日记账一般采用三栏式。

⑤ 总分类账一般采用三栏式；明细分类账可根据需要采用三栏式、数量金额式、多栏式等。

3. 科目汇总表账务处理程序的工作步骤

科目汇总表账务处理程序的工作步骤如图 1-10-2 所示。

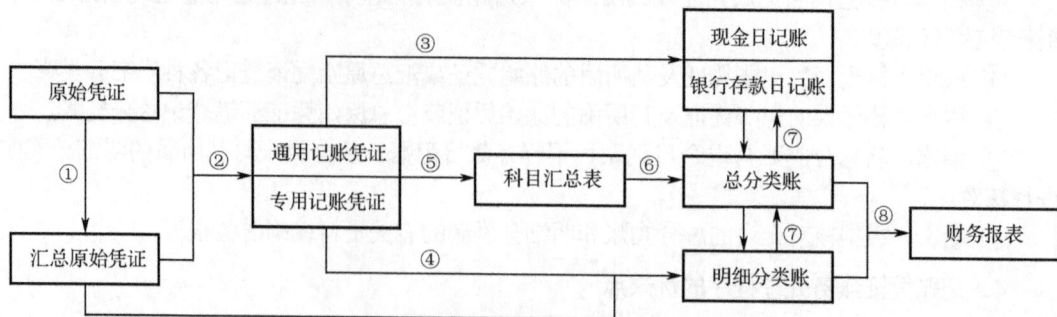

图 1-10-2　科目汇总表账务处理程序的工作步骤

① 根据原始凭证编制汇总原始凭证。

② 根据审核无误的原始凭证或汇总原始凭证填制记账凭证（也可采用收款凭证、付款凭证和转账凭证）。

③ 根据审核无误的记账凭证及其所附的原始凭证或汇总原始凭证逐笔登记现金日记账和银行存款日记账。

④ 根据审核无误的记账凭证及其所附的原始凭证或汇总原始凭证登记各种明细分类账。

⑤ 定期根据审核无误的记账凭证编制科目汇总表。

⑥ 根据科目汇总表登记总分类账。

⑦ 期末，将总分类账与现金日记账、银行存款日记账，总分类账与其所属的明细分类账进行核对。

⑧ 期末，根据核对无误的总分类账和明细分类账的有关资料编制财务报表。

4. 科目汇总表账务处理程序的优缺点

（1）优点

可以利用科目汇总表的汇总结果进行账户发生额的试算平衡，可以大大减轻登记总分类账的工作量。

（2）缺点

在科目汇总表及总分类账中，不能够反映账户之间的对应关系，编制科目汇总表的工作量比较大。

例 6．不能体现账户之间对应关系的账务处理程序是（　　）。

A．汇总记账凭证账务处理程序　　　　B．科目汇总表账务处理程序

C．多栏式日记账账务处理程序　　　　D．记账凭证账务处理程序

解析：B。科目汇总表账务处理程序是根据记账凭证定期编制科目汇总表，再根据科目汇总表登记总分类账的一种账务处理程序，在科目汇总表及总分类账中，不能够反映账户之间的对应关系，且编制科目汇总表的工作量比较大。

5. 科目汇总表账务处理程序的适用范围

科目汇总表账务处理程序一般适用于规模较大、经济业务较多的大中型企业。

例7. 科目汇总表账务处理程序主要适用于（　　）的企业。

A. 规模大、业务多　　　　　　　　B. 规模小、业务多

C. 规模小、业务少　　　　　　　　D. 规模大、业务少

解析：A。科目汇总表账务处理程序一般适用于规模较大、经济业务较多的大中型企业。

6. 科目汇总表的编制方法

科目汇总表又称记账凭证汇总表，是指定期对全部记账凭证进行汇总，按各个会计科目列示其借方发生额和贷方发生额的一种汇总凭证。在编制过程中应注意以下几点。

① 将汇总期内各项经济业务所涉及的会计科目填制在"会计科目"栏。为了便于登记总分类账，会计科目的排列顺序应与总分类账上的会计科目的顺序一致。

② 根据汇总期内的全部记账凭证，按会计科目分别加总借方发生额和贷方发生额。

③ 将汇总完毕的所有会计科目的借方发生额和贷方发生额汇总，进行发生额的试算平衡。

实际工作中，不同企业科目汇总表的编制时间也不尽相同。科目汇总表汇总的时间不宜过长，一般间隔期为5～10天，业务多的单位可每天汇总一次。

基 础 过 关

一、选择题

1. 基本的账务处理程序是（　　）。

　A. 记账凭证账务处理程序　　　　　B. 汇总记账凭证账务处理程序

　C. 科目汇总表账务处理程序　　　　D. 多栏式日记账账务处理程序

2. 采用科目汇总表账务处理程序时，其登记总分类账的直接依据是（　　）。

　A. 汇总记账凭证　　B. 科目汇总表　　C. 记账凭证　　　D. 原始凭证

3. 下列有关科目汇总表账务处理程序的表述正确的是（　　）。

　A. 可以反映账户之间的对应关系　　B. 无法实现试算平衡

　C. 适用于业务少的企业　　　　　　D. 登记总分类账的工作量相对小

4. 记账凭证账务处理程序的适用范围是（　　）。

　A. 规模大、业务多的企业　　　　　B. 规模小、业务少的企业

　C. 规模大、业务少的企业　　　　　D. 规模小、业务多的企业

5.（　　）的企业适用于科目汇总表账务处理程序。

　A. 规模大、业务少　　　　　　　　B. 规模小、业务多

　C. 规模大、业务多　　　　　　　　D. 规模小、业务少

6. 记账凭证账务处理程序（　　）。

　A. 根据各种记账凭证编制有关汇总记账凭证

　B. 根据记账凭证逐笔登记总分类账

　C. 根据各种记账凭证编制科目汇总表

　D. 根据汇总记账凭证登记总分类账

7. 科目汇总表是根据（　　）编制的。

　A. 记账凭证　　　　B. 总分类账　　　C. 原始凭证　　　D. 原始凭证汇总表

8. 各种账务处理程序的主要区别是（　　）。

　A. 使用的记账凭证不同　　　　　　B. 登记总分类账的依据和方法不同

　C. 登记总分类账的时间不同　　　　D. 适用范围不同

9. 科目汇总表账务处理程序与记账凭证账务处理程序的相同之处在于（　　）。

    A．填制记账凭证的依据相同　　　　　　B．登记明细账的依据相同

    C．编制财务报表的依据相同　　　　　　D．以上皆是

10. 科目汇总表账务处理程序比记账凭证账务处理程序多的步骤是（　　）。

    A．编制科目汇总表　　　　　　　　　　B．编制原始凭证汇总表

    C．编制汇总记账凭证　　　　　　　　　D．编制汇总原始凭证

11. 采用记账凭证账务处理程序时，期末不应将（　　）余额与有关总分类账的余额核对。

    A．汇总记账凭证　　　　　　　　　　　B．现金日记账

    C．明细分类账　　　　　　　　　　　　D．银行存款日记账

12. 下列属于记账凭证账务处理程序的缺点的是（　　）。

    A．不能节省会计工作时间　　　　　　　B．不能反映经济业务的来龙去脉

    C．不能反映账户之间的对应关系　　　　D．不利于会计核算工作的分工

二、判断题

1. 记账凭证账务处理程序是直接根据原始凭证逐笔登记总分类账的一种账务处理程序。

（　　）

2. 科目汇总表可以清晰地反映账户之间的对应关系。（　　）

3. 账务处理程序是会计凭证、账簿组织、记账程序和记账方法有机结合的方式。

（　　）

4. 由于各企业的业务性质、规模大小、管理要求不同，各企业所采用的账务处理程序也就不同。（　　）

5. 记账凭证账务处理程序的缺点是不便于查账。（　　）

6. 科目汇总表具备试算平衡的作用。（　　）

7. 记账凭证账务处理程序根据记账凭证登记总分类账。（　　）

8. 汇总记账凭证账务处理程序不利于会计分工。（　　）

9. 同一单位可以同时采用几种不同的账务处理程序。（　　）

10. 科目汇总表账务处理程序中，每个月可以编制多个科目汇总表。（　　）

11. 任何一种账务处理程序，其总分类账都是依据记账凭证编制的。（　　）

12. 科目汇总表账务处理程序依据审核无误的记账凭证登记明细分类账。（　　）

13. 科目汇总表账务处理程序必须设置科目汇总表。（　　）

三、名词解释题

1. 账务处理程序

2. 科目汇总表账务处理程序

3. 记账凭证账务处理程序

第二部分

财政与金融基础知识

复习指导

项目一　财政导论

✓ 要点导图

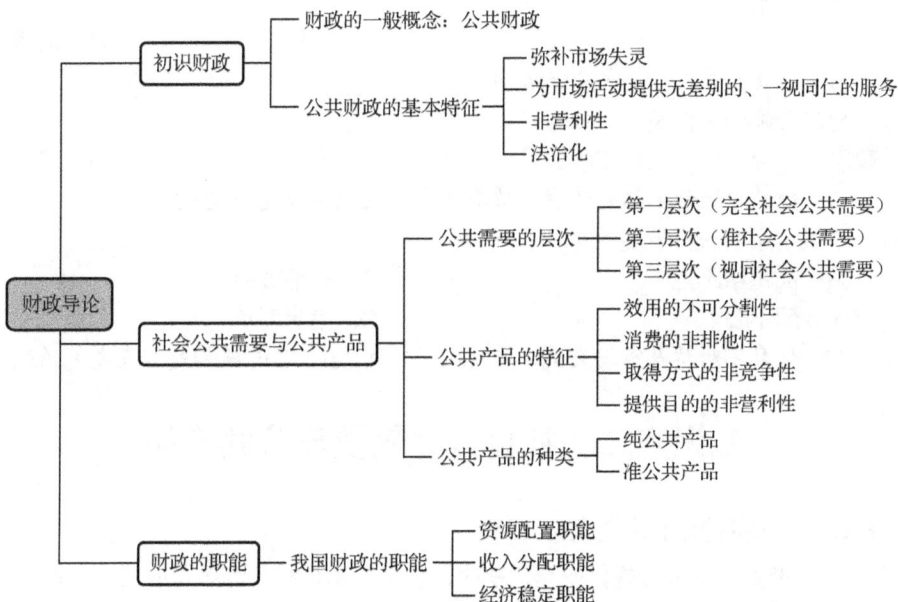

财政导论
- 初识财政
  - 财政的一般概念：公共财政
  - 公共财政的基本特征
    - 弥补市场失灵
    - 为市场活动提供无差别的、一视同仁的服务
    - 非营利性
    - 法治化
- 社会公共需要与公共产品
  - 公共需要的层次
    - 第一层次（完全社会公共需要）
    - 第二层次（准社会公共需要）
    - 第三层次（视同社会公共需要）
  - 公共产品的特征
    - 效用的不可分割性
    - 消费的非排他性
    - 取得方式的非竞争性
    - 提供目的的非营利性
  - 公共产品的种类
    - 纯公共产品
    - 准公共产品
- 财政的职能
  - 我国财政的职能
    - 资源配置职能
    - 收入分配职能
    - 经济稳定职能

复习要求

1. 掌握财政的概念。
2. 掌握公共产品的特征。
3. 掌握公共需要的层次、公共产品的种类和内容。
4. 理解财政的职能。

考点详解

知识点一 初 识 财 政

1. 财政的一般概念

财政是政府凭借政治权力为满足社会公共需要而对一部分社会产品进行的集中性分配。财政分配的目的是满足社会公共需要，因而人们又把它称为公共财政。公共财政是与市场经济体制相适应的财政模式。

2. 公共财政的基本特征

① 公共财政是弥补市场失灵的财政。
② 公共财政必须为市场活动提供无差别的、一视同仁的服务。
③ 公共财政具有非营利性。
④ 公共财政是法治化的财政。

例1. 财政的本质是一种（　　）活动。

A. 收入　　　　　　B. 分配　　　　　　C. 交换　　　　　　D. 消费

解析：B。财政本质上是一种分配活动。

例2. 财政分配的主体是（　　）。

A. 政府　　　　　　B. 国家　　　　　　C. 企业　　　　　　D. 组织

解析：A。财政分配的主体是政府，政府进行分配的依据是政治权利。

例3. 不属于市场失灵表现的是（　　）。

A. 公共产品供给不足　　　　　　　　B. 外部效应

C. 收入分配不公　　　　　　　　　　D. 信息对称

解析：D。信息不对称是市场失灵的表现之一，A、B、C选项都是市场失灵的表现。

知识点二 社会公共需要与公共产品

1. 社会公共需要的概念及层次

社会公共需要是指向社会提供安全、秩序、公民基本权利、经济发展的社会条件等方面的需要。社会公共需要可以分为不同的层次。

第一层次，完全社会公共需要，是指保证履行政府职能的需要，如国防、外交、公安、司法、行政管理及普及教育、卫生保健、基础科学研究、生态环境保护等。这类需要是最典型的、最基本的社会公共需要，是社会公共需要的最高层次。

第二层次，准社会公共需要，介于社会公共需要和私人需要之间，如高等教育、卫生医疗等。财政支出中的转移支付项目，如保险基金、抚恤救济金、价格补贴等也属于这类需要。

第三层次，视同社会公共需要，主要指大型公共设施，包括邮政、电信、民航、铁路、公路、煤气、电力、钢铁等基础产业。

例4. 下列属于准社会公共需要的是（　　）。

A. 环境保护 　　　　B. 高等教育 　　　　C. 国防 　　　　D. 电力

解析：B。A、C选项属于完全社会公共需要，D选项属于视同社会公共需要。

例5. 属于视同社会公共需要的是（　　）。

A. 普及教育 　　　　B. 基础科学研究 　　　　C. 高等教育 　　　　D. 邮政

解析：D。A、B选项属于完全社会公共需要，C选项属于准社会公共需要。

2. 公共产品的概念及特征

（1）公共产品的概念

公共产品是指那些私人不能提供或不愿提供而由政府提供的、用来满足全社会需要的产品，如国防、公共卫生、医疗保健、基础教育、环境保护、基础设施建设等。

（2）公共产品的特征

对于私人产品而言，公共产品具有以下四个特征。

① 效用的不可分割性。

② 消费的非排他性。

③ 取得方式的非竞争性。

④ 提供目的的非营利性。

公共产品的上述四个特征是密切联系的，其中，核心特征是非排他性和非竞争性。

3. 公共产品的种类

按是否同时具有非排他性和非竞争性两个特征，可以将公共产品分为两类。

（1）纯公共产品

纯公共产品是指完全具备非排他性和非竞争性的公共物品，如国防、外交、司法、行政管理、公安、环境保护、普及教育、卫生保健和基础科学研究等。纯公共产品一般由政府财政资金提供。

（2）准公共产品

准公共产品是指只具备上述两个特征之一，而另一个特征表现不明显的公共产品，大部分公共产品属于此类，如学校、公园、体育场、公共图书馆等。也可以理解为，政府为满足准社会公共需要和视同公共需要提供的公共产品都属于准公共产品。

例6. 纯公共产品不包括（　　）。

A. 司法 　　　　B. 国防 　　　　C. 社保基金 　　　　D. 卫生保健

解析：C。A、B、D选项都属于为满足完全社会公共需要而提供的纯公共产品，C选项属于为满足准社会公共需要而提供的公共产品。需特别注意卫生保健和卫生医疗是有区别的。

例7. 义务教育支出由政府承担，非义务教育支出由政府和受教育者共同承担。（　　）

解析：√。义务教育属于公共产品，资金由政府承担；非义务教育属于准公共产品，由政府和受教育者共同承担。

知识点三　财政的职能

财政的职能是指财政在社会经济生活中所具有的职责与功能。我国财政的职能具体包括资源配置职能、收入分配职能和经济稳定职能。

1. 资源配置职能

资源配置职能是指通过各种财政手段，对社会经济资源进行合理配置，使其得到最有效的使用，实现经济效益和社会效益的最大化。

资源配置职能主要指调节资源在公共需要之间、地区之间、产业部门之间的配置。

例8. 财政资源配置的主要内容不包括（　　）。

A. 调节资源在公共需要之间的配置　　B. 调节资源在地区之间的配置

C. 调节资源在产业部门之间的配置　　D. 调节资源在国家之间的配置

解析：D。财政资源配置主要内容是调节资源在公共需要之间、地区之间和产业部门之间的配置。

2. 收入分配职能

收入分配职能是指通过财政的收支活动，直接或间接影响全社会范围内收入与财产的分配，达到公平分配的目标。

收入分配职能的主要内容，一是调节企业利润水平，二是调节居民个人收入水平。

3. 经济稳定职能

经济稳定职能是指财政所具有的通过财政政策的选择和调整，实现充分就业、物价稳定、经济适度增长和国际收支平衡等宏观经济政策的功能。这里的经济稳定包括四个方面：充分就业、物价稳定、经济适度增长和国际收支平衡。

在物价稳定方面，一般认为，物价上涨率在3%以下为物价稳定。

经济稳定职能的主要内容，一是通过政府预算政策，调节社会总供求的平衡；二是通过财政的制度建设，发挥财政的"内在稳定器"作用。

例9. 财政的职能中，（　　）是指通过财政的收支活动，直接或间接影响全社会范围内收入与财产的分配，达到公平分配的目标。

A. 资源配置职能　　　　　　　　B. 收入分配职能

C. 经济稳定职能　　　　　　　　D. 效率最大职能

解析：B。收入分配职能是指通过财政的收支活动，直接或间接影响全社会范围内收入与财产的分配，达到公平分配的目标。

基础过关

一、选择题

1. 财政分配的主体是（　　）。

　　A. 社会　　　　B. 政府　　　　C. 企业　　　　D. 家庭

2. 公共财政不能直接进入市场追逐盈利，体现了公共财政的（　　）性。

　　A. 法治　　　　B. 弥补市场失灵　　C. 无差别　　　D. 非营利

3. 公共财政的核心职责是（　　）。

    A. 保证社会公共需要   B. 保证私人需要

    C. 保证单个经济主体需要   D. 保证困难家庭需要

4. 下列属于完全社会公共需要的是（　　）。

    A. 高等教育   B. 铁路交通   C. 卫生医疗   D. 行政管理

5. 下列属于准社会公共需要的是（　　）。

    A. 卫生保健   B. 普及教育   C. 价格补贴   D. 外交

6. 下列不属于财政的职能的是（　　）。

    A. 资源配置   B. 收入分配   C. 环境保护   D. 经济稳定

7. 与市场经济相适应的财政模式是（　　）。

    A. 公司财务   B. 公共财政   C. 建设财政   D. 私人财务

8. 消费者的增加不会引起生产成本的增加，体现了公共产品（　　）。

    A. 效用的不可分割性   B. 消费的非排他性

    C. 取得方式的非竞争性   D. 提供目的的非营利性

9. 免费搭便车现象源于公共产品生产和消费的（　　）。

    A. 不可分割性   B. 非竞争性和非排他性

    C. 非营利性   D. 整体性

10. 一般认为，物价上涨率在（　　）以下为物价稳定。

    A. 3%   B. 4%   C. 5%   D. 2%

11. 国际上通用的描述贫富差距的指标是（　　）。

    A. 恩格尔系数   B. 消费价格指数

    C. 基尼系数   D. 收入弹性系数

12. 高等教育属于（　　）。

    A. 完全社会公共需要   B. 准社会公共需要

    C. 视同社会公共需要   D. 非社会公共需要

13. 财政政策属于（　　）。

    A. 经济基础   B. 分配政策   C. 上层建筑   D. 政治范畴

14. 2011年至今，我国实行积极的财政政策，其主要体现了财政的（　　）职能。

    A. 经济稳定   B. 收入分配   C. 资源分配   D. 管理监督

二、判断题

1. 公共财政必须为市场活动提供无差别的、一视同仁的服务。 （　　）

2. 在市场经济条件下，政府不应该代替市场发挥作用。 （　　）

3. 企业活动于市场有效领域内，政府活动于市场失效领域内，这是划分两者活动范围的基本准则。 （　　）

4. 公共产品的核心特征是非排他性和非竞争性。 （　　）

5. 物价稳定是指物价稳定不变。 （　　）

6. 公共产品的享用和私人产品一样可以分割和量化。 （　　）

7. 政府可以通过税收和财政补贴等手段来调节企业利润水平。 （　　）

8. 市场经济中的政府，不能直接进入市场追逐利润。 （　　）

9. 政府通过制定财政政策等手段进行宏观调控，以弥补市场缺陷和不足。 （　　）

10. 在有些情况下，可以以盈利为目的提供公共产品。 （　　）

三、名词解释题

1．公共产品

2．社会公共需要

3．经济稳定

4．失业率

提 升 训 练

四、简答题

1．简述公共财政的基本特征。

2．简述公共产品的特征。

3．简述财政是如何调节贫富差距的。

五、综合题

1．试列举政府应提供的公共产品。你对这些公共产品满意吗？能提供一些改进建议吗？

2．2023 年 3 月 5 日的政府工作报告指出，针对企业生产经营困难加剧，加大纾困支持力度。受疫情等因素冲击，不少企业和个体工商户遇到特殊困难。全年增值税留抵退税超过 2.4万亿元，新增减税降费超过 1 万亿元，缓税缓费 7 500 多亿元。为有力支持减税降费政策落实，中央对地方转移支付大幅增加。在此过程中，财政发挥着其重要职能。请回答财政有哪些职能，并说明财政是如何发挥"内在稳定器"作用的。

3．近几年由于化肥原料涨价、疫情等因素影响，农资价格常常比粮食价格"跑得快"，在一定程度上挫伤了农民的种粮积极性。为此，国家统筹考虑农资市场价格走势和农业生产形势，由中央财政向实际种粮农民发放一次性补贴，以稳定农民收入、保护农民种粮积极性。自 2021年以来，中央财政累计已向实际种粮农民发放一次性补贴 700 亿元。在此过程中，财政发挥着重要职能。那么，财政有哪些职能？请结合资料说明财政是如何发挥这些职能的。

项目二　财 政 支 出

要点导图

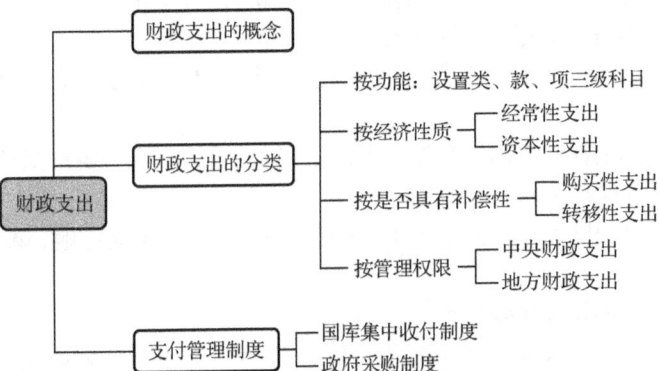

复习要求

1. 掌握财政支出的概念。
2. 掌握财政支出的分类。
3. 掌握经常性支出与资本性支出的主要内容。
4. 了解国库集中收付制度及政府采购制度。

考点详解

知识点一　财政支出的概念及分类

1. 财政支出的概念

财政支出又称公共支出或政府支出，是政府为提供公共产品和服务，满足社会公共需要进行的财政资金的支付。财政支出是财政分配活动的一个阶段，反映了财政资金的去向和用途，更体现了政府在一定时期的方针政策。同时财政支出还表示一定量的资金，反映政府支出的总额。

2. 财政支出的分类

（1）按财政支出的功能分类

按财政支出的功能分类即按政府主要职能活动分类。我国财政支出一般设置类、款、项三级科目。主要支出类别包括一般公共服务、外交、国防、公共安全、教育、科学技术、文化体育与传媒、社会保障和就业、社会保险基金支出、医疗卫生、环境保护、城乡社区事务、农林水事务、交通运输、采掘电力信息等事务、粮油物资储备及金融监管等事务、国债事务、其他支出和转移性支出等。

类级科目综合反映政府职能活动，如外交、国防、教育、科学技术、社会保障和就业、农林水事务等。款级科目反映为完成某项政府职能所进行的某一方面的工作，如"教育"类下的"职业教育"。项级科目反映为完成某一方面的工作所发生的具体支出事项，如"水利"款下的"抗旱"和"水土保持"等。

（2）按财政支出的经济性质分类

我国财政支出按经济性质设置类、款二级科目。为分析不同支出项目对经济社会的影响，通常在此种分类方法下把财政支出分为经常性支出和资本性支出。

（3）按财政支出是否具有补偿性分类

按财政支出是否具有补偿性即是否在经济上获得相应的补偿分类，可以分为购买性支出和转移性支出。

购买性支出又称消耗性支出或有偿支出，是指政府在市场上以等价交换为原则直接购买商品和劳务，以满足实现政府职能的需要。

转移性支出又称补助支出或无偿支出，是指政府将财政资金无偿地、单方面地转移给单位、个人、地区和其他受益人。

（4）按财政支出的管理权限分类

根据各级政府的管理权限，财政支出分为中央财政支出和地方财政支出。

中央财政支出是按照分税制财政管理体制的规定，由中央预算安排使用和管理，实现中央政府职能的各项支出。

地方财政支出是按照分税制财政管理体制的规定，由地方各级预算安排使用和管理，实现地方政府职能的各项支出。

例1．下列选项中，综合反映政府职能活动的是（ ）。

A．教育　　　　　B．职业教育　　　　　C．水土保持　　　　D．抗旱

解析：A。类级科目综合反映政府职能活动，如外交、国防、教育、科学技术、社会保障和就业、农林水事务等。B选项属于款级科目，C、D选项属于项级科目，都不能综合反映政府职能活动。

例2．财政支出按经济性质可分为（ ）。

A．类级支出和款级支出　　　　　　　　B．购买性支出和转移性支出

C．经常性支出和资本性支出　　　　　　D．中央财政支出和地方财政支出

解析：C。财政支出按经济性质分为两类，即经常性支出和资本性支出。A选项的类、款是支出科目，B选项是按财政支出是否具有补偿性的分类，D选项是财政支出按管理权限的分类。

例3．财政支出中的购买性支出包括（ ）支出。

A．财政补贴　　　B．教育　　　　　C．捐赠　　　　　D．就业

解析：B。购买性支出又称消耗性支出或有偿支出，如教育支出；A、C、D选项都属于转移性支出的内容。

知识点二　经常性支出

经常性支出是指财政预算用于维持国家政权活动，发展科、教、文、卫、体等社会事业和社会保障等方面的支出。经常性支出包括以下四个方面。

1．国家政权建设支出

（1）行政管理费支出

行政管理费支出是政府用于国家各级立法机构、司法机构和行政机构行使其职能所发生的费用支出，主要包括行政支出、公安支出、国家安全支出、司法检查支出、外交支出等。

（2）国防支出

国防支出是国家财政用于国防建设和军队方面的支出，是满足全社会成员安全需要的军费开支。国防支出的内容主要包括国防费、国防科研事业费、后备役支出和防空经费等。

2．事业发展支出

（1）农林水等部门事业费

农林水等部门事业费是国家财政用于农林水等事业单位开展各项事业的资金。

（2）科教文卫体支出

科教文卫体支出是国家财政用于履行国家社会公共职能、满足人民日益增长的物质文化需要，发展科学、教育、文化、卫生和体育等事业，改善国民经济发展的社会条件的支出总称，主要包括科学事业费、教育事业费、文化事业费、卫生事业费和体育事业费。

3．社会保障支出

社会保障支出是政府向丧失劳动能力、失去就业机会及遇到其他事故而面临经济困难的社会成员提供资金和物质援助的支出，以保证居民最基本的生活需要，主要内容包括以下五个方面。

（1）社会保险支出

社会保险能使劳动者在失去劳动能力、失去工资收入之后仍然能够享有基本的生活保障，是社会保障中的基本保障。社会保险是现代社会保障体系的核心内容。

在我国，社会保险的主要项目包括养老保险、医疗保险、失业保险、工伤保险和生育保险。其中城镇职工医疗和养老保险金及失业保险金由单位和个人共同负担；新型农村社会养老保险实行个人缴费、集体补助和政府补贴相结合的方式；新型合作医疗制度在农村不断发展和完善。

实施社会保险的主要目的，一是防止个人在现在与将来的安排上因选择不当而造成贫困，如退休养老问题；二是防范某些不可预见的风险，如事故、疾病等；三是减小由于市场经济的不确定性而产生的风险和困难，如失业等。

（2）社会救济支出

社会救济是社会保障的最低层次，其内容主要是"济贫"和"救灾"。在市场经济条件下，社会救济是维护社会稳定和经济顺利运转的安全网和减震器，主要依靠财政拨款，同时鼓励社会捐款和公民互助。

（3）社会优抚支出

社会优抚是社会保障的特殊层次，是对特定人群进行的特殊保障，如对军人及其家属提供的各种优待、抚恤、养老、就业安置等。

（4）社会福利支出

社会福利是社会保障的最高层次。

（5）住房保障支出

住房保障制度主要包括住房公积金制度、经济适用房制度和廉租房制度等。

例4．财政支出中的外交支出不包括（　　　）。

A．驻外机构经费　　　B．出国费　　　C．外宾招待费　　　D．干部训练费

解析：D。A、B、C选项都属于外交支出的内容，D选项属于行政支出的内容。

例 5. 不属于社会保障支出的是（　　）。

A. 社会保险　　　　B. 社会救济　　　C. 社会福利　　　　D. 个人养老金

解析：D。社会保障支出包括社会保险、社会救济、社会优抚、社会福利和住房保障支出。

4. 财政补贴支出

（1）财政补贴的概念

财政补贴是指政府为实现特定的政治、经济和社会目标，给予某些特定行业、企业及居民个人等一定的无偿补助。财政补贴最能体现政府活动的方向和意图，具有很强的政策性，是政府调节经济的重要手段。

（2）财政补贴的内容

财政补贴包括价格补贴、政策性补贴、利息补贴（财政贴息）、居民生活补贴、对农业与林业的补贴和进出口补贴。

知识点三　资本性支出

1. 资本性支出的概念

资本性支出是指以政府为投资主体、以财政资金为主要投资来源的政府投资活动，是社会总投资的重要组成部分。资本性支出是政府宏观调控经济的物质基础，对于发展经济和提高人民物质文化生活水平具有极其重要的作用。

例 6. 经常性支出是政府宏观调控经济的物质基础，对于发展经济和提高人民物质文化生活水平具有极其重要的作用。（　　）

解析：×。资本性支出是政府宏观调控经济的物质基础，而非经常性支出。

2. 资本性支出的特点

（1）公共性

资本性支出可用于通信、能源、交通、农田水利建设等基础、公益性领域。

（2）规模性

资本性支出可以投资于大型和建设周期长的项目。

（3）宏观性

政府是宏观调控的主体，资本性支出可以不盈利或只有微利，目的是提高国民经济的整体效益。

（4）双重性

资本性支出可以用于经济效益一般但社会效益好的投资。

3. 基本建设投资支出

基本建设投资支出是指政府用于固定资产扩大再生产和一部分简单再生产的投资支出。根据投资活动的性质，投资项目可以分为公益性投资项目、基础性投资项目和竞争性投资项目。

例 7. 基本建设投资项目不包括（　　）。

A. 公益性投资项目　　　　　　　　B. 基础性投资项目

C. 农村水利基本建设投资　　　　　D. 竞争性投资项目

解析：C。A、B、D选项都属于基本建设投资项目，C选项属于农业投资支出。

4. 农业投资支出

农业投资支出是指政府财政直接用于支援农村集体经济和农户的各项生产支出，以及对农村水利、道路等项目的投资。农业投资支出主要包括农村水利、气象事业支出和支援农业生产支出。

知识点四　国库集中收付制度

1. 国库集中收付制度的概念

国库集中收付制度又称国库单一账户制度，包括国库集中支付制度和收入收缴管理制度，是指由财政部门代表政府设置国库单一账户体系，将所有的财政性资金全部集中到国库单一账户体系收缴、支付和管理的制度。

例 8. 国库集中收付制度规定，财政支出通过国库单一账户体系，以财政直接支付的方式，将资金支付给商品和劳务供应者或用款单位。（　　　）

解析：×。在国库集中收付制度下，财政支出的方式有直接支付和授权支付两种方式，主要财政支出由政府部门直接支付给商品或劳务供应者。

2. 国库集中收付制度的基本特征

① 统一开设国库单一账户。
② 所有财政收入直接缴入国库。
③ 建立高效的预算执行机构、科学的信息管理系统和完善的监督检查机制。

3. 国库集中收付制度的意义

① 最大限度地减少财政资金分散管理和滞留问题，保证财政资金有效运转和使用。
② 有效监督管理财政资金的使用。
③ 减少财政资金拨付的中间环节，从源头有效预防财政性资金在拨付过程中被截留、挪用等现象。

知识点五　政府采购制度

1. 政府采购制度的概念

政府采购制度是指有关国家政府采购的一系列政策、法规和制度的总称，是以公开招标、投标为主要方式选择供应商，从国内外市场上为政府部门或所属团体购买商品或服务的一种制度，具有公开性、公正性和竞争性特点。公平竞争是政府采购制度的基石。

2. 政府采购的方式

政府采购的方式按公开程度可分为以下五种。
① 公开招标采购。
② 邀请招标采购。
③ 竞争性谈判采购。
④ 询价采购。
⑤ 单一来源采购。

例9．政府采购的方式不包括（　　）。

A．公开招标采购　　　B．询价采购　　　C．竞争性谈判采购　　　D．选择性采购

解析：D．政府采购的方式按公开程度可分为五种，分别是公开招标采购、邀请招标采购、竞争性谈判采购、询价采购和单一来源采购。

3．政府采购制度的作用

① 节约财政资金，提高资金使用效率。此为主要作用。

② 有利于市场经济体制的完善。

③ 调控宏观经济。

④ 保护民族产业。

⑤ 强化政府的市场意识，促进观念转变。

⑥ 提高行政透明度，防止滋生腐败。

例10．以下选项中，最能体现政府采购制度的作用的是（　　）。

A．保护民族产业　　　　　　　　　　B．调控宏观经济

C．节约财政资金，提高资金使用效率　　D．强化政府的市场意识

解析：C．政府采购制度的主要作用是节约财政资金，提高资金使用效率。

基础过关

一、选择题

1．下列选项中，综合反映政府职能活动的是（　　）。

　　A．水利　　　　　　B．普通教育　　　C．水土保持　　　D．国防

2．下列属于财政支出中的经常性支出的是（　　）。

　　A．购置固定资产　　　　　　　　　B．构建大型水利工程

　　C．债务利息支出　　　　　　　　　D．基本建设支出

3．财政支出按是否具有补偿性分为（　　）。

　　A．经常性支出和资本性支出　　　　B．购买性支出和转移性支出

　　C．中央财政支出和地方财政支出　　D．积累性支出和消费性支出

4．在财政支出总额中，转移性支出所占比重越大，财政活动对（　　）的影响越大。

　　A．稳定经济　　　B．资源配置　　　C．收入分配　　　D．监督管理

5．财政支出的转移性支出不包括（　　）。

　　A．财政补贴支出　　　　　　　　　B．捐赠支出

　　C．行政管理支出　　　　　　　　　D．债务利息支出

6．下列属于事业发展支出的是（　　）。

　　A．行政管理费支出　　　　　　　　B．社会救济支出

　　C．价格补贴支出　　　　　　　　　D．科教文卫体支出

7．现代社会保障的核心内容是（　　）。

　　A．社会优抚　　　B．社会保险　　　C．社会福利　　　D．社会救济

8．社会优抚的主要对象是（　　）。

　　A．灾民　　　　　B．城市贫民　　　C．军人及家属　　　D．农村五保户

9．社会保障的最高层次是（　　）。

　　A．社会优抚　　　B．社会保险　　　C．社会福利　　　D．社会救济

10. 财政支出中最能体现政府活动的方向和意图，具有很强的政策性的是（　　）。
    A. 国家政权建设支出　　　　　　B. 事业发展支出
    C. 社会保障支出　　　　　　　　D. 财政补贴支出

11. 政府资本性支出可以用于经济效益一般但社会效益好的投资，体现了资本性支出的（　　）。
    A. 公共性　　　B. 双重性　　　C. 宏观性　　　D. 规模性

12. 政府采购制度的基石是（　　）。
    A. 公平竞争　　　B. 价格最低　　　C. 公开性　　　D. 私下谈判

13. 下列不属于政府采购方式的是（　　）。
    A. 公开招标采购　　　　　　　　B. 询价采购
    C. 单一来源采购　　　　　　　　D. 私下谈判采购

14. 以下不属于行政管理费支出的是（　　）。
    A. 司法检查支出　　B. 外交支出　　C. 公安支出　　D. 国防支出

15. 下列不属于财政补贴支出的是（　　）。
    A. 价格补贴　　　　　　　　　　B. 居民生活补贴
    C. 进出口补贴　　　　　　　　　D. 人员经费

16. 财政支出用于司法检查支出的是（　　）。
    A. 出国费　　　　　　　　　　　B. 国家司法检查业务费
    C. 公安业务费　　　　　　　　　D. 安全业务费

17. 资本性支出的特点不包括（　　）。
    A. 公共性　　　B. 规模性　　　C. 宏观性　　　D. 单一性

18. 把财政支出分为购买性支出和转移性支出的标准是（　　）。
    A. 财政支出是否具有补偿性　　　B. 财政支出的管理权限
    C. 财政支出的功能　　　　　　　D. 财政支出的经济性质

19. （　　）是社会保障的最低层次。
    A. 社会保险　　　B. 社会救济　　　C. 社会优抚　　　D. 社会福利

20. （　　）是现代社会保障体系的核心内容。
    A. 社会福利　　　B. 社会救济　　　C. 社会优抚　　　D. 社会保险

二、判断题

1. 社会保障支出和国防支出都属于财政转移性支出。　　　　　　　　（　　）
2. 政府采购对象只包括货物，不包括劳务。　　　　　　　　　　　　（　　）
3. 社会救济的全部费用由政府从财政资金中解决，接受者不需要缴纳任何费用。（　　）
4. 购买性支出体现的是政府的非市场性再分配活动，在财政支出总额中所占比重越大，政府所配置的资源规模就越大。　　　　　　　　　　　　　　　　　　（　　）
5. 转移性支出体现的是政府的市场性再分配活动。　　　　　　　　　（　　）
6. 财政支出中，购买性支出所占的比重越大，财政活动对国民经济总量和结构的影响也就越大。　　　　　　　　　　　　　　　　　　　　　　　　　　（　　）
7. 国库集中收付制度规定，所有的财政支出必须由国库直接支付。　　（　　）
8. 住房补贴属于社会保障支出。　　　　　　　　　　　　　　　　　（　　）
9. 财政补贴不利于提高资源配置效率。　　　　　　　　　　　　　　（　　）
10. 政府采购方式中使用最多的是竞争性谈判方式。　　　　　　　　（　　）

三、名词解释题

1. 财政支出
2. 购买性支出
3. 转移性支出
4. 社会保障
5. 财政补贴

提升训练

四、简答题

1. 经常性支出包括哪些内容？
2. 资本性支出有哪些特点？
3. 国库集中收付制度的基本特征有哪些？
4. 政府采购的方式有哪些？
5. 我国对购买性支出的管理为什么要实行政府采购制度？

五、综合题

1. 个人养老金是指政府政策支持、个人自愿参加、市场化运营、实现养老保险补充功能的制度。个人养老金的参加人应当是在中国境内参加城镇职工基本养老保险或城乡居民基本养老保险的劳动者。2022 年 4 月 21 日，国务院办公厅发布《关于推动个人养老金发展的意见》，明确参加人每年缴纳个人养老金的上限为 12 000 元；11 月 25 日，人力资源和社会保障部宣布，个人养老金制度启动实施。小明是一家企业的员工，单位正常为他缴纳了五险一金。个人养老金制度启动后，小明又在银行开户，为自己缴纳了一份个人养老金。请结合上述资料和所学知识回答我国实施社会保险的主要目的是什么，社会保险制度与个人养老金制度有什么不同。

2. 资料一：为加大市场主体扶持力度，鼓励并引导企业稳定生产、快速复产、提能增产，2023 年以来，河南省延续实施财政奖励政策，分别对 2023 年第一季度满负荷生产的规模以上工业企业给予 10 万元奖励，对于满负荷生产且实现营业收入同比增长 10% 的给予 20 万元奖励，奖励资金由省级和属地财政按照 1:1 比例分担。据悉，河南省已将奖励资金 3.65 亿元（含市县资金）全部直接拨付至企业。

资料二：为加快推进社会救助制度城乡统筹，巩固拓展脱贫攻坚兜底保障成果，2023 年 1 月 15 日，河南省民政厅、河南省财政厅联合印发《关于提高 2023 年最低生活保障标准、财政补助水平及特困人员供养标准的通知》（以下简称《通知》），从 2023 年 1 月 1 日起，河南省农村低保标准在当地现行标准基础上每人每月提高 20 元，达到月人均不低于 440 元；财政补助水平提高 10 元，达到月人均不低于 220 元。农村特困人员基本生活标准相应提高，按不低于当地低保标准的 1.3 倍执行，进一步兜牢基本民生保障底线。《通知》要求，各地要结合财力状况，于 2023 年 3 月底前，科学制定与当地经济社会发展水平相适应的城乡低保标准、财政补助水平和特困人员救助供养标准，及时向社会公布。

请结合上述资料，回答什么是财政补贴，财政补贴包括哪些内容，资料中出现的补贴分别属于哪种形式的财政补贴。

项目三 财政收入

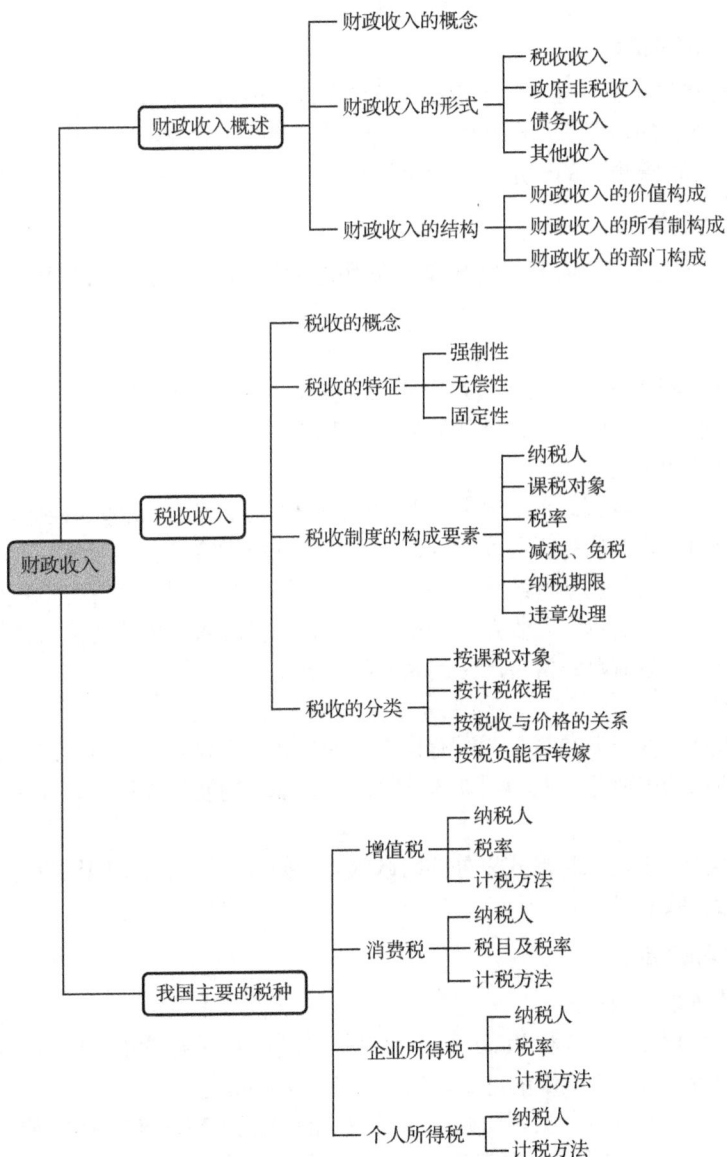

要点导图

财政收入
- 财政收入概述
  - 财政收入的概念
  - 财政收入的形式
    - 税收收入
    - 政府非税收入
    - 债务收入
    - 其他收入
  - 财政收入的结构
    - 财政收入的价值构成
    - 财政收入的所有制构成
    - 财政收入的部门构成
- 税收收入
  - 税收的概念
  - 税收的特征
    - 强制性
    - 无偿性
    - 固定性
  - 税收制度的构成要素
    - 纳税人
    - 课税对象
    - 税率
    - 减税、免税
    - 纳税期限
    - 违章处理
  - 税收的分类
    - 按课税对象
    - 按计税依据
    - 按税收与价格的关系
    - 按税负能否转嫁
- 我国主要的税种
  - 增值税
    - 纳税人
    - 税率
    - 计税方法
  - 消费税
    - 纳税人
    - 税目及税率
    - 计税方法
  - 企业所得税
    - 纳税人
    - 税率
    - 计税方法
  - 个人所得税
    - 纳税人
    - 计税方法

复习要求

1. 掌握财政收入的概念、财政收入的形式。

2．理解财政收入的价值构成。

3．明确税收的概念、基本特征，掌握税收制度的构成要素及我国的现行税制结构。

4．了解财政收入的所有制构成、部门构成，会进行有关税收的简单计算。

考点详解

知识点一　财政收入概述

1．财政收入的概念

财政收入是财政分配过程的一个阶段。从动态的角度看，财政收入是政府筹集资金、组织收入的过程。从静态的角度看，财政收入是一定量的资金，即政府凭借政治权力和经济权力参与社会产品的分配而筹集到的一定量的货币资金。

2．财政收入的形式

财政收入的形式是指政府筹集财政收入采用的具体方式。目前我国的财政收入按形式不同可分为以下四种。

（1）税收收入

税收收入是政府通过征税的形式筹集的财政资金。在财政收入的形式中，税收收入是财政收入最主要的来源，是政府宏观调控经济的重要手段。

（2）政府非税收入

政府非税收入是由各级政府、国家机关、事业单位、代行政府职能的社会团体及其他组织，依法利用政府权力、政府信誉、国家资源、国有资产或提供特定公共服务和准公共服务取得的财政资金。政府非税收入包括行政事业性收费、政府性基金、国有资源有偿使用收入、国有资产有偿使用收入、国有资本经营收益、彩票公益金、罚没收入、以政府名义接受的捐赠收入、主管部门集中收入、政府财政资金产生的利息收入等。

（3）债务收入

债务收入是政府凭借其信誉，通过有借有还的方式，主要以发行债券的形式从国内外筹集的财政资金，包括国内债务收入和国外债务收入。其基本功能是弥补财政赤字。

（4）其他收入

其他收入是指除上述三种形式以外的财政收入，如基本建设贷款归还收入、对外贷款归还收入、政府间转移收入等。

3．财政收入的结构

（1）财政收入的价值构成

社会产品的价值由 C、V 和 M 三个部分构成。其中，C 是补偿生产资料消耗的部分，V 是新创造的价值归劳动者个人支配的部分，M 是剩余产品的价值。

在社会产品价值构成中，我国财政收入最主要的来源是 M，来源于 C 和 V 的部分较少。在国民经济中，影响 M 的因素主要有三个，生产规模、生产成本、产品价格。因此，要增加财政收入，根本途径是扩大生产，降低消耗，提高生产效率，增加企业盈利水平。

（2）财政收入的所有制构成

我国现行的所有制结构是以公有制（包括全民所有制和集体所有制）经济为主体，多种所有制经济共同发展。财政收入主要来源于国有经济（全民所有制经济），来源于非公有制经济的比重不断增加。

（3）财政收入的部门构成

① 农业与财政收入。农业是国民经济的基础，自 2006 年我国全面取消农业税后，农业主要间接为政府提供财政收入。

② 工业与财政收入。工业是国民经济的主体。从部门构成来看，工业是财政收入最主要的来源。由于产业结构的不断优化调整，工业部门提供的财政收入所占比例有所下降，但其在财政收入中的首要地位仍未改变。

③ 第三产业与财政收入。随着经济的不断发展，来自第三产业的财政收入呈逐渐增长的趋势。

例 1．社会产品价值由 C、V、M 三部分构成，其中 V 是（　　）。

A．新创造的价值　　　　　　　　　　B．剩余产品价值

C．新创造的价值归劳动者个人支配的部分　　D．生产资料的消耗

解析：C。C 是补偿生产资料消耗的部分，V 是新创造的价值归劳动者个人支配的部分，M 是剩余产品价值。

例 2．从部门构成来看，我国财政收入主要来源于（　　）。

A．农业　　　　　　B．工业　　　　　　C．商业　　　　　D．服务业

解析：B。工业是我国国民经济的主体。从部门构成来看，工业是财政收入最主要的来源。

知识点二　税　收　收　入

1. 税收的概念

税收是政府凭借政治权力，强制、无偿、固定地对社会产品进行的再分配。

2. 税收的特征

税收具有三个基本特征。

（1）强制性

强制性是指政府以社会管理者的身份依法征税，纳税人依法纳税。强制性是税收区别于其他财政收入形式的最主要的特征。

（2）无偿性

无偿性是指征税后，税款即归政府所有，既不需要支付报酬，也不再直接返还给纳税人。

（3）固定性

固定性是指征税以法律、法规的形式预先规定了征税的范围、比例及其他问题。该特征是政府稳定取得财政收入的保证。

税收的以上三个特征是相互联系、缺一不可的。税收的无偿性决定税收的强制性，税收的强制性和无偿性要求税收必须固定。

例 3．对纳税人违反税法的行为进行处罚，体现了税收的（　　）。

A．强制性　　　　　B．无偿性　　　　　C．固定性　　　　　D．返还性

解析：A。强制性是指政府以社会管理者的身份依法征税，纳税人依法纳税。

3. 税收制度的构成要素

税收制度简称税制，是国家有关税收的法令、条例和征收办法等的总称。

税收制度的构成要素主要包括以下几个。

（1）纳税人

纳税人是税法规定的直接负有纳税义务的单位和个人。负税人是最终承担税款的人。两者是否一致，主要取决于税负能否转嫁。税负不能转嫁的，纳税人也是负税人，如个人所得税；税负能转嫁的，纳税人和负税人就不是同一个对象，如增值税。

扣缴义务人是指税法规定的负有代扣代缴、代收代缴税款义务的单位和个人。

（2）课税对象

课税对象又称征税对象，是征税的目的物，如增值税的课税对象是商品生产流通和劳务服务各环节的增值额，消费税的课税对象则是一些特定的消费品和消费行为。税目是课税对象的具体内容，如消费税的课税对象细分为烟、酒、成品油等税目。课税对象是区别不同税种的主要标志。

例4．一种税区别于另一种税的主要标志是（　　　）。

A．纳税人　　　　　　B．税率　　　　　　C．纳税环节　　　　　D．课税对象

解析：D。课税对象是征税的目的物，是区别不同税种的主要标志。

（3）税率

税率是征税的比例或征税的额度。税率的高低直接关系到纳税人的税收负担和政府税收收入的数量，因此税率是税收制度的核心要素。我国的税率有三种基本形式。

① 比例税率。比例税率是指对同一课税对象（同一税目或子目），不论数额大小，只规定一个统一的征税比例。

② 定额税率。定额税率是指按课税对象的计量单位直接规定应纳税额的税率形式。

③ 累进税率。累进税率是指将课税对象按数额的大小划分为若干等级，每个等级分别规定不同的税率，且税率随着数额的增加而提高的税率形式。

累进税率包括全额累进税率、超额累进税率和超率累进税率三种形式。与全额累进税率相比，超额累进税率设计得更合理。个人所得税中的综合所得和经营所得税率为超额累进税率，土地增值税税率为超率累进税率。

纳税人、课税对象、税率是税收制度的三个基本要素。

（4）减税、免税

减税、免税是指根据国家有关政策，对特定的纳税人和课税对象采取减少征税或免于征税的特殊规定。与减税、免税相反的是附加和加成。税收制度中的减税、免税规定将税收的固定性与必要的灵活性紧密地结合起来。

（5）纳税期限

纳税期限是纳税人按照税法的规定缴纳税款的期限。

（6）违章处理

违章处理指对纳税人违反税法的行为采取的处罚，是税收强制性的体现。

4．税收的分类

（1）**按课税对象分类，可分为五类**

① 流转税：以流转额为课税对象，主要税种有增值税、消费税、关税。

② 所得税：以所得额为课税对象，主要税种有企业所得税、个人所得税。

③ 资源税：以国有资源为课税对象，主要税种有资源税、耕地占用税、土地增值税和城镇土地使用税。

④ 财产税：以财产为课税对象，主要税种有房产税、契税、车辆购置税、车船税。

⑤ 行为税：以特定行为为课税对象，主要税种有城市维护建设税、印花税。

（2）按计税依据分为从价税、从量税

从价税：以课税对象的价格为计税依据，包括消费税、增值税、关税、所得税、印花税等。

从量税：以课税对象的数量、体积、面积、质量等为计税依据，包括城镇土地使用税、车船税、消费税中的部分税目等。

（3）按税收与价格的关系分为价内税、价外税

增值税是价外税，消费税是价内税。

（4）按税负能否转嫁分为直接税、间接税

直接税：税负不易转嫁的税，所得税、财产税、行为税属于直接税。

间接税：税负可以实现转嫁的税，增值税、消费税等流转税属于间接税。

例5．消费税属于（　　）。

A．流转税　　　　　　B．所得税　　　　　　C．资源税　　　　　　D．行为税

解析：A。增值税、消费税、关税属于流转税。

知识点三　我国主要的税种

1. 增值税

增值税是以商品生产、流通和劳务服务各环节的增值额为课税对象的一种流转税。

（1）纳税人

在中国境内销售货物或者加工、修理修配劳务，销售服务、无形资产、不动产以及进口货物的单位和个人为增值税的纳税人。根据纳税人的经营规模大小和会计核算制度是否健全，将纳税人分为一般纳税人和小规模纳税人。

（2）税率

一般纳税人，税率自2019年4月1日起为13%、9%和6%；出口货物，税率为零；小规模纳税人，征收率为3%。

（3）计税方法

① 一般纳税人计税公式：

$$应纳税额=当期销项税额-当期进项税额$$

$$当期销项税额=当期销售额×适用税率（13\%、9\%或6\%）$$

当期进项税额为购进货物、劳务、服务时取得的增值税专用发票和进口时海关出具的完税凭证注明的增值税税额。

② 小规模纳税人计税公式：

$$应纳税额=销售额×征收率（3\%）$$

以上销售额均为不含税销售额，若为含税销售额，则应换算为不含税销售额。

$$不含税销售额=含税销售额÷（1+税率或征收率）$$

2. 消费税

消费税是针对部分特定的消费品和消费行为征收的一种税。消费税的开征不但可以增加财政收入，而且有利于引导消费行为，调节消费结构，控制消费规模。

（1）纳税人

在中国境内生产和进口应税消费品的单位和个人为消费税的纳税人。

（2）税目及税率

税目包括烟，酒，贵重首饰及珠宝玉石，高档化妆品，鞭炮焰火，成品油，高档手表，小汽车，摩托车，游艇，高尔夫球及球具，木制一次性筷子，实木地板，电池，涂料共15个，税率包括比例税率和定额税率两种。

例6. 下列消费品中，不征收消费税的是（　　　）。

A. 烟　　　　　　　B. 实木地板　　　　　C. 高档化妆品　　　　D. 汽车轮胎

解析：D。我国现行消费税法律中，税目包含烟、实木地板、高档化妆品、小汽车等，不包含汽车轮胎。

（3）计税方法

消费税的计税方法有三种：从价定率计税、从量定额计税、复合计税。

① 从价定率计税的计算公式：

$$应纳税额=应税消费品的销售额×适用税率$$

② 从量定额计税的计算公式：

$$应纳税额=应税消费品的销售数量×定额税率$$

③ 复合计税的计算公式：

$$应纳税额=应税消费品的销售额×适用税率+应税消费品的销售数量×定额税率$$

以上销售额为不含增值税的销售额。

例7. 下列消费税的税目中，计税方式属于复合计征的是（　　　）。

A. 卷烟　　　　　　　B. 啤酒　　　　　　　C. 烟丝　　　　　　　D. 化妆品

解析：A。卷烟实行复合计征，啤酒实行从量计征，烟丝、高档化妆品实行从价计征。

3. 企业所得税

企业所得税是以企业生产经营所得和其他所得为征税对象的一种税。

（1）纳税人

凡中国境内的企业和其他取得收入的组织，都是企业所得税的纳税人。但不包括个人独资企业和个人合伙企业。

（2）税率

企业所得税的基本税率为25%，高新技术企业为15%，小型微利企业为20%，非居民企业为20%。

（3）计税方法

$$应纳税额=应纳税所得额×税率$$

$$应纳税所得额=利润±税收调整项目$$

例8. 下列各项中，属于企业所得税纳税人的是（　　　）。

A. 个人独资企业　　　B. 合伙企业　　　　　C. 个体工商户　　　　D. 股份公司

解析：D。个人独资企业、合伙企业不适用《中华人民共和国企业所得税法》，不属于企业所得税纳税人；个体工商户属于个人所得税纳税人；股份公司属于企业所得税纳税人。

4. 个人所得税

个人所得税是对个人取得的各项应税所得征收的一种税。具体包括：工资、薪金所得，劳务报酬所得，稿酬所得，特许权使用费所得，经营所得，利息、股息、红利所得，财产租赁所得，财产转让所得，偶然所得，共九项内容。

（1）纳税人

个人所得税的纳税人分为居民纳税人和非居民纳税人，二者承担的纳税义务不同。居民个人是指在中国境内有住所,或者无住所而一个纳税年度内在中国境内居住累计满183天的个人。非居民个人是指在中国境内无住所又不居住,或者无住所而一个纳税年度内在中国境内居住累计不满183天的个人。

(2)计税方法

① 居民个人取得工资、薪金所得,劳务报酬所得,稿酬所得,特许权使用费所得(四项合称综合所得),按纳税年度(自公历1月1日起至12月31日止)合并计算个人所得税,税率为3%~45%超额累进税率。非居民个人取得以上四项所得,计税方法另有规定。

② 纳税人取得后五项所得,依照规定分别计算个人所得税。经营所得,适用5%~35%超额累进税率;利息、股息、红利所得,财产租赁所得,财产转让所得,偶然所得,适用20%比例税率。

③ 居民个人综合所得计税公式:

年应纳税所得额=年综合所得收入额-60 000-专项扣除-专项附加扣除-其他扣除

年应纳税额=年应纳税所得额×税率-速算扣除数

专项扣除,包括居民个人缴纳的基本养老保险、基本医疗保险、失业保险和住房公积金等。专项附加扣除,包括子女教育、继续教育、大病医疗、住房贷款利息或者住房租金、赡养老人等支出。其他扣除包括个人缴付的企业年金、职业年金,个人购买的商业健康保险、商业养老保险等。

例9. 下列税率中,不适用于个人所得税的是(　　　)。

A. 累进税率　　　　B. 比例税率　　　　C. 定额税率　　　　D. 超额累进税率

解析:C。居民纳税人取得的综合所得及经营所得,税率为累进税率中的超额累进税率;财产转让所得等所得税率为比例税率,无定额税率。

基础过关

一、选择题

1. 财政收入最主要的来源是(　　　)。

　A. 税收收入　　　B. 政府非税收入　　　C. 债务收入　　　D. 其他收入

2. 下列属于政府非税收入的是(　　　)。

　A. 发行国库券收入　　　　　　　　　B. 罚没收入

　C. 对外贷款归还收入　　　　　　　　D. 征收关税收入

3. 区分增值税和消费税的主要标志是(　　　)。

　A. 纳税人　　　B. 纳税环节　　　C. 课税对象　　　D. 税率

4. 下列各项中,被称为经济自动稳定器的是(　　　)。

　A. 幅度比例税率　　B. 定额税率　　C. 累进税率　　D. 统一比例税率

5. 以下各项中,不属于税收制度的基本要素的是(　　　)。

　A. 纳税人　　　B. 纳税期限　　　C. 课税对象　　　D. 税率

6. 下列各项中,不属于个人所得税纳税人的是(　　　)。

　A. 个人独资企业的投资人　　　　　　B. 个体工商户

　C. 合伙企业的个人合伙人　　　　　　D. 合伙企业的法人合伙人

7. 某企业为小规模纳税人,本月取得销售收入(含税)15万元,不考虑税收优惠因素,则该企业该月应纳增值税税额为(　　　)万元。

　A. 0.44　　　　　B. 0.6　　　　　C. 0.58　　　　　D. 0.61

8. 以下各项中，不属于按课税对象分类的是（   ）。
  A. 流转税　　　　B. 所得税　　　　　C. 财产税　　　　D. 价内税

9. 下列各项中，不属于个人所得税纳税人的是（   ）。
  A. 在中国境内有住所的人
  B. 一人有限责任公司
  C. 在中国境内无住所但一个纳税年度内在境内居住累计满 183 天的人
  D. 在中国境内无住所且一个纳税年度内在境内居住累计不满 183 天的人

10. 下列各项中，不属于政府非税收入的是（   ）。
  A. 政府性基金　　　　　　　　　　B. 行政事业性收费
  C. 政府间转移收入　　　　　　　　D. 国有资产有偿使用收入

11. 我国财政收入主要来源于社会产品价值构成中的（   ）。
  A. C　　　　　B. D　　　　　　　C. V　　　　　　D. M

12. 我国财政收入主要来源于（   ）。
  A. 国有经济　　B. 集体经济　　　　C. 个体经济　　　D. 外贸经济

13. 不属于我国现行税率的是（   ）。
  A. 定量税率　　B. 比例税率　　　　C. 累进税率　　　D. 定额税率

14. 下列各项中，采用超率累进税率的是（   ）。
  A. 增值税　　　B. 消费税　　　　　C. 土地增值税　　D. 个人所得税

15. 下列各项所得中，不属于个人所得税综合所得的是（   ）。
  A. 工资、薪金所得　　　　　　　　B. 劳务报酬所得
  C. 稿酬所得　　　　　　　　　　　D. 经营所得

16. 下列个人所得项目中，适用超额累进税率的是（   ）。
  A. 工资、薪金所得　　　　　　　　B. 股息、利息、红利所得
  C. 偶然所得　　　　　　　　　　　D. 财产租赁所得

17. 长期以来，我国的税收制度实行以（   ）为主体的模式。
  A. 所得税类　　B. 流转税类　　　　C. 资源税类　　　D. 财产税类

18. 税收的三个基本特征是（   ）。
  A. 强制性、有偿性、随机性　　　　B. 无偿性、自愿性、随机性
  C. 强制性、无偿性、固定性　　　　D. 自愿性、有偿性、固定性

19. 下列各项中，不属于从价计征的是（   ）。
  A. 个人所得税　　B. 关税　　　　　C. 增值税　　　　D. 车船税

20. 从税负是否能转嫁的角度，以下各项属于间接税的是（   ）。
  A. 企业所得税　　B. 车船税　　　　C. 城市维护建设税　D. 增值税

21. 诸多影响财政收入规模的因素中，最主要的决定因素是（   ）。
  A. 收入政策　　B. 分配政策　　　　C. 生产技术水平　D. 经济发展水平

22. 增值税属于（   ）。
  A. 所得税　　　B. 流转税　　　　　C. 行为税　　　　D. 附加税

23. 国债的基本功能是（   ）。
  A. 弥补财政赤字　　　　　　　　　B. 扩大外贸规模
  C. 削减行政管理费　　　　　　　　D. 降低利率

24. 在国民经济中，影响剩余产品价值（M）增减变化的因素主要是（   ）。
  A. 政府经济政策　　　　　　　　　B. 公平、效率、竞争

C. 生产、成本、价格　　　　　D. 国有企业、集体企业、个体企业

25.（　　）是税收制度的核心要素。

A. 课税对象　　B. 税率　　　　C. 纳税期限　　　D. 纳税人

26.（　　）是政府凭借其信誉，通过有借有还的方式，主要以发行债券的形式从国内外筹集的财政资金。

A. 税收收入　　　　　　　　　B. 非税收入

C. 债务收入　　　　　　　　　D. 政府间转移收入

27.（　　）表明一个税种对什么征税。

A. 纳税人　　　B. 负税人　　　C. 税率　　　　D. 课税对象

28.（　　）是指纳税人本身不承担税负，能实现税负转嫁的一类税。

A. 价内税　　　B. 间接税　　　C. 直接税　　　D. 价外税

29. 下列属于价外税的是（　　）。

A. 消费税　　　B. 增值税　　　C. 关税　　　　D. 资源税

30. 某企业 11 月份的利润总额为 400 万元，经纳税调整，应调增项目为 60 万元，应调减项目为 40 万元，其适用税率为 25%，则该企业 11 月份应纳所得税税额为（　　）万元。

A. 105　　　　　B. 125　　　　　C. 130　　　　　D. 110

二、判断题

1. 农业是国民经济的基础，所以我国财政收入主要来源于农业。　　　（　　）

2. 随着第三产业的不断发展，工业已经失去了在财政收入中的首要地位。（　　）

3. 财政收入是财政分配过程的一个阶段。　　　　　　　　　　　　　（　　）

4. 从与价格的关系看，增值税是价外税，而消费税是价内税。　　　　（　　）

5. 为增加财政收入，征收的税越多越好。　　　　　　　　　　　　　（　　）

6. 负税人就是纳税人，纳税人就是负税人。　　　　　　　　　　　　（　　）

7. 财政收入的所有制构成中，非公有制经济占主导地位。　　　　　　（　　）

8. 间接税是指纳税人本身承担税负，不发生税负转嫁关系的一类税。　（　　）

9. 个人独资企业和个人合伙企业不属于企业所得税的纳税人。　　　　（　　）

10. 税收制度的三个基本要素是纳税人、税率、课税对象。　　　　　（　　）

11. 税率的高低直接关系到纳税人的税收负担和政府税收收入的数量。（　　）

12. 税收制度中的减税、免税规定，与税收的固定性相矛盾。　　　　（　　）

13. 市场经济基础上的财政收入主要采用实物和劳役的形式。　　　　（　　）

14. 财政收入最主要的来源是国有资产收入。　　　　　　　　　　　（　　）

15. 消费税的开征不但可以增加财政收入，而且有利于引导消费行为，调节消费结构，控制消费规模。　　　　　　　　　　　　　　　　　　　　　　　（　　）

16. 目前，我国财政收入主要来源于工业和第三产业。　　　　　　　（　　）

17. 所有的财政收入都是国家通过无偿和强制的方式取得的。　　　　（　　）

18. 自然经济基础上的财政收入主要来源于工业和服务业的收入。　　（　　）

19. 与全额累进税率相比，实行超额累进税率时，纳税人的税负水平较重。（　　）

20. 税率是区别一个税种和另一个税种的根本标志。　　　　　　　　（　　）

三、名词解释题

1. 财政收入

2. 税收

3. 纳税人

4. 课税对象

5. 税率

6. 累进税率

7. 增值税

提升训练

四、简答题

1. 简述税收的基本特征。

2. 简述税收制度的构成要素。

3. 增值税的纳税人包括哪些？

五、综合题

1. 中国居民章某为某公司研发人员，2023 年章某有关收支情况如下：全年工资 180 000 元，全年专项扣除 32 100 元，独生子女，父母 65 岁，有一个 15 岁的儿子在读初中，子女专项附加扣除人为章某，取得一次劳务报酬 4 000 元。请计算章某 2023 年应缴纳的个人所得税。（年综合所得应纳税所得额不超过 36 000 元的，税率为 3%，速算扣除数为 0，超过 36 000 元至 144 000 元的部分，税率为 10%，速算扣除数为 2 520）

2. 某公司为一般纳税人，增值税税率为 13%，2023 年 9 月取得不含税销售收入 400 000 元，当月购进货物取得的增值税专用发票上注明的增值税税额分别为 24 000 元、1 800 元，从个体户处购买办公用品，支付 600 元，对方开具的是增值税普通发票。请计算该公司 9 月份应缴纳的增值税。

3. 某化妆品公司生产化妆品，2023 年 10 月销售高档化妆品取得不含增值税收入 200 000 元，销售普通化妆品取得不含增值税收入 120 000 元。请计算该公司 10 月份应缴纳的消费税。（高档化妆品的消费税税率为 15%）

4. 2022 年中央和地方预算执行情况报告显示，2022 年我国一般公共预算收入 203 703.48 亿元。其中税收收入 166 613.96 亿元；非税收入 37 089.52 亿元。加上调入资金及使用结转结余 24 541 亿元，收入总量为 228 244.48 亿元。全国一般公共预算支出 260 609.17 亿元，加上补充中央预算稳定调节基金 1 185.31 亿元、向政府性基金预算调出 150 亿元，支出总量为 261 944.48 亿元。收支总量相抵，财政赤字 33 700 亿元。

请结合以上资料，回答以下问题：

（1）财政收入主要有哪些形式？我国财政收入主要来源于哪种形式？

（2）弥补财政赤字的途径主要有哪些？其中比较有效的途径是什么？

项目四　政府预算

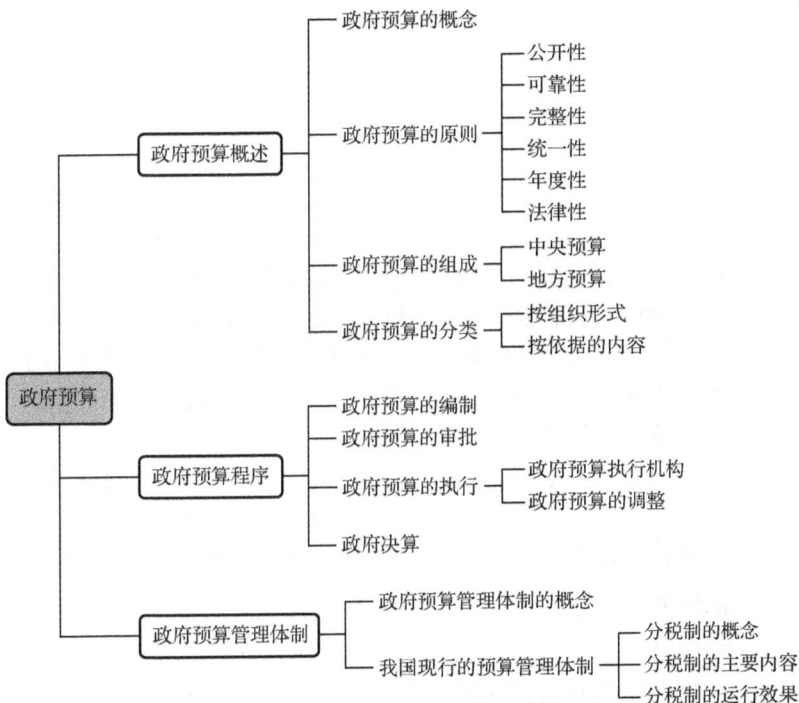

要点导图

```
                              ┌─ 政府预算的概念
                              │
                              │                    ┌─ 公开性
                              │                    ├─ 可靠性
                              │                    ├─ 完整性
                  ┌─ 政府预算概述 ─┤── 政府预算的原则 ─┼─ 统一性
                  │               │                    ├─ 年度性
                  │               │                    └─ 法律性
                  │               │
                  │               │── 政府预算的组成 ─┬─ 中央预算
                  │               │                    └─ 地方预算
                  │               │
                  │               └── 政府预算的分类 ─┬─ 按组织形式
                  │                                    └─ 按依据的内容
        政府预算 ─┤
                  │               ┌─ 政府预算的编制
                  │               ├─ 政府预算的审批
                  ├─ 政府预算程序 ─┤                    ┌─ 政府预算执行机构
                  │               ├─ 政府预算的执行 ─┤
                  │               │                    └─ 政府预算的调整
                  │               └─ 政府决算
                  │
                  │                   ┌─ 政府预算管理体制的概念
                  │                   │                           ┌─ 分税制的概念
                  └─ 政府预算管理体制 ─┤                           │
                                      └─ 我国现行的预算管理体制 ─┼─ 分税制的主要内容
                                                                  └─ 分税制的运行效果
```

复习要求

1. 掌握政府预算的概念、原则，明确政府预算的组成。
2. 了解政府预算的分类及预算程序。
3. 明确政府预算管理体制的概念，掌握我国现行的分税制的概念及主要内容。

考点详解

知识点一　政府预算概述

1. 政府预算的概念

政府预算是指具有法律效力的年度财政收入和支出的计划。

对政府预算，要从以下几个方面理解。

① 从形式上看，它按照一定的方法和要求，将财政收入和支出分门别类地列入特定的表格。

② 从内容上看，它反映了政府财政资金的来源、规模及资金的去向和用途，是反映政府活动的一面镜子。

③ 从作用上看，它可以通过对财政收支数量和结构的安排，对经济进行宏观调控，实现政府的经济目标。

2. 政府预算的原则

① 公开性。

② 可靠性。

③ 完整性。

④ 统一性。

⑤ 年度性。

⑥ 法律性。

3. 政府预算的组成

按照预算法的规定，我国实行一级政府一级预算，共五级预算，包括中央，省、自治区、直辖市，设区的市、自治州，县、自治县、不设区的市、市辖区，乡、民族乡、镇预算。

全国预算由中央预算和地方预算组成。地方预算由各省、自治区、直辖市总预算组成。地方各级总预算由本级预算和汇总的下一级总预算组成。地方各级预算由本级各部门的预算组成。

例1. 我国实行的政府预算是（　　　）。

A. 集中预算　　　　　　　　　　　B. 一级政府一级预算

C. 统一预算　　　　　　　　　　　D. 公共预算

解析：B。按照预算法的规定，我国实行一级政府一级预算，共五级预算。

4. 政府预算的分类

政府预算主要有如下分类。

（1）按组织形式不同分为单式预算和复式预算

单式预算又称单一预算，是指将政府的全部财政收支汇编在一个总预算内。

复式预算是指将政府的全部财政收支按其经济性质分别编入两个或两个以上的预算。我国现行的政府预算包括一般公共预算、政府性基金预算、国有资本经营预算、社会保险基金预算。

（2）按依据的内容不同分为零基预算和增量预算

零基预算是指新的预算年度内财政收支计划指标的确定，不考虑以前年度的收支执行情况，而以"零"为基础，结合经济发展情况及财力可能，从根本上重新评估各项收支的必要性及其所需总金额的一种预算形式。

增量预算是指预算年度的财政收支计划指标的确定，以上一年财政收支执行数为基础，再考虑新的年度国家经济发展情况加以调整确定。我国目前主要采用增量预算。

例2. 将政府的全部财政收支按其经济性质分别编入两个或两个以上的预算的是（　　　）。

A. 零基预算　　　　B. 增量预算　　　　C. 单式预算　　　　D. 复式预算

解析：D。复式预算是指将政府的全部财政收支按其经济性质分别编入两个或两个以上的预算。

例3. 把政府预算分为单式预算和复式预算的标准是（　　　）。

A. 组织形式　　　　B. 编制方法　　　　C. 内容关系　　　　D. 组织体系

解析：A。按组织形式不同，政府预算分为单式预算和复式预算。

知识点二 政府预算程序

1．政府预算的编制

政府预算的编制是整个预算工作程序的起点。这一环节主要有两个任务：一是预算草案的编制；二是预算草案的核定。政府预算草案在没有经过国家权力机关审批之前通常称为概算。我国政府预算的编制程序是"自上而下和自下而上相结合，上下结合，逐级汇总"。

2．政府预算的审批

各级政府预算草案必须经同级人民代表大会审查和批准，方具有法律效力，成为正式预算。

3．政府预算的执行

预算执行是各级政府预算的具体组织实施，是政府预算管理的关键环节。

（1）政府预算执行机构

① 组织领导机构。按照政府行政管理体制实行分级管理，国务院和各级人民政府是政府预算执行的组织领导机构。

② 执行管理机构。各级政府的财政部门负责组织政府预算的执行工作。

③ 预算执行机构。收入的执行机构主要包括财政机关、税务机关和海关；支出的执行机构，主要是各级财政部门、政策性银行。

④ 预算资金的出纳机构。预算资金的出纳机构是国家金库，我国由中国人民银行经理国库业务。不设人民银行的地方，国库业务委托当地的专业银行办理。

例4．预算资金的出纳机构是（　　　）。

A．国务院　　　　　　　B．各级政府　　　　　　C．国家金库　　　　　　D．财政机关

解析：C。预算资金的出纳机构是国家金库，我国由中国人民银行经理国库业务。

例5．县级政府预算的执行管理机构是（　　　）。

A．县级财政部门　　　　B．市级财政部门　　　　C．县级人民政府　　　　D．市级人民政府

解析：A。各级政府的财政部门负责组织政府预算的执行工作。

（2）政府预算的调整

① 全面调整。全面调整是指彻底地改变预算收支任务和资金用途。一般只有在国家政治、经济发生重大变化的情况下才进行。

② 局部调整。局部调整是指部分地改变预算收支任务和资金用途，是预算调整经常采用的方法，其内容主要有：一是动用预备费；二是预算的追加和追减；三是预算支出科目间的经费流用；四是预算划转。

县级以上政府对于必须进行的预算调整，应当编制预算调整方案，并提交同级人民代表大会常务委员会审查和批准。乡、民族乡、镇的人民代表大会审查和批准本级预算的调整方案。

4．政府决算

政府决算是整个预算工作程序的终点，是年度预算执行情况的总结。全国人民代表大会常务委员会审查和批准中央决算，县级以上地方各级人民代表大会常务委员会审查和批准本级决算，乡、民族乡、镇的人民代表大会审查和批准本级决算。各级政府决算经审查和批准后，财政部门应向本级各部门批复决算。

例6．政府预算工作程序的终点是（　　　）。

A．预算的编制　　　　B．预算的审批　　　　C．预算的执行　　　　D．政府决算

解析：D。政府决算是整个预算工作程序的终点，是年度预算执行情况的总结。

知识点三　政府预算管理体制

1．政府预算管理体制的概念

政府预算管理体制是在中央与地方政府及地方各级政府之间划分预算收支范围和管理权责的一项根本制度，是处理各级政府财权、财力划分关系的基本制度，是财政管理体制的重要组成部分，其实质是处理中央与地方政府之间财权的集权和分权及财力的集中和分散问题。我国预算管理制度遵循"统一领导，分级管理"的基本原则。

2．我国现行的预算管理体制

从 1994 年 1 月 1 日起，国务院决定在全国范围内实行分税制预算管理体制。

例 7．我国实行的预算管理体制是（　　　）。

A．分税制　　　　B．统一税制　　　　C．各级税制　　　　D．单一制

解析：A。从 1994 年 1 月 1 日起，国务院决定在全国范围内实行分税制预算管理体制。

例 8．我国分税制预算管理体制实施于（　　　）。

A．1992 年　　　　B．1993 年　　　　C．1994 年　　　　D．1995 年

解析：C。从 1994 年 1 月 1 日起，国务院决定在全国范围内实行分税制预算管理体制。

（1）分税制的概念

分税制是分税制预算管理体制的简称，是指在划分中央与地方事权的基础上，确定中央与地方预算支出范围，并按税种划分中央与地方预算收入的政府预算管理体制。

（2）分税制的主要内容

① 在划分事权的基础上，划分中央与地方的预算支出范围。

② 按税种划分收入，明确中央与地方的收入范围。

根据事权与财权相结合的原则，将税种划分为中央税、中央与地方共享税及地方税。属于中央固定收入的税种有：消费税、车辆购置税、关税、海关代征的进口环节增值税、证券交易印花税等；属于地方固定收入的税种有：城镇土地使用税、耕地占用税、土地增值税、房产税、车船税、契税；属于中央与地方共享收入的税种有：增值税、企业所得税、个人所得税、资源税、城市维护建设税。

例 9．划分各级预算支出范围的基本依据是（　　　）。

A．事权　　　　B．财权　　　　C．隶属关系　　　　D．辖区大小

解析：A。预算法规定，在划分事权的基础上，划分中央与地方的预算支出范围。

③ 政府间转移支付制度。政府间转移支付制度是中央政府与地方政府及地方各级政府之间财政资金的无偿转移制度。设置该制度的目的是解决中央与地方财政之间的纵向不平衡和各地区之间的横向不平衡。

中央对地方的转移支付，分为一般性转移支付、专项转移支付两类。

④ 国税、地税机构合并后，实行以国家税务总局为主与省（区、市）人民政府双重领导管理体制。

（3）分税制的运行效果

从总体上看，分税制改革取得显著成效，基本适应了社会主义市场经济发展的需要。

基础过关

一、选择题

1. 我国预算管理的级次分为（　　）。
　　A．二级　　　　B．三级　　　　C．四级　　　　D．五级
2. 政府预算管理体制的实质是（　　）。
　　A．处理积累与消费的关系　　　　B．处理财权的集权和分权的关系
　　C．处理国家与企业之间的物质利益关系　　D．处理地方政府之间的关系
3. 增值税属于（　　）。
　　A．中央税　　　　　　　　　　　B．地方税
　　C．所得税　　　　　　　　　　　D．中央与地方共享税
4. 政府预算与企业的收支计划相比，最主要的区别是具有（　　）。
　　A．法律性　　　　B．完整性　　　　C．可靠性　　　　D．年度性
5. 我国预算管理体制的基本原则是（　　）。
　　A．兼顾效率与公平　　　　　　　B．统一领导，分级管理
　　C．财权、事权相对称　　　　　　D．体制稳定
6. 下列不属于中央与地方共享税的是（　　）。
　　A．增值税　　　　B．房产税　　　　C．资源税　　　　D．企业所得税
7. 各级预算草案必须经（　　）审批后才能生效。
　　A．各级人民代表大会　　　　　　B．各级税务部门
　　C．各级政府　　　　　　　　　　D．各级财政部门
8. 关税属于（　　）。
　　A．中央税　　　　　　　　　　　B．地方税
　　C．所得税　　　　　　　　　　　D．中央与地方共享税
9. 消费税属于（　　）。
　　A．共享税　　　　B．中央税　　　　C．地方税　　　　D．所得税
10. 我国中央预算的审批权属于（　　）。
　　A．国务院　　　B．财政部　　　C．全国人民代表大会　D．最高法院
11. 预算年度的期限通常为（　　）。
　　A．一年　　　　B．两年　　　　C．三年　　　　D．四年
12. 我国预算法规定，国家预算按照（　　）编制。
　　A．单式预算　　B．复式预算　　　C．建设性预算　　D．经常性预算
13. 下列属于中央与地方共享税的是（　　）。
　　A．消费税　　　B．增值税　　　　C．房产税　　　D．关税
14. 我国政府预算采用的主要是（　　）。
　　A．单式预算和复式预算　　　　　B．复式预算和增量预算
　　C．单式预算和零基预算　　　　　D．复式预算和零基预算
15. 不考虑以前年度的收支执行情况，而以"零"为基础编制的预算是（　　）。
　　A．单式预算　　B．复式预算　　　C．零基预算　　　D．增量预算
16. 编制的政府预算经过同级人大审查批准后，必须贯彻执行，反映的是政府预算的
（　　）。

　　　A．年度性　　　　　B．公开性　　　　　C．可靠性　　　　　D．法律性

17．在我国财政转移支付制度中，以（　　）为主体。

　　　A．一般转移支付　　　　　　　　　B．专项转移支付

　　　C．特殊转移支付　　　　　　　　　D．专门转移支付

18．下列预算中，不属于地方预算的是（　　）。

　　　A．省预算　　　　B．自治州预算　　　C．乡预算　　　　D．村预算

19．预算年度采用历年制的是（　　）。

　　　A．中国香港　　　B．美国　　　　　　C．英国　　　　　D．中国内地

20．以下各项中，不完全属于中央财政收入的是（　　）。

　　　A．消费税　　　　B．关税　　　　　　C．企业所得税　　D．车辆购置税

二、判断题

1．我国编制政府预算采用的是跨年制。　　　　　　　　　　　　　　（　　）

2．县级以上政府预算调整方案的审批机关是本级人民代表大会常委会。（　　）

3．政府预算按依据的内容不同分为零基预算和增量预算。　　　　　（　　）

4．我国政府预算的编制一般采取"自上而下和自下而上相结合，上下结合，逐级汇总"的办法。　　　　　　　　　　　　　　　　　　　　　　　　　　　　（　　）

5．决算是预算执行的开始。　　　　　　　　　　　　　　　　　　（　　）

6．复式预算的优点是简单易操作，整体性强，能直观反映财政预算收支全貌。（　　）

7．我国各级政府预算的审批机关是各级政府。　　　　　　　　　　（　　）

8．政府预算通过对财政收支数量和结构的安排，可以对经济进行宏观调控。（　　）

9．政府预算年度的历年制是指每年的 10 月 1 日至次年的 9 月 30 日。（　　）

10．我国各级财政部门在编制政府预算时，主要采用增量预算的方法。（　　）

11．政府预算是事先编制的，在执行过程中是不能变更的。　　　　（　　）

12．单式预算的优点主要是区分各项收入和支出的经济性质和用途，便于政府对财政活动进行分析、决策、执行和监督。　　　　　　　　　　　　　　　　　　　　（　　）

13．政府预算草案经同级人民代表大会审查和批准后，应向社会公开。（　　）

14．增量预算的优点是保持了国家预算的连续性，但可能会导致当期预算不科学。（　　）

15．对政府预算进行的局部调整不需要经过审批。　　　　　　　　（　　）

16．审查、批准政府预算、决算的权力机关是各级人民代表大会及其常务委员会。（　　）

17．分税制是分税制预算管理体制的简称，是我国现行的预算管理体制。（　　）

18．个人所得税是地方税，所形成的财政收入归地方政府。　　　　（　　）

19．财政转移支付包括中央对地方的转移支付和地方上级政府对下级政府的转移支付。
　　　　　　　　　　　　　　　　　　　　　　　　　　　　　　　（　　）

20．我国现行的税务系统分国税和地税，分别征收管理。　　　　　（　　）

三、名词解释题

1．政府预算

2．政府决算

3．预算管理体制

4．分税制

5．复式预算

提 升 训 练

四、简答题

1．为保证政府预算的科学性，应坚持哪些原则？

2．简述分税制的主要内容。

3．谈谈你对政府预算的理解。

五、综合题

1．2023 年 3 月 5 日，财政部受国务院委托，将 2022 年中央和地方预算执行情况与 2023 年中央和地方预算草案提请第十四届全国人民代表大会第一次会议审查。

请问：中央和地方预算草案为什么要提请全国人民代表大会审查？对于政府预算的审批，我国是如何规定的？

2．时任财政部部长刘昆于 2023 年 6 月 26 日在第十四届全国人民代表大会常务委员会第三次会议上，向全国人民代表大会常务委员会提出 2022 年中央决算报告和中央决算草案。

请问：什么是政府决算？对于政府决算的审批，我国是如何规定的？

3．2023 年中央和地方预算草案包含以下内容：一般公共预算收入预计和支出安排，政府性基金预算收入预计和支出安排，国有资本经营预算收入预计和支出安排，社会保险基金预算收入预计和支出安排。

在一般公共预算收入预计和支出安排中，汇总中央和地方预算，全国一般公共预算收入 217 300 亿元，其中，中央一般公共预算收入 100 165 亿元，地方一般公共预算本级收入 117 135 亿元。2023 年中央一般公共预算支出分中央本级支出、对地方转移支付、中央预备费反映。（资料选自《关于 2022 年中央和地方预算执行情况与 2023 年中央和地方预算草案的报告》）

请根据以上资料，结合所学知识，回答下列问题：

（1）简述我国预算的组成情况。

（2）从预算的组织形式看，我国预算属于哪一种？具体包括哪些预算？

（3）简述我国现行预算管理体制的主要内容。

项目五 金融概述

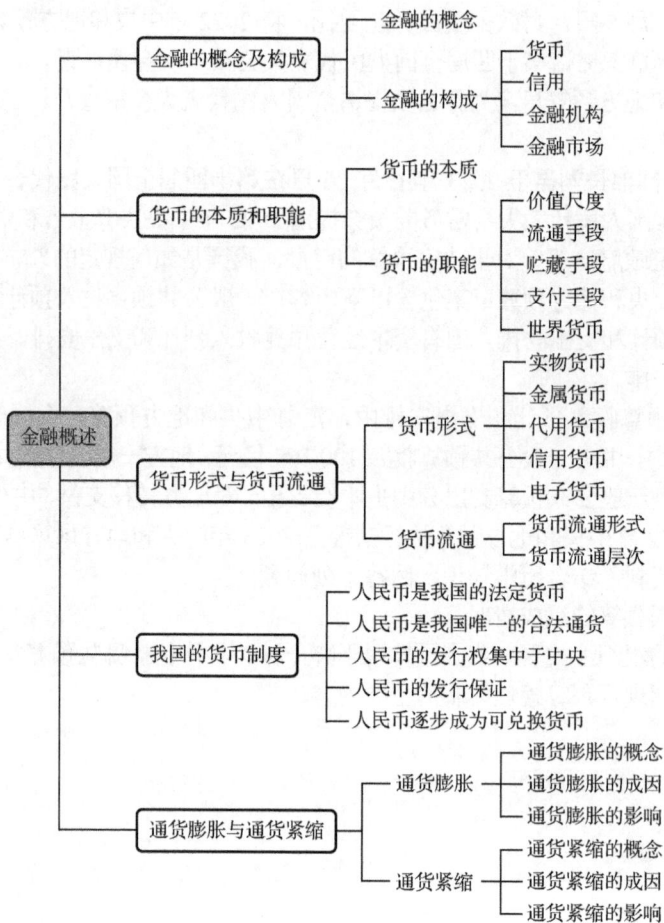

要点导图

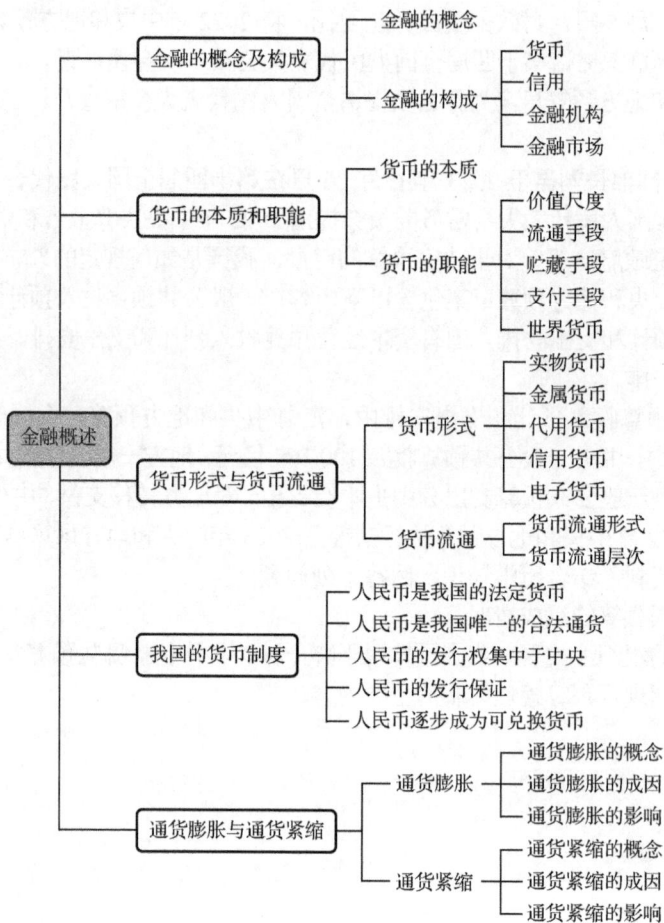

复习要求

1. 掌握金融的概念及构成。
2. 理解货币的本质和职能。
3. 明确货币流通形式、货币流通层次的划分。
4. 掌握我国货币制度的基本内容。
5. 掌握通货膨胀与通货紧缩的概念、成因及其对社会经济的影响。

考点详解

知识点一　金融的概念及构成

1. 金融的概念

金融是指货币资金的融通。资金融通的对象主要是货币。融通采用有借有还的方式，这种借贷活动就是信用。资金融通机构主要是银行和其他金融机构。资金融通的场所主要是金融市场。

2. 金融的构成

金融涉及货币、信用、金融机构和金融市场四个范畴。

（1）货币

货币起源于商品。货币是商品生产和交换发展的必然产物，是固定地充当一般等价物的特殊商品，体现商品经济条件下人们之间的相互关系。

（2）信用

信用是指以偿还和付息为条件的借贷行为。在现代商品经济中，信用的产生源自普遍存在的债权债务关系。

（3）金融机构

在金融市场上专门从事资金融通活动、充当融资中介的机构，就是金融机构。

（4）金融市场

金融市场，即资金融通市场，是指由货币资金的借贷、金融工具的发行与交易、外汇资金买卖等所形成的市场。

例1. 在现代商品经济中，信用的产生源自普遍存在的（　　）关系。

A. 人与人　　　　　B. 商品交换　　　　　C. 债权债务　　　　　D. 互相帮助

解析：C。信用是指以偿还和付息为条件的借贷行为。在现代商品经济中，信用的产生源自普遍存在的债权债务关系。

例2. 河南宇通公司向银行贷款取得发展资金，我们把这种融通资金的方式称为间接融资。（　　）

解析：√。通过银行中介融通资金的方式称为间接融资。河南宇通公司向银行贷款取得发展资金属于间接融资。

知识点二　货币的本质和职能

1. 货币的本质

货币是商品生产和交换发展的必然产物，是固定地充当一般等价物的特殊商品，这是货币的本质。

2. 货币的职能

价值尺度和流通手段是货币的两个最早、最基本的职能。货币还有贮藏手段、支付手段、世界货币三项职能。货币的五项职能不是独立的，而是相互联系的，它们共同表现了货币作为一般等价物的本质。

例3．货币在（　　）时执行价值尺度职能。

A．商品买卖　　　　B．缴纳租金　　　　C．支付工资　　　　D．给商品标价

解析：D。当货币在表现商品的价值并衡量商品价值的高低时，执行价值尺度的职能，是观念上的货币即可。如货币在给商品标价时执行的是价值尺度职能。

例4．发挥支付手段职能的货币与发挥价值尺度职能的货币一样，可以是观念中的货币。
（　　）

解析：×。发挥价值尺度职能的货币是观念上的货币即可，而发挥支付手段职能的货币必须是流通中的现实货币。

知识点三　货币形式与货币流通

1．货币形式

作为一般等价物，随着商品交换的发展，货币形式经历了由低级向高级不断演化的过程，包括实物货币、金属货币、代用货币、信用货币、电子货币等。

例5．最早出现的货币形式是（　　）。

A．金属货币　　　　B．实物货币　　　　C．电子货币　　　　D．纸币

解析：B。货币形式经历了由低级向高级不断演化的过程，包括实物货币、金属货币、代用货币、信用货币、电子货币等。所以实物货币是最早出现的货币形式。

2．货币流通

货币流通是指货币作为流通手段和支付手段，在流通中形成的连续不断的运动。货币流通表现为各种货币收支活动。

（1）货币流通形式

流通中的货币主要有现金和银行存款，与此相对应，货币流通划分为现金流通和存款货币流通两种形式。

（2）货币流通层次

按国际货币基金组织的口径，一般情况下，可以把货币进行如下层次的划分。

① M_0（现金）：不包括商业银行的库存现金，而是指流通于银行体系以外的现钞，即居民手中的现钞和单位的备用金。

② M_1（狭义货币）：由 M_0 加上商业银行活期存款构成。各种统计口径中的货币通常指的是 M_1。

③ M_2（广义货币）：由 M_1 加上准货币构成。所谓准货币，一般由银行的定期存款、储蓄存款、外币存款，以及各种短期信用工具，如银行承兑汇票、短期国库券等构成。目前，M_2 是我国中央银行货币管理和监控的重点。

例6．目前，M_0 是我国中央银行货币管理和监控的重点。（　　）

解析：×。目前，M_2 是我国中央银行货币管理和监控的重点。

知识点四　我国的货币制度

我国的货币制度实行的是人民币制度，基本内容包括以下五个方面。

1．人民币是我国的法定货币

人民币是由中国人民银行发行的信用货币，是我国的无限法偿货币，没有规定含金量，也不能自由兑换黄金。

2．人民币是我国唯一的合法通货

我国规定了人民币限额出入国境的制度，金银和外汇不得在国内商品市场计价结算和流通。

3．人民币的发行权集中于中央

在我国，人民币发行权掌握在国家手里，国家授权中国人民银行具体掌管货币发行工作。

4．人民币的发行保证

人民币是信用货币，人民币的发行是根据商品生产的发展和流通的扩大对货币的需要而发行的，这种发行有商品物资作为基础，可以稳定币值，这是人民币发行的首要保证；其次，人民币的发行还有大量的信用保证，包括政府债券、商业票据、商业银行票据等；再次，黄金、外汇储备也是人民币发行的一种保证。我国建立的黄金和外汇储备，主要用于平衡国际收支。

例7．人民币发行的首要保证是（　　）。

A．政府债券　　　　B．商品物资　　　　C．外汇储备　　　　D．黄金

解析：B。我国人民币的发行是根据商品生产的发展和流通的扩大对货币的需要而发行的，这种发行有商品物资作为基础，可以稳定币值，这是人民币发行的首要保证。

5．人民币逐步成为可兑换货币

货币的可兑换性是货币制度的内容之一。所谓可兑换性，是指一国货币兑换成其他国家货币的可能性。

我国的人民币制度是独立、统一和稳定的货币制度。

例8．人民币的国际标准化组织代码为"RMB"。（　　）

解析：×。人民币的国际标准化组织代码为"CNY"。

知识点五　通货膨胀与通货紧缩

1．通货膨胀

（1）通货膨胀的概念

所谓通货膨胀，是指在纸币流通的条件下，因纸币发行过多，从而引起纸币贬值、一般物价持续上涨的现象。由此，通货膨胀的概念可解释为，货币供应量过多是产生通货膨胀的直接原因，货币贬值是通货膨胀的形式，物价上涨是通货膨胀的具体表现形式。

（2）通货膨胀的成因

① 需求拉上型通货膨胀。需求拉上型通货膨胀论认为产生通货膨胀的原因在于经济发展过程中总需求大于总供给，引起一般物价持续上涨。

② 成本推进型通货膨胀。成本推进型通货膨胀论认为通货膨胀之所以产生，其原因不在于需求过大，而在于生产成本上升，是生产成本的上升"推进"了一般物价上涨。

③ 结构失衡型通货膨胀。结构失衡型通货膨胀主要指由于产业结构、消费结构、部门结构等的失衡而引发的通货膨胀。

（3）通货膨胀的影响

① 通货膨胀会破坏生产发展。

② 通货膨胀会扰乱流通秩序。

③ 通货膨胀会引起国民收入盲目分配。

④ 通货膨胀会引起货币信用危机。

例9．一般把年物价上涨幅度为（　　）的通货膨胀称为严重通货膨胀。

A．10%以内　　　　B．10%~20%　　　　C．20%~50%　　　　D．50%以上

解析：C。通货膨胀按物价上涨幅度可分为温和通货膨胀、严重通货膨胀和恶性通货膨胀。一般把年物价上涨幅度为20%~50%的通货膨胀称为严重通货膨胀。

例10．通货膨胀有利于债务人，有损于债权人。（　　）

解析：√。通货膨胀时期，债务人是得益者，而债权人是受害者，会使正常的信用活动遭到破坏，影响投资活动。

2．通货紧缩

（1）通货紧缩的概念

通货紧缩是与通货膨胀相反的一种经济现象，是商品和劳务价格的普遍、持续下跌。通货紧缩所反映的物价下跌，必然是普遍的、持续的。

（2）通货紧缩的成因

① 通货紧缩与货币政策有关。

② 通货紧缩与财政政策有关。

③ 通货紧缩与价格预期有关。

④ 通货紧缩与投资和消费的有效需求不足有关。

⑤ 通货紧缩与供给结构不合理有关。

⑥ 通货紧缩与体制和制度因素有关。

（3）通货紧缩的影响

① 通货紧缩会加速经济的衰退。

② 通货紧缩对生产者而言弊大于利。

③ 通货紧缩对政府的影响。在持续通货紧缩的条件下，失业率必然增长。从这个意义上说，政府不应当纵容通货紧缩的延续。

基 础 过 关

一、选择题

1．在商场里，一部手机标价为3 000元，体现了货币的（　　）职能。

　　A．价值尺度　　　B．流通手段　　　C．贮藏手段　　　D．支付手段

2．我国光绪年间发行的大清户部银行兑换券是（　　）。

　　A．实物货币　　　B．信用货币　　　C．金属货币　　　D．代用货币

3．在货币的职能中，（　　）既是货币流通中的排水沟，又是引水渠。

　　A．价值尺度　　　B．流通手段　　　C．贮藏手段　　　D．支付手段

4．产生通货膨胀的直接原因是（　　）。

　　A．货币供应量过多　　　　　　　　B．物价上涨

　　C．货币贬值　　　　　　　　　　　D．商品紧缺

5. 我国目前主要以（　　）反映通货膨胀程度。
    A. GDP 平减指数
    B. 批发物价指数
    C. 居民消费价格指数
    D. GNP 平减指数

6. 在货币流通速度不变的情况下，如果商品数量不变，纸币数量增加，则纸币（　　）。
    A. 升值
    B. 贬值
    C. 价值不变
    D. 价值无法判断

7. （　　）作为现实购买力，对社会经济生活有着最广泛而直接的影响。
    A. M_0
    B. M_1
    C. M_2
    D. M_3

8. 在我国，人民币发行权掌握在国家手里，国家授权（　　）具体掌管货币发行工作。
    A. 中国银行
    B. 中国人民银行
    C. 中国工商银行
    D. 中国农业银行

9. 人民币是我国的法定货币，票券、铸币种类是由（　　）决定的。
    A. 中国银行
    B. 财政部
    C. 国务院
    D. 中国人民银行

10. 目前最先进的货币形式是（　　）。
    A. 金属货币
    B. 实物货币
    C. 电子货币
    D. 纸币

11. 在货币流通层次划分中，M_0 包括（　　）。
    A. 流通中的现金
    B. 储蓄存款
    C. 企业活期存款
    D. 金融债券

12. 通货膨胀率负增长超过一年且未出现转机，此种情况可视为（　　）。
    A. 中度通货紧缩
    B. 轻度通货紧缩
    C. 严重通货紧缩
    D. 恶性通货紧缩

13. 货币流通是指货币作为流通手段和（　　），在流通中形成的连续不断的运动。
    A. 世界货币
    B. 贮藏手段
    C. 价值尺度
    D. 支付手段

14. 一般把年物价上涨幅度在（　　）以上的通货膨胀称为恶性通货膨胀。
    A. 50%
    B. 30%
    C. 20%
    D. 10%

15. 通货紧缩会加速（　　）。
    A. 经济的发展
    B. 经济的衰退
    C. 物价的上涨
    D. 货币的贬值

16. 作为流通手段职能的货币是（　　）。
    A. 价值符号
    B. 现实的货币
    C. 信用货币
    D. 观念上的货币

17. 王三采取分期付款的形式购买了一部手机。此时货币执行的是（　　）职能。
    A. 支付手段
    B. 流通手段
    C. 价值尺度
    D. 贮藏手段

18. 一匹马与五两白银交换，一手交钱，一手交货。此时货币执行的是（　　）职能。
    A. 流通手段
    B. 价值尺度
    C. 支付手段
    D. 世界货币

19. 供日常零星交易与找零使用的货币是（　　）。
    A. 内币
    B. 外币
    C. 主币
    D. 辅币

20. 货币在清偿债务时所发挥的职能是（　　）。
    A. 支付手段
    B. 储藏手段
    C. 价值尺度
    D. 流通手段

二、判断题

1. 价值尺度和流通手段是货币的两个最早、最基本的职能。（　　）

2. 货币在支付工资时，执行的是价值尺度职能。（　　）

3. 发挥支付手段职能的货币不需要现实存在，是观念上的货币即可。（　　）

4. 货币指的就是纸币。（　　）

5. 代用货币是一种足值货币。　　　　　　　　　　　　　　　　　　　　（　　）
6. 现金流通和存款货币流通是统一的货币流通过程的两种形式，没有本质的区别。

　　　　　　　　　　　　　　　　　　　　　　　　　　　　　　　　　（　　）

7. 货币就是财富，财富就等于货币。　　　　　　　　　　　　　　　　　（　　）
8. 产生最早、流传最广、影响最大的一种通货膨胀理论是成本推进型通货膨胀。（　　）
9. 金银和外汇不得在国内商品市场计价结算和流通。　　　　　　　　　　（　　）
10. 滞涨是物价居高不下、经济停滞不前的一种经济现象。　　　　　　　（　　）
11. 如果一个经济主体的收入大于支出，则称为盈余部门。　　　　　　　（　　）
12. 金融市场的发展对整个市场体系的发展起着举足轻重的制约作用。　　（　　）
13. 中国最早的货币是黄金。　　　　　　　　　　　　　　　　　　　　（　　）
14. 在现代经济中，电子货币在整个供应中的比重越来越大，现金的比重越来越小。

　　　　　　　　　　　　　　　　　　　　　　　　　　　　　　　　　（　　）

15. 电子货币完全属于无形货币。　　　　　　　　　　　　　　　　　　（　　）
16. 我国建立的黄金、外汇储备，主要用于稳定币值。　　　　　　　　　（　　）
17. 1994 年以后，我国实行以市场供求为基础的管理浮动汇率制度。　　（　　）
18. 在贵金属货币流通条件下，不可能出现通货过多的经济现象。　　　　（　　）
19. 通货膨胀使实际工资水平上涨。　　　　　　　　　　　　　　　　　（　　）
20. 在经济发展的低潮时期，价格下跌，大家会争先恐后地买东西。　　　（　　）

三、名词解释题

1. 货币
2. 通货膨胀
3. 通货紧缩

提 升 训 练

四、简答题

1. 简述货币层次的划分。
2. 简述我国货币制度的基本内容。
3. 简述通货膨胀的成因。

五、综合题

1. 在商品经济高速发展的今天，通货膨胀现象时常发生。2022 年，津巴布韦是世界上通货膨胀最严重的国家之一，人们去餐厅吃饭，吃饭时是一个价格，吃完饭就涨价了。由于物价飞涨，人们更加愿意物物交换，工人也更愿意老板用实物做酬劳。

　　根据以上材料，请你谈谈通货膨胀的影响。

2. 试述改革开放以来我国对通货膨胀的治理措施。

项目六 信用与利息

要点导图

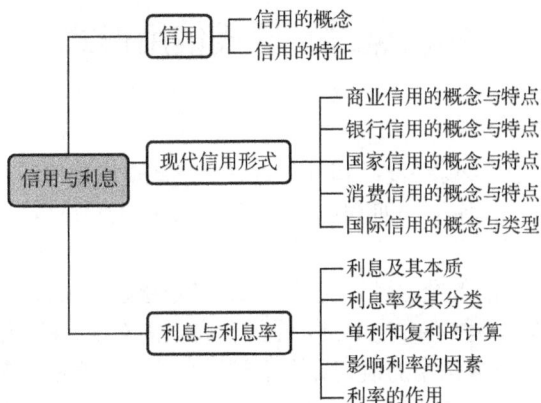

复习要求

1. 明确信用的概念，理解信用的特征。
2. 掌握现代信用的形式及其特点。
3. 理解利息及其本质，明确利息率及其分类，掌握单利、复利的计算。
4. 了解影响利率的因素，掌握利率的作用。

考点详解

知识点一 信   用

1. 信用的概念

信用是一种以偿还和付息为条件的借贷行为，体现一定的债权债务关系。信用有借方和贷方两个关系人，即债权人和债务人。

2. 信用的特征

① 信用的标的是一种所有权与使用权相分离的资金。

② 以还本付息为条件。

③ 以相互信任为基础。

④ 以收益最大化或成本最小化为目标。

⑤ 具有特殊的运动形式。

例1．以下不属于信用的特征的是（　　）。

A．以相互信任为基础　　　　　　B．以还本付息为条件

C．筹资风险小　　　　　　　　　D．资金的所有权与使用权相分离

解析：C。信用活动的筹资风险与债务人的经营状况和诚信程度有关，某些信用活动的筹资风险比较大。

例2．张先生无偿拿出5万元为侄儿上学提供帮助。这种行为是信用行为。（　　）

解析：×。信用是以还本付息为条件的，而张先生对侄儿的帮助是无偿的，不需要还本付息，所以不是信用行为。

知识点二　现代信用形式

1．商业信用的概念与特点

商业信用是指企业之间以赊销商品和预付货款等形式提供的信用。这种信用的具体表现形式很多，如赊销商品、委托代销、分期付款、预付定金、按工程进度预付工程款、延期付款等。

商业信用的主要特点如下。

① 它是在以盈利为目的的经营者之间进行的，是经营者互相以商品形式提供的直接信用。

② 商业信用的规模和数量有一定限制，是经营者之间对现有的商品和资本进行的再分配，不是获得新的补充资本。商业信用的最高界限不超过全社会经营者现有的资本总额。

③ 商业信用有较严格的方向性，往往由生产生产资料的部门向需要这种生产资料的部门提供，而不能相反，如棉花商→纺纱厂→服装厂。

④ 商业信用容易形成社会债务链。

⑤ 商业信用具有一定的分散性且期限较短，经营者根据自己的经营情况随时可以发生信用关系，信用行为零散。

2．银行信用的概念与特点

银行信用是指银行以货币形式向企业或个人提供的信用。

银行信用的主要特点如下。

① 银行信用是以货币形态提供的间接信用，调动了社会各界的闲置资金，并为社会各界提供信用，不受方向制约，不受数量限制，范围广，规模大，期限长。

② 信用性强，具有广泛的接受性。

③ 信用的发生集中统一，可控性强。银行信用受到世界各国的重视及企业的推崇，成为当今世界的主要信用形式。

3．国家信用的概念与特点

国家信用是以国家为债务人，向国内企业和个人取得的信用。国家信用的主要工具是国家债券，包括国库券和公债。

国家信用的主要特点如下。

① 目的单一，旨在借款，是调剂政府收支不平衡的手段，是弥补财政赤字的重要渠道。

② 用途单一，多用于公益事业。

③ 信用风险小，安全性高。

④ 日益成为调节经济的重要手段。

例 3．在现代信用中，主要信用形式是（　　　）。

A．商业信用　　　　　　B．银行信用　　　　　　C．国家信用　　　　　　D．消费信用

解析：B。银行信用受到世界各国的重视及企业的推崇，成为当今世界的主要信用形式。

4. 消费信用的概念与特点

消费信用是指工商企业、银行或其他金融机构对消费者个人提供的、用以满足其消费方面的货币需求的信用，一般表现为分期付款、消费信贷、信用卡透支、赊购、赊销等。

消费信用的主要特点如下。

① 可以扩大需求，促进消费，刺激经济发展，缓解消费者有限的购买力与不断提高的生活需求之间的矛盾，缓和生产过剩的情况。

② 是有力的促销手段，可开拓销售市场，促进商品生产和流通。

③ 给经济增加了不稳定因素，容易造成需求膨胀。

5. 国际信用的概念与类型

国际信用是指国与国之间的企业、经济组织、金融机构及国际经济组织相互提供的与国际贸易密切联系的信用。

国际信用大致有以下几类。

① 出口信贷。

② 银行信贷。

③ 市场信贷。

④ 补偿贸易。

⑤ 国际金融机构贷款。

例 4．给经济增加了不稳定因素，容易造成需求膨胀的是（　　　）。

A．商业信用　　　　　　B．银行信用　　　　　　C．国家信用　　　　　　D．消费信用

解析：D。随着我国短缺经济时代的结束，需求不足的矛盾逐步显现，消费信用对于促进消费有着积极作用，但也给经济增加了不稳定因素，容易造成需求膨胀。

知识点三　利息与利息率

1. 利息及其本质

利息是借款者使用借贷资本所花费的代价，是由借款者支付给贷款者的报酬。从本质上讲，利息来源于利润，是剩余产品价值的转化形式，体现着劳动者创造的剩余价值在借贷双方之间的利益分配关系。

例 5．从本质上讲，利息来源于利润，是（　　　）的转化形式。

A．剩余产品价值　　　　B．价值　　　　　　　　C．利润　　　　　　　　D．利润率

解析：A。利息是借款者使用借贷资本所花费的代价，是由借款者支付给贷款者的报酬。利息虽然产生于借贷关系，但实质上来源于企业利润，是企业利润的一部分。

2. 利息率及其分类

利息率简称利率，是指一定时期内利息与借贷本金的比率，它反映了利息水平的高低，即利率=利息/本金。用公式表示为如下形式：

$$R=I/P$$

其中：R 代表利率；I 代表利息；P 代表本金。

市场经济条件下，利率多样化，按不同的标准可划分为各种不同的类别。

① 按计算利率的不同期限，分为年利率、月利率和日利率。

② 按计算方法，分为单利和复利。

③ 按利率的确定方式，分为市场利率和官定利率。

④ 按是否考虑通货膨胀因素，分为名义利率与实际利率。

⑤ 按在借款期间内是否变动，分为固定利率与浮动利率。

例6. 在我国，按习惯，利率的基本单位是"厘"，那么年息3厘表示年利率是（　　）。

A. 3%　　　　　　B. 0.3%　　　　　　C. 3‰　　　　　　D. 0.3‰

解析：A。按计算利率的不同期限，利率分为年利率、月利率和日利率，分别用%、‰、‱表示。在我国，按习惯，利率的基本单位是"厘"，那么年利率3%称为年息3厘，月利率6‰称为月息6厘，日利率7‱称为日息7厘。

3. 单利和复利的计算

① 单利是指只按本金计算利息，不论期限长短，所生利息不再加入本金计算利息。计算公式如下：

$$I=P \cdot R \cdot N$$

$$S=P+I=P(1+R \cdot N)$$

其中：I代表利息；P代表本金；R代表利率；N代表期限；S代表本利和。

② 复利是单利的对称。复利计息是指计算利息时，要按一定期限，将所生利息加入本金再计算利息，逐期滚算，俗称"利滚利"。计算公式如下：

$$S=P（1+R）^{N}$$

$$I=S-P$$

4. 影响利率的因素

① 平均利润率。

② 资本供求状况和竞争。一般来说，货币资本的需求大于供给，利率上升；反之，利率下降。

③ 通货膨胀。

④ 银行成本。

⑤ 经济运行周期。此为影响利率的决定性因素。

⑥ 国家经济政策。

例7.（　　）是影响利率的决定性因素。

A. 通货膨胀　　　　B. 银行成本　　　　C. 经济运行周期　　　D. 国际利率水平

解析：C。经济运行周期是影响利率的决定性因素。

5. 利率的作用

① 调节储蓄与消费的关系。

② 调节投资规模及通货膨胀与通货紧缩。利息是企业投资的成本，利率越高，成本越高，生产和投资收益越低，使投资规模缩小；反之，低利率会降低投资成本，使投资规模增大。

③ 调节对外经济活动。

利率对经济活动的调节作用主要表现在两个方面：一是对进出口的影响；二是对资本输出、输入的影响。

基 础 过 关

一、选择题

1. 甲公司以赊销的方式向乙工厂购进一批原料，双方约定 20 天后付款。这种信用形式属于（　　）。

    A. 银行信用　　　　B. 消费信用　　　　　C. 民间信用　　　　D. 商业信用

2. 以下不属于商业信用筹资的优点的是（　　）。

    A. 筹资风险小　　B. 筹资成本低　　　　C. 限制条件少　　　D. 筹资方便

3. 以下不属于商业信用形式的是（　　）。

    A. 赊销商品　　　B. 分期付款　　　　　C. 延期付款　　　　D. 信用卡

4. 信用风险最小的信用形式是（　　）。

    A. 商业信用　　　B. 银行信用　　　　　C. 国家信用　　　　D. 消费信用

5. 下列属于消费信用的是（　　）。

    A. 企业间预付定金　　　　　　　　　B. 企业间赊销商品

    C. 信用卡透支　　　　　　　　　　　D. 银行吸收存款

6. 下列不属于国际信用形式的是（　　）。

    A. 出口信贷　　　B. 消费信贷　　　　　C. 银行信贷　　　　D. 市场信贷

7. 被称为"世界第九大奇迹"的是（　　）。

    A. 利率　　　　　B. 利息　　　　　　　C. 单利　　　　　　D. 复利

8. 单利和复利的主要区别是（　　）。

    A. 本金是否计息　B. 利息是否计息　　　C. 利率的高低　　　D. 本息归还方式

9. 在整个利率体系中，处于主导地位的利率是（　　）。

    A. 市场利率　　　B. 浮动利率　　　　　C. 差别利率　　　　D. 官定利率

10. 下列有关名义利率与实际利率关系的表述正确的是（　　）。

    A. 名义利率=实际利率　　　　　　　B. 名义利率=实际利率+通货膨胀率

    C. 名义利率=实际利率–通货膨胀率　　D. 二者无任何联系

11. 一般而言，在本金、期限确定的条件下，利息的多少决定于（　　）。

    A. 计息方法　　　B. 利率的高低　　　　C. 期限的长短　　　D. 资金使用效率

12. 小王存入两年期定期存款 1 万元，年利率 3%，到期银行应付（　　）利息。

    A. 400 元　　　　B. 500 元　　　　　　C. 600 元　　　　　D. 700 元

13. 一般来说，货币资本的需求大于供给时，利率（　　）。

    A. 不变　　　　　B. 下降　　　　　　　C. 上升　　　　　　D. 不确定

14. 由中国人民银行提出方案报国务院批准实施的利率是（　　）。

    A. 官定利率　　　B. 浮动利率　　　　　C. 差别利率　　　　D. 市场利率

15. 中国工商银行发行的信用卡是（　　）。

    A. 牡丹卡　　　　B. 长城卡　　　　　　C. 金穗卡　　　　　D. 龙卡

二、判断题

1. 居民、企业、政府和金融机构之间普遍存在着多种多样的信用关系，它们共同构成了信用关系的主体。　　　　　　　　　　　　　　　　　　　　　　　　　　（　　）

2. 信用的接受者对作为信用标的物的资金只有使用权，没有所有权。　　（　　）

3. 信用制度加快了商品的流转速度。　　　　　　　　　　　　　　（　　）
4. 委托代销商品不用支付利息，因此不属于信用范畴。　　　　　　（　　）
5. 在市场经济中，银行信用与商业信用之间存在着密切的联系，二者经常配合使用。
　　　　　　　　　　　　　　　　　　　　　　　　　　　　　　（　　）
6. 凡合法成立的企业，都可以顺利取得银行贷款。　　　　　　　　（　　）
7. 单位之间的委托代销属于商业信用。　　　　　　　　　　　　　（　　）
8. 国家债券是国家信用的主要信用工具，包括国库券和公债。　　　（　　）
9. 采用银行信用筹资不受方向制约和数量限制，范围广，规模大，期限长。（　　）
10. 利息的多少仅与利率的高低有关。　　　　　　　　　　　　　　（　　）
11. 按单利计算，有利于提高资金的时间观念。　　　　　　　　　　（　　）
12. 市场利率是随资本市场的供求状况而自由变动的利率。　　　　　（　　）
13. 官定利率是指由国务院制定的各种利率。　　　　　　　　　　　（　　）
14. 市场利率是政府制定官定利率的依据。　　　　　　　　　　　　（　　）
15. 当借款期限较长或者市场利率变化较大时，选择固定利率合适。　（　　）
16. 利率只能在零和平均利润率之间取值。　　　　　　　　　　　　（　　）
17. 当利率较高时，人们会增加即期消费，减少储蓄。　　　　　　　（　　）
18. 降低利率会增强出口生产企业的竞争力，改善一国对外贸易收支状况。（　　）
19. 利率的变动影响着老百姓决定"钱要怎么花"。　　　　　　　　（　　）
20. 在一个市场化程度较高的社会中，当经济繁荣时，高利率可抑制过度投资，从而防止通货膨胀的发生。　　　　　　　　　　　　　　　　　　　　　　（　　）

三、名词解释题

1. 信用
2. 商业信用
3. 银行信用
4. 国家信用
5. 消费信用
6. 国际信用
7. 利息

提升训练

四、简答题

1. 简述商业信用的特点。
2. 简述银行信用的特点。
3. 简述消费信用的特点。
4. 简述利率及影响利率的因素。
5. 国家发行国债属于什么信用形式？这种信用形式的特点有哪些？试举例说明。

五、综合题

1. 运用所学利率的作用等相关知识，分析当前我国利率水平对进出口和国外资本进出的影响。

2．小王有 50 万元的闲置资金，现在有两种投资方式：一种是把钱存入银行 2 年，定期存款利息 3%，按复利计算；另一种是购买 2 年期国债，利率为 4%，按单利计算。请问小王应该选择哪种方式投资，并说明理由。

3．小李将闲置资金 10 000 元存为定期存款，年利率为 4%，期限为 3 年。请分析：（保留两位小数）

（1）若按单利计算，小李存满 3 年的利息、本利和分别是多少？

（2）若按复利计算，小李存满 3 年的本利和是多少？

（3）请你谈谈单利、复利的特点及各自的适用情况。

项目七 金融机构

要点导图

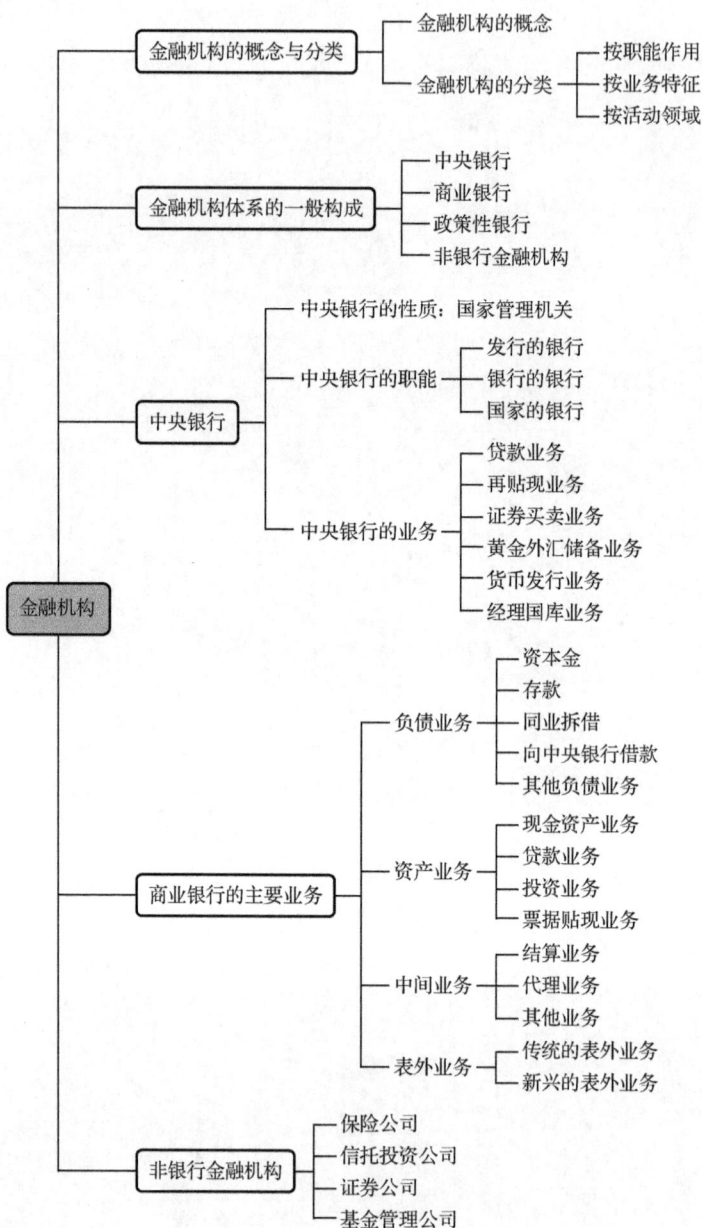

复习要求

1. 了解金融机构的概念及我国现行金融机构体系的一般构成。
2. 掌握中央银行的性质、职能和业务。
3. 掌握商业银行的主要业务及贴现的计算。
4. 了解保险公司、信托投资公司、证券公司、基金管理公司。

考点详解

知识点一　金融机构的概念与分类

1. 金融机构的概念

专门从事各种金融活动的组织，均称为金融机构。

2. 金融机构的分类

① 按职能作用分为中央银行（及其他专业金融监管机构）和一般金融机构。

② 按业务特征分为银行和非银行金融机构。

③ 按活动领域分为直接金融机构和间接金融机构。

例1. 下列属于间接金融机构的是（　　）。

A. 担保公司　　　　　B. 保险公司　　　　　C. 租赁公司　　　　　D. 银行

解析：D。前三项都是为筹资者和投资者提供金融服务收取佣金和服务费的金融机构，属于直接金融机构。

知识点二　金融机构体系的一般构成

金融机构体系的一般构成如下。

1. 中央银行

中国人民银行是我国的中央银行，是我国金融机构体系的核心，负责依法制定和执行货币政策，对金融业实施管理和监管，规范和维护金融秩序，并提供必要的金融服务。

2. 商业银行

商业银行是以盈利为目的，直接面向社会企业、单位和个人，以经营存放款和汇兑为主要业务的信用机构。商业银行在现代各国金融体系中都居于主导地位，是一国金融机构体系的骨干。我国现行的商业银行体系可分为国有商业银行、股份制商业银行、城市商业银行和外资金融机构四大类。

例2. 商业银行是不以盈利为目的，直接面向社会企业、单位和个人，以经营存放款和汇兑为主要业务的信用机构。（　　）

解析：×。商业银行以盈利为目的。

例3. 在现代各国金融体系中处于主导地位的是（　　）。

A. 中央银行　　　　　　　　　　　　　　B. 商业银行

C．政策性银行　　　　　　　　　　　　D．非银行金融机构

解析：B。商业银行在现代各国金融体系中都居于主导地位，是一国金融机构体系的骨干。

3．政策性银行

政策性银行是由政府设立，以贯彻国家产业政策、区域发展政策为目的，不以盈利为目的的金融机构。1994年，我国组建了三家政策性银行，即国家开发银行、中国进出口银行和中国农业发展银行。

例4．下列不属于我国政策性银行的是（　　　）。

A．中国银行　　　　　　　　　　　　　B．中国进出口银行

C．中国农业发展银行　　　　　　　　　D．国家开发银行

解析：A。1994年，我国组建了三家政策性银行，即国家开发银行、中国进出口银行和中国农业发展银行。中国银行不属于政策性银行。

4．非银行金融机构

非银行金融机构是指不通过吸收存款筹集资金的金融机构。目前我国的非银行金融机构主要包括保险公司、信托投资公司、证券公司、基金管理公司、财务公司、租赁公司、邮政储蓄机构等。

知识点三　中央银行

1．中央银行的性质

中央银行是一个国家的金融管理机构，是在商业银行的基础上发展形成的，是现代各国金融系统的核心，具有国家管理机关的性质。

2．中央银行的职能

中央银行一般都具有三大职能，即发行的银行、银行的银行和国家的银行。

（1）发行的银行

发行的银行即中央银行垄断银行券的发行权，成为全国唯一的现金发行机构。

（2）银行的银行

银行的银行即中央银行只与商业银行等金融机构发生业务往来，而不直接面向单位和个人经办金融业务。

具体表现在以下方面。

① 集中存款准备金。

② 扮演最终贷款人角色。中央银行以再贴现、再抵押或直接贷款等形式，向商业银行等金融机构提供资金支持。

③ 组织商业银行等金融机构间的清算。

（3）国家的银行

国家的银行即中央银行经理国库及为国家提供各种金融服务，代表国家制定和执行货币金融政策。

例5．中央银行是全国唯一的现金发行机构，体现了中央银行的（　　　）职能。

A．发行的银行　　　B．银行的银行　　　C．国家的银行　　　D．管理的银行

解析：A。发行的银行即中央银行垄断银行券的发行权，成为全国唯一的现金发行机构。

3. 中央银行的业务

（1）贷款业务

中央银行的贷款业务是商业银行基础货币的重要来源，对于维护金融体系安全、抑制通货膨胀和调节经济具有重要意义。贷款业务的特征如下：以短期贷款为主；不以盈利为目的；控制对财政的放款；不直接对工商企业和个人发放贷款。

（2）再贴现业务

再贴现又称重贴现，是指商业银行为弥补营运资金的不足，将由贴现取得的商业银行票据提交中央银行，请求中央银行以一定的贴现率对商业票据进行二次买进的经济行为。中央银行通过调整再贴现率来调节信用规模。

（3）证券买卖业务

中央银行在公开市场上买卖的证券主要是政府债券、国库券及其他市场性非常高的有价证券。

（4）黄金外汇储备业务

中央银行保管黄金外汇的意义在于稳定币值，稳定汇价，调节国际收支。

（5）货币发行业务

货币发行业务是中央银行主要的负债业务。

（6）经理国库业务

国家的全部预算收入都由国库收纳入库，一切预算支出都由国库拨付。中央银行经理国库业务是其履行政府银行职能的具体体现。

例6. 中央银行的（　　）是商业银行基础货币的重要来源。

A. 货币发行业务　　　　B. 再贴现业务　　　　C. 贷款业务　　　　D. 证券买卖业务

解析：C. 中央银行的贷款业务是商业银行基础货币的重要来源。

知识点四　商业银行的负债业务

商业银行的主要特点如下：以吸收社会公众存款为主要资金来源，以发放贷款为主要资金运用形式。其中，吸收活期存款是我国商业银行的一大特色。

商业银行的负债业务是指商业银行筹措资金、形成资金来源的业务，是商业银行资产业务和其他业务的基础。

商业银行的资金来源一般包括资本金、存款、同业拆借、向中央银行借款等。

1. 资本金

资本金是银行经营业务的基础，是商业银行成立时依法必须筹集的资本。《中华人民共和国商业银行法》对商业银行的注册资本规定了最低限额。

2. 存款

吸引存款是商业银行负债业务中最重要的业务，也是商业银行营运资金的主要来源，分为企业存款、储蓄存款和其他存款。

（1）企业存款

企业存款又分为活期存款和定期存款。

活期存款是一种可由存户随时存取或支付的存款。西方国家的商业银行一般不对活期存款存户支付利息，我国是少数对活期存款存户支付利息的国家之一。活期存款在划拨、使用方面安全且手续简便，因而受到普遍欢迎。

定期存款是由客户与银行事先约定存款期限，银行支付较高利息，到期才能支取的存款。定期存款一般采用记名存单形式，到期凭存单支取。与活期存款相比，定期存款的成本比较高，但它可以为银行提供较稳定的资金来源。

（2）储蓄存款

储蓄存款也可分为活期和定期两种。

活期存款凭商业银行发出的凭证支取，不能开支票，不能转账支付，存户可随时提取，利率较低。

定期存款又可分为零存整取、整存整取、整存零取等多种形式，存款期限固定，利率较高。在我国商业银行的负债业务中，储蓄存款的地位十分突出，在全部存款中占有相当高的比重。

（3）其他存款

其他存款是相对比较新的存款方式，包括大额可转让定期存单，通知存款和单位协定存款。

3．同业拆借

为了实现资金平衡，保持资金正常周转，银行头寸不足时就会从头寸多余的银行临时拆入资金，这就是同业拆借。同业拆借具有期限短、数额大、拆借利率自由浮动等特点。

4．向中央银行借款

向中央银行借款包括再贴现和直接贷款。

（1）再贴现是指商业银行把已经贴现但尚未到期的商业票据向中央银行再一次贴现，从中央银行那里取得现款，票据债权相应由商业银行转给中央银行，商业银行到期向票据所载付款人收取票款。

（2）直接贷款是指商业银行以信用向中央银行办理的借款，包括年度性贷款、季节性贷款和日拆性贷款。直接贷款比再贴现更简便、更灵活。

例 7．再贴现属于商业银行的（　　）。

A．负债业务　　　　　　B．资产业务　　　　　　C．中间业务　　　　　　D．表外业务

解析：A。再贴现属于向中央银行借款，是商业银行筹措资金、形成资金来源的业务，是负债业务。

5．其他负债业务

其他负债业务包括回购协议、发行金融债券、临时占用资金。

（1）回购协议

回购协议是指商业银行通过协议将卖出的某种证券规定在某一日期按预先约定的价格买回，是一种以证券为抵押品的短期资金融通。

（2）发行金融债券

商业银行经过批准，可以向国内金融市场发行金融债券，主要满足商业银行对中长期资金的需要，发行对象一般为企事业单位和个人。

（3）临时占用资金

商业银行在办理结算等中间业务的过程中，会占用一部分客户资金，成为自己的资金来源。

知识点五　商业银行的资产业务

商业银行的资产业务是指商业银行将资金通过各种途径加以运用以取得收益的业务。

1．现金资产业务

现金资产包括库存现金、在中央银行存款、存放同业存款、托收中的现金。

2．贷款业务

贷款业务是商业银行最重要的资产业务和收益的主要来源。

商业银行的贷款种类如下。

① 按贷款的期限，划分为短期贷款、中期贷款和长期贷款。

② 按贷款保全方式，划分为信用贷款和担保贷款。

③ 按贷款发放的对象，划分为企业贷款和个人贷款。

④ 按贷款风险程度，分为五类：正常贷款、关注贷款、次级贷款、可疑贷款、损失贷款。这是国际上通常采用的方式。

正常贷款，是指借款人能够履行合同，有充分把握按时足额偿还本息的贷款。

关注贷款，是指借款人目前有能力偿还贷款本息，但存在一些可能对偿还贷款产生不利影响因素的贷款。

次级贷款，是指借款人的还款能力出现明显问题，依靠其正常经营收入已无法保证足额偿还本息的贷款。

可疑贷款，是指借款人无法足额偿还本息，即使执行抵押或担保，也肯定要造成一部分损失的贷款。

损失贷款，是指银行在采取所有可能的措施和一切必要的法律程序之后，本息仍然无法收回，或只能收回极少部分的贷款。

⑤ 按信贷资金的来源，划分为自营贷款和委托贷款。

⑥ 按贷款的偿还方式，划分为一次性偿还贷款和分期偿还贷款。

3．投资业务

投资是商业银行购买有价证券的业务活动，是商业银行一项重要的资产业务。

商业银行的证券投资仅限于信用可靠、安全性和流动性强的政府债券，禁止从事企业债券、股票、金融债券投资。

我国的商业银行不得向以下五个方面投资。

① 不得从事信托投资。

② 不得从事股票投资。

③ 不得投资于非自用不动产。

④ 不得向非银行机构投资。

⑤ 不得向企业投资。

例8．下列投资业务中，商业银行可以进行的是（　　　）。

A．股票投资　　　　　　　　　　B．企业债券投资

C．金融债券投资　　　　　　　　D．政府债券投资

解析：D。商业银行的证券投资仅限于信用可靠、安全性和流动性强的政府债券，禁止从事企业债券、股票、金融债券投资。

4．票据贴现业务

（1）票据贴现的概念

票据贴现是指商业银行应客户（主要是工商企业）的要求，买进其未到付款期的票据而把资金提供给客户的业务。

（2）票据贴现的计算

依次计算票据到期值、贴现息、贴现净值。

① 计算票据到期值，公式如下：

$$票据到期值=面值×（1+利率×期限）$$

其中，对于无息票据来说，到期值就是面值。

② 计算贴现息，公式如下：

$$贴现息=票据到期值×银行贴现率×贴现期限$$

其中，贴现期限=票据有效天数-企业持有天数。

③ 计算贴现净值，公式如下：

$$贴现净值=票据到期值-贴现息$$

例如：2016 年 5 月 10 日，某企业持一张面值为 10 000 元、出票日为 4 月 20 日、票面利率为 12%、到期日为 5 月 20 日的商业票据向银行申请办理贴现，贴现率为 9%。则贴现息是多少？银行应付给企业的贴现净值是多少？

分析：由于该票据为有息票据，所以应该计算票据到期值。

票据到期值=10 000×（1+12%÷12×1）=10 100（元）

贴现息=10 100×9%÷360[①]×10=25.25（元）

贴现净值=10 100-25.25=10 074.75（元）

（3）贴现与一般贷款的关系

贴现实质上是一种特殊形式的贷款。

二者的共同点：都以银行为债权人，客户为债务人，都收取利息。

二者的不同点：贷款事后收利息，贴现在业务发生时即从票据面额中预扣利息；贷款的利率略高于贴现利率；贴现的期限一般较短（最长不超过 6 个月），贷款的期限可长可短。

实践证明，贴现业务是商业银行的一种兼有流动性、安全性、营利性的资产业务。

例9. 下列不属于商业银行的资产业务的是（　　　）。

A. 票据贴现业务　　　B. 投资业务　　　C. 贷款业务　　　D. 同业拆借业务

解析：D。同业拆借业务是商业银行筹措资金、形成资金来源的业务，是商业银行的负债业务，其他三项均是资产业务。

知识点六　商业银行的中间业务

商业银行的中间业务又称中介业务、居间业务，是指银行不运用或者较少运用自己的资财，以中间人的身份替客户办理收付或其他委托事项，为客户提供各类金融服务并收取手续费的业务，主要有结算业务、代理业务、咨询业务、保管业务等。

中间业务具有以下几个特点。

① 成本低、收益高、风险小。

② 以接受客户委托的方式开展业务。

③ 创造了新的信用形式。

④ 交叉性。

⑤ 充分利用了商业银行的资源。

---

① 贴现息按会计周期计算，即 360 天。

1. 结算业务

（1）结算的概念

结算是指商业银行通过提供结算工具，如本票、汇票、支票等，为购销双方或收付双方完成货币收付、转账划拨行为的业务。

（2）主要结算方式

① 银行汇票结算方式，银行签发、持往异地办理结算或支取现金。

② 商业汇票结算方式。

③ 银行本票结算方式，银行签发，同城结算，一律记名，允许背书转让。见票即付，不予挂失。

④ 支票结算方式。支票分为现金支票和转账支票，现金支票可以提现也可以转账，转账支票只能转账不能提现。一律记名，不准签发空头支票。

⑤ 汇兑结算方式，异地结算，分为信汇和电汇。

⑥ 委托收款结算方式。

例 10. 汇款人将款项存入当地银行，由银行签发给汇款人持往异地办理转账结算或支取现金的票据是（　　）。

A. 银行汇票　　　　　B. 银行本票　　　　　C. 支票　　　　　D. 商业汇票

解析：A。银行签发、持往异地办理结算或支取现金的票据是银行汇票。

例 11. 银行本票一律记名，不允许背书转让。（　　）

解析：×。银行本票适用于同城范围，一律记名，允许背书转让。

2. 代理业务

代理业务是指商业银行接受单位或个人委托，以代理人的身份，代表委托人办理一些经双方议定的有关业务。商业银行在代理业务中，向委托人收取一定的报酬。

代理业务主要包括以下几类。

（1）代理收付款项业务

代理收付款项业务包括代发工资，代理保险，代理发行国债、企业债券及代理收付公用事业费等。

（2）代理融通业务

代理融通又称代收账款或收买应收账款，是由商业银行代客户收取应收款项，并向客户提供资金融通的一种业务方式，利息收入高、风险相对较小，是一项很有发展潜力的业务。

（3）代理行业务

代理行业务是指商业银行的部分业务由指定的其他银行代为办理的一种业务形式。

3. 其他业务

（1）咨询业务

咨询业务是指商业银行应客户的要求，利用自己的知识、技术、信息和经验，运用科学方法和先进手段进行调查、分析和预测，客观公正地为客户提供经济和金融信息，或对某个方面的决策提供一种或多种可供选择的优化方案的有偿智能服务业务。

（2）保管业务

保管业务是指商业银行设置保管箱，接受单位和个人的委托，有偿地代其保管各种贵重物品和单证的业务。

（3）代理会计事务

代理会计事务是指银行接受单位或个人的委托，代办某些财务会计事项的行为。它实质上是银行利用其财务职能为客户提供的一种信用服务。

（4）新兴业务

新兴业务包括担任客户财务顾问，为客户提供资产管理、资产证券化的服务，以及银行卡等业务。

知识点七　商业银行的表外业务

表外业务是由商业银行从事的不列入资产负债表且不影响银行资产与负债总额的业务。商业银行只是充当中间人，为客户提供保证。

表外业务和中间业务都是独立于资产、负债业务之外的业务，区别在于承担的风险不同。

1. 传统的表外业务

（1）贷款承诺业务

贷款承诺业务是商业银行的主要表外业务，是指商业银行承诺并按约定在特定的时间点或时间段向借款人提供资金贷款的许诺。

（2）担保业务

担保业务是指商业银行根据委托人请求向受益人出具书面承诺，在委托人（被担保人）不能履行债务时，由商业银行（担保人）负责履行债务的一种业务。

2. 新兴的表外业务

新兴的表外业务主要是金融衍生工具的业务，包括远期外汇合约、货币互换、货币期货、货币期权、利率互换、利率期权、股票指数、期货和期权等。

例 12．下列不属于商业银行中间业务的是（　　　）。

A．保管业务　　　　　B．咨询业务　　　　　C．担保业务　　　　D．结算业务

解析：C。担保业务属于表外业务，不影响资产与负债总额，不列入资产负债表。

例 13．下列属于商业银行表外业务的是（　　　）。

A．咨询业务　　　　　B．代理业务　　　　　C．担保业务　　　　D．结算业务

解析：C。担保业务中，商业银行充当中间人，在委托人不能履行债务时，代委托人向受益人履行债务。

知识点八　非银行金融机构

1. 保险公司

保险公司是专门经营保险业务的金融机构。保险是靠投保人缴纳保费的方式筹集资金，对发生保险责任范围内的意外灾害和事故的被保险人予以经济补偿的一种金融业务形式。

保险公司大体可以分为财产保险公司、人寿保险公司、火灾和事故保险公司、老年和伤残保险公司、信贷保险公司等。

保险公司的业务范围：一是财产保险业务；二是人身保险业务。同一保险人不得同时兼营上述两类保险业务。

资金来源于投保人缴纳的保费。

资金的运用，除了理赔外，目前限于银行存款，买卖政府债券、金融债券、证券投资基金份额等有价证券，以及国务院规定的其他资金运用形式，不得用于设立证券营业部和向企业

投资。

2. 信托投资公司

信托投资公司是一种以受托人的身份代人理财的金融机构。信托与银行信贷、保险称为现代金融业的三大支柱。

例 14. 不属于信托投资公司业务特点的是（　　）。

A. 收益高　　　　　　B. 风险小　　　　　　C. 责任重　　　　　　D. 管理复杂

解析：B。信托投资公司的业务特点是收益高、风险大，责任重、管理复杂，收益和风险成正比。

3. 证券公司

证券公司是专门经营证券业务，具有独立法人地位的金融机构。

4. 基金管理公司

基金管理公司是指依据有关法律法规设立的对基金的募集、基金份额的申购和赎回、基金财产的投资、收益分配等基金运作活动进行管理的公司。

证券投资基金的依法募集由基金管理人承担。基金管理公司的核心职能简而言之就是"受人之托，代人理财"。

例 15. 核心职能简而言之为"受人之托，代人理财"的是（　　）。

A. 商业银行　　　　　B. 基金管理公司　　　C. 保险公司　　　　　D. 证券公司

解析：B。基金管理公司的核心职能就是"受人之托，代人理财"。

基础过关

一、选择题

1. 在商业银行的基础上发展形成的，是现代各国金融系统的核心的是（　　）。

　　A. 中央银行　　　　　　　　　　　　B. 政策性银行

　　C. 商业银行　　　　　　　　　　　　D. 非银行金融机构

2. 由政府设立，以贯彻国家产业政策、区域发展政策为目的，不以盈利为目的的金融机构是（　　）。

　　A. 中央银行　　　　　　　　　　　　B. 政策性银行

　　C. 商业银行　　　　　　　　　　　　D. 非银行金融机构

3. 代理会计事务业务属于商业银行的（　　）。

　　A. 负债业务　　　　B. 资产业务　　　　　C. 中间业务　　　　D. 表外业务

4. 中央银行集中存款准备金发挥的是其（　　）职能。

　　A. 发行的银行　　　B. 银行的银行　　　　C. 国家的银行　　　D. 人民的银行

5. 下列不属于政策性银行的是（　　）。

　　A. 国家开发银行　　　　　　　　　　B. 中国进出口银行

　　C. 中国农业发展银行　　　　　　　　D. 中国邮政储蓄银行

6. 下列业务体现商业银行一大特色的是（　　）。

　　A. 吸收活期存款　　B. 发放贷款　　　　　C. 发行货币　　　　D. 票据贴现

7. 商业银行筹措资金、形成资金来源的业务是（　　）。

　　A. 负债业务　　　　B. 资产业务　　　　　C. 表外业务　　　　D. 中间业务

8. 下列不属于商业银行负债业务的是（　　）。
　　A. 回购协议　　　B. 再贴现业务　　　C. 同业拆借　　　D. 结算业务

9. 申请人将款项交存银行，由银行签发给其凭以办理转账结算或支取现金的票据是（　　）。
　　A. 银行汇票　　　B. 银行本票　　　C. 支票　　　D. 汇兑

10. 下列属于商业银行表外业务的是（　　）。
　　A. 代发工资　　　B. 咨询业务　　　C. 贷款承诺　　　D. 保管业务

11. 下列业务中，允许商业银行投资的是（　　）。
　　A. 企业债券　　　B. 股票　　　C. 国库券　　　D. 金融债券

12. 银行不运用或者较少运用自己的资财，以中间人的身份替客户办理收付或其他委托事项，为客户提供各类金融服务并收取手续费的业务是（　　）。
　　A. 负债业务　　　B. 资产业务　　　C. 中间业务　　　D. 表外业务

13. 商业银行营运资金的主要来源是（　　）。
　　A. 资本金　　　　　　　　　B. 吸收存款
　　C. 同业拆借　　　　　　　　D. 向中央银行借款

14. 商业银行最重要的资产业务和收益的主要来源是（　　）。
　　A. 现金资产　　　B. 投资业务　　　C. 贷款业务　　　D. 票据贴现业务

15. 商业银行中间业务的特点是（　　）。
　　A. 成本低、收益低、风险小　　　　B. 成本高、收益高、风险小
　　C. 成本低、收益高、风险大　　　　D. 成本低、收益高、风险小

16. 借款人的还款能力出现明显问题，依靠其正常经营收入已无法保证足额偿还本息的贷款是（　　）。
　　A. 关注贷款　　　B. 次级贷款　　　C. 可疑贷款　　　D. 损失贷款

17. 商业银行中间业务中最主要的业务是（　　）。
　　A. 代理业务　　　B. 咨询业务　　　C. 担保业务　　　D. 结算业务

18. 被称为现代金融业三大支柱的是银行信贷、保险和（　　）。
　　A. 股票　　　B. 政府债券　　　C. 信托　　　D. 基金

19. 发行金融债券是商业银行的（　　）。
　　A. 负债业务　　　B. 资产业务　　　C. 表外业务　　　D. 中间业务

20. （　　）是银行经营业务的基础，是商业银行成立时依法必须筹集的资本。
　　A. 资本金　　　B. 同业拆借　　　C. 贷款业务　　　D. 存款

二、判断题

1. 中央银行具有国家管理机关的性质，不以盈利为目的，面向政府和企业单位发生业务关系，为实现国家政策服务。　　　　　　　　　　　　　　　（　　）

2. 商业银行是不以盈利为目的，直接面向社会企业、单位和个人，以经营存放款和汇兑为主要业务的金融机构。　　　　　　　　　　　　　　　（　　）

3. 保险公司资金的运用，除了理赔外，还可用于购买政府债券、金融债券和向企业投资。　　　　　　　　　　　　　　　（　　）

4. 中央银行作为金融体系的核心，对政府和企业提供贷款支持。　（　　）

5. 贴现业务是商业银行的一种兼有流动性、安全性、营利性的负债业务。（　　）

6. 中央银行保管黄金外汇的意义在于稳定币值，稳定汇价，调节国际收支。（　　）

7. 贴现的期限通常不超过 6 个月，而一般贷款的期限可长可短。 （　　）

8. 资本金是商业银行负债业务中最重要的业务。 （　　）

9. 中央银行负责组织商业银行等金融机构之间的清算体现了其国家的银行职能。（　　）

10. 表外业务和中间业务都是独立于资产、负债业务之外的业务，区别在于承担的风险不同。 （　　）

11. 回购协议是一种以证券为抵押品的短期资金融通。 （　　）

12. 转账支票既可以从银行提取现金，也可以转账；现金支票只能提取现金。 （　　）

三、名词解释题

1. 资产业务
2. 负债业务
3. 中间业务
4. 贴现
5. 回购协议

提升训练

四、简答题

1. 简述中央银行的业务。
2. 简述商业银行的负债业务。
3. 简述我国金融机构体系的一般构成。
4. 简述商业银行中间业务的特点。

五、综合题

1. 2023 年 3 月 23 日，A 企业销售商品收到一张面值为 10 000 元、票面利率为 6%、期限为 6 个月的商业汇票。5 月 2 日，A 企业持上述票据到银行贴现，贴现率为 8%。

请完成以下题目（计算结果保留两位小数）：

（1）计算银行获得的贴现息。

（2）计算银行应付给 A 企业的贴现净值。

（3）试述贴现和一般贷款的关系。

2. 王明是某大学财经专业的优秀毕业生，毕业后进入中国人民银行工作，邻居李大爷得知后便咨询王明，想把个人积蓄存到中国人民银行。请你结合所学的中国人民银行的性质和职能等内容，帮助王明分析该如何给邻居李大爷讲解此事。

项目八 金融市场

要点导图

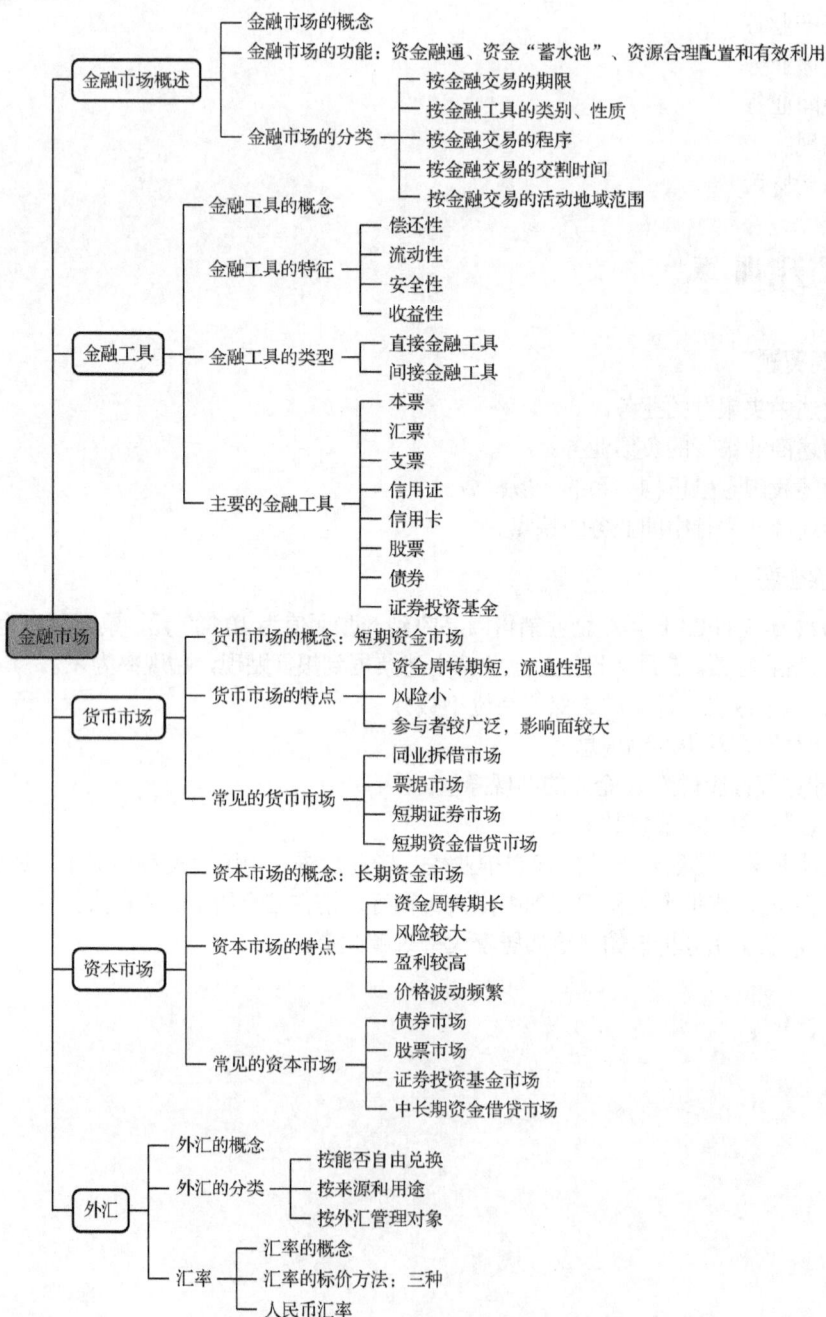

金融市场概述
- 金融市场的概念
- 金融市场的功能：资金融通、资金"蓄水池"、资源合理配置和有效利用
- 金融市场的分类
  - 按金融交易的期限
  - 按金融工具的类别、性质
  - 按金融交易的程序
  - 按金融交易的交割时间
  - 按金融交易的活动地域范围

金融工具
- 金融工具的概念
- 金融工具的特征
  - 偿还性
  - 流动性
  - 安全性
  - 收益性
- 金融工具的类型
  - 直接金融工具
  - 间接金融工具
- 主要的金融工具
  - 本票
  - 汇票
  - 支票
  - 信用证
  - 信用卡
  - 股票
  - 债券
  - 证券投资基金

金融市场

货币市场
- 货币市场的概念：短期资金市场
- 货币市场的特点
  - 资金周转期短，流通性强
  - 风险小
  - 参与者较广泛，影响面较大
- 常见的货币市场
  - 同业拆借市场
  - 票据市场
  - 短期证券市场
  - 短期资金借贷市场

资本市场
- 资本市场的概念：长期资金市场
- 资本市场的特点
  - 资金周转期长
  - 风险较大
  - 盈利较高
  - 价格波动频繁
- 常见的资本市场
  - 债券市场
  - 股票市场
  - 证券投资基金市场
  - 中长期资金借贷市场

外汇
- 外汇的概念
- 外汇的分类
  - 按能否自由兑换
  - 按来源和用途
  - 按外汇管理对象
- 汇率
  - 汇率的概念
  - 汇率的标价方法：三种
  - 人民币汇率

复习要求

1. 掌握金融市场的功能和分类。
2. 掌握金融工具的概念、特征。
3. 了解几种主要的金融工具。
4. 了解货币市场和资本市场的发展现状。

考点详解

知识点一　金融市场概述

1. 金融市场的概念

金融市场是商品货币经济发展到一定阶段的市场形式，又称资金市场，包括货币市场和资本市场，是资金融通市场。

2. 金融市场的功能

金融市场的首要功能是资金融通。金融市场通过金融资产交易实现货币资金在供给者和需求者之间的转移，促进有形资本形成。

金融市场具有聚集众多分散的小额资金，使其成为可以投入社会再生产的资金的能力。在这里，金融市场起着资金"蓄水池"的作用。

金融市场将资源从低效率利用的部门转移到高效率利用的部门，从而使一个社会的经济资源最有效地配置在效率最高或效用最大的用途上，实现稀缺资源的合理配置和有效利用。

3. 金融市场的分类

① 按金融交易的期限分为短期金融市场和长期金融市场。
② 按金融工具的类别、性质分为票据市场、大额可转让存单市场、证券市场、外汇市场、黄金市场等。
③ 按金融交易的程序分为发行市场和流通市场。
④ 按金融交易的交割时间分为现货市场和期货市场。
⑤ 按金融交易的活动地域范围分为国内金融市场和国际金融市场。

例 1. 在金融市场上，对已发行的证券进行转让买卖的市场按金融交易的程序不同属于（　　）。

A. 货币市场　　　　B. 资本市场　　　　C. 发行市场　　　　D. 流通市场

解析：D。按金融交易的程序，可将金融市场分为发行市场和流通市场，其中对已发行的证券进行转让买卖的是流通市场。

知识点二　金 融 工 具

1. 金融工具的概念

金融工具是指那些在金融市场上以书面形式发行或流通，借以作为债权人权利和债务人义务的契约凭证。

例2. 金融工具既是金融商品又是金融资产。（   ）

解析：√。金融工具，从融资角度看，是金融工具；从金融市场交易的角度看，是金融商品；从债权人的角度看，是金融资产。

2. 金融工具的特征

① 偿还性。

② 流动性（可转让性）。

③ 安全性。

④ 收益性。

上述特征是不平衡的，流动性常与收益性成反比；收益性常与安全性成反比。

3. 金融工具的类型

（1）直接金融工具

直接金融工具是指非金融机构（企业、政府和个人）发行和签署的如商业票据、公债、国库券、企业债券、股票等。

（2）间接金融工具

间接金融工具是由金融机构发行的银行券、存款单、银行票据和保险单等。

例3. 下列不属于间接金融工具的是（   ）。

A. 企业债券   B. 银行券   C. 保险单   D. 存款单

解析：A。B、C、D选项均是由金融机构发行的，属于间接金融工具；A选项是由企业发行的，属于直接金融工具。

4. 主要的金融工具

金融工具主要包括本票、汇票、支票、信用证、信用卡、股票、债券、证券投资基金。

（1）本票

本票又称期票，是指债务人向债权人开出的，以发票人本人为付款人，承诺在一定期间内偿付欠款的支付保证书。本票票面注明支付金额、还款期限和地点，其特点是见票即付，无须承兑。

（2）汇票

汇票是出票人签发的，委托付款人在见票时或者在指定日期无条件支付确定金额给收款人或持票人的票据。

（3）支票

支票按其支付方式分为现金支票和转账支票两种。前者可用来支取现金或转账，后者只能用来转账。转账支票常在票面划两条平行线，故又称划线支票、平行线支票或横线支票。

（4）信用证

信用证是银行根据其存款客户的请求，对第三者发出的，授权第三者签发以银行或存款人为付款人的凭证。

（5）信用卡

信用卡是银行或专业公司对具有一定信用的客户（消费者）所发行的一种信用证明。

（6）股票

股票是股份公司为筹集资金而发给投资者的入股凭证。股份公司发行股票筹集的资金作为股份公司的自有资本，除非公司解散，否则永不返还投资资金，股东也不得退股。但是股东可以将股票在证券市场上转让，以收回投资。

（7）债券

债券是由政府、企业、银行等出具的，承诺按一定的利率定期支付利息，到期偿还本金的债务证书。它反映的是当事人之间特定的债权债务关系。

① 政府债券。政府债券又称国债或公债，是政府为了筹集预算资金而发行的承担还款责任的债务凭证。特点是安全性好、利率低于其他债券、担保价值高、有免税待遇。

② 金融债券。金融债券是指银行及其他金融机构发行的债券，期限一般为3～5年。特点是信誉较好、投资风险小、有可转让性和收益较高。

③ 公司债券。公司债券是由公司依照法定程序发行的一种有价证券。特点是收益高、风险大。

例4．下列债券具有信誉较好、投资风险小、有可转让性和收益较高特点的是（　　）。

A．金融债券　　　　　B．政府债券　　　　　C．公司债券　　　　　D．国债

解析：A。B和D选项的特点是安全性好、利率低于其他债券、担保价值高、有免税待遇；C选项的特点是收益高、风险大。

（8）证券投资基金

证券投资基金是由投资基金发起人向公众发行，利益共享、风险共担的集合证券投资工具。特点是集合投资、专家管理、分散风险。

例5．下列金融工具具有集合投资、专家管理、分散风险特点的是（　　）。

A．股票　　　　　B．债券　　　　　C．支票　　　　　D．证券投资基金

解析：D。证券投资基金的特点是集合投资、专家管理、分散风险。

知识点三　货 币 市 场

1. 货币市场的概念

货币市场又称短期资金市场，是指期限在1年以内的融资活动的市场。货币市场的交易对象是短期金融工具，包括银行短期存/贷款、短期证券、票据等。

2. 货币市场的特点

① 资金周转期短，流通性强。

② 风险小。

③ 参与者较广泛，影响面较大。

例6．货币市场的特点是资金周转期短，流通性强，风险大，参与面小。（　　）

解析：×。货币市场的特点是资金周转期短，流通性强，风险小，参与者较广泛，影响面较大。

3. 常见的货币市场

（1）同业拆借市场

同业拆借市场是指具有准入资格的金融机构之间进行临时性资金融通的市场。交易对象是金融机构的多余头寸。金融同业拆借的主体必须是由中央银行批准经营金融业务的银行及非银行金融机构。

拆借的利息按日计算，称为拆息。拆息水平一般低于中央银行再贴现率或短期借贷市场利率。交易主要采用电话洽商的方式，期限短、数额大。

（2）票据市场

票据市场是指商业票据承兑、贴现和流动转让的市场，包括票据承兑市场和票据贴现市场。

（3）短期证券市场

短期证券市场是指买卖 1 年期以内短期金融工具的交易市场，主要包括国库券市场和回购协议市场。

① 国库券是国家短期内债的一种，是政府为了弥补国库资金临时不足而发行的政府债券。国库券的利率一般不在券面上标明，而是采用折扣或贴现的方式。国库券的转让可以通过贴现或买卖方式进行。交易渠道包括：一是向银行购买；二是向证券商购买；三是直接向财政部购买。

② 回购协议市场是指证券持有者在货币市场上出售证券时，与证券购买者同时签订协议，使自己可在约定的时间按规定的价格购回原证券的市场。

回购协议实际上是一种以原有证券为担保品的资金融通方式，一般以政府债券为主。

（4）短期资金借贷市场

例 7. 具有准入资格的金融机构之间进行临时性资金融通的市场是（　　）。

A. 同业拆借市场　　　　B. 票据市场　　　　　C. 回购协议市场　　　　D. 债券市场

解析：A。同业拆借市场是指具有准入资格的金融机构之间进行临时性资金融通的市场。交易对象是金融机构的多余头寸。

例 8. 证券持有者在货币市场上出售证券时，与证券购买者同时签订协议，使自己可在约定的时间按规定的价格购回原证券的市场是（　　）。

A. 同业拆借市场　　　　B. 票据市场　　　　　C. 回购协议市场　　　　D. 债券市场

解析：C。回购协议市场是指证券持有者在货币市场上出售证券时，与证券购买者同时签订协议，使自己可在约定的时间按规定的价格购回原证券的市场。

知识点四　资　本　市　场

1. 资本市场的概念

资本市场又称长期资金市场，是指期限在 1 年以上的中长期资金融通交易场所，是金融市场的重要组成部分。资本市场的交易对象是中长期金融工具，包括中长期债券、股票、证券投资基金和银行中长期信贷等。

2. 资本市场的特点

① 资金周转期长。

② 风险较大。

③ 盈利较高。

④ 价格波动频繁。

3. 常见的资本市场

资本市场主要分为四类：债券市场、股票市场、证券投资基金市场和中长期资金借贷市场。

（1）债券市场

债券市场是发行和买卖债券的场所。

（2）股票市场

股票市场一般分为股票发行市场和股票交易市场。

发行股票的目的：一是为设立的公司筹措资金；二是为已有的公司扩充资本。发行方式：

一是由新建企业自己发行；二是由证券承销商承包发售。

（3）证券投资基金市场

（4）中长期资金借贷市场

中长期资金借贷是指1年以上贷款的一种间接融资。中长期资金借贷主要有以下三种形式。

① 银行定期贷款。

② 银团贷款。银团贷款是指由一家银行牵头，多家银行（可分属几个国家）参与，组成的国际性银行集团提供的贷款，金额较大、期限较长、风险很大。

③ 国际贷款。

例9. 下列不属于中长期资金借贷市场的是（　　）。

A. 银行定期贷款　　　B. 银团贷款　　　　C. 回购协议市场　　　D. 国际贷款

解析：C。回购协议实际上是一种以原有证券为担保品的资金融通方式，属于货币市场的内容，而中长期资金借贷市场属于资本市场。

例10. 资本市场能够有效地利用社会闲散资金，化零为整，有利于扩大再生产。（　　）

解析：√。资本市场上的金融工具交易期限长，能够优化社会资源。

例11. 目前在国际资金市场上，对于金额大、期限长的贷款，为了减小风险，多采用的是（　　）。

A. 银行定期贷款　　　B. 银团贷款　　　　C. 回购协议市场　　　D. 国际贷款

解析：B。银团贷款是指由一家银行牵头，多家银行（可分属几个国家）参与，组成的国际性银行集团提供的贷款，金额较大、期限较长、风险很大。

知识点五　外　　汇

1. 外汇的概念

外汇是可以在国际上自由兑换、自由买卖的资产，也是一种特殊商品。汇率就是这种特殊商品的特殊价格。

2. 外汇的分类

（1）按能否自由兑换分为自由外汇和记账外汇

自由外汇是无须经国家外汇管理机关批准，在国际金融市场上可以自由转换为其他国家货币的外汇，如美元、英镑、欧元、加拿大元、日元等，以及这些货币所表示的支票、汇票、旅行支票等。

记账外汇是指记载在双方指定银行账户上的外汇，不能兑换成其他货币，也不能对第三者支付，又称清算外汇、协定外汇或双边外汇。

（2）按来源和用途分为贸易外汇和非贸易外汇

贸易外汇是由国际商品的输入或输出所形成的支出或收入的外汇，往往是一个国家外汇收入的主要来源，也是一个国家外汇支出的重要部分。

非贸易外汇是指各国之间除贸易外汇外的其他各种经济往来过程中发生收支的外汇，如劳务的进出口（运输、保险、金融、旅游、承包工程等）、侨民的汇兑、投资利润的分享（利息、股息、红利分配等）。

例12. 记载在双方指定银行账户上的外汇，不能兑换成其他货币，也不能对第三者支付的是（　　）。

A. 自由外汇　　　　B. 非贸易外汇　　　C. 贸易外汇　　　　D. 记账外汇

解析：D。记账外汇是指记载在双方指定银行账户上的外汇，不能兑换成其他货币，也不能对第三者支付，又称清算外汇、协定外汇或双边外汇。

例13. 一个国家外汇收入的主要来源是（　　）。

A. 自由外汇　　　　　B. 非贸易外汇　　　　C. 贸易外汇　　　　D. 记账外汇

解析：C。贸易外汇是由国际商品的输入或输出所形成的支出或收入的外汇，往往是一个国家外汇收入的主要来源，也是一个国家外汇支出的主要部分。

例14. 按来源和用途，各国之间在劳务的进出口过程中发生的收支属于（　　）。

A. 贸易外汇　　　　　B. 自由外汇　　　　　C. 非贸易外汇　　　　D. 记账外汇

解析：C。外汇按来源和用途分为贸易外汇和非贸易外汇，排除B选项和D选项；劳务引起的属于非贸易外汇，排除A选项。

（3）按外汇管理对象分为单位外汇和个人外汇

3. 汇率

（1）汇率的概念

汇率又称汇价，是不同货币之间兑换的比率或比价，也可以说是以一种货币表示另一种货币的价格。

（2）汇率的标价方法

① 直接标价法。直接标价法是指以一定单位的外国货币为标准来计算折合多少单位的本国货币。世界上大多数国家采用的是直接标价法，如人民币。例如：从1美元=7.1363人民币变为1美元=7.1303人民币，表示美元贬值，人民币升值。

② 间接标价法。间接标价法是指以一定单位的本国货币为标准来计算折合多少单位的外国货币。在国际外汇市场上，欧元、英镑、澳元等均为间接标价法。

③ 美元标价法。银行同业间的外汇交易通常使用美元汇率，即以1单位的美元折合多少单位的其他国家货币来表示。世界各金融中心的国际银行所公布的外汇牌价都是以美元对其他主要货币的汇率。

（3）人民币汇率

人民币汇率是我国人民币与外币的比价。人民币汇率采用直接标价法。自2005年7月21日起，我国开始实行以市场供求为基础、参考一揽子货币进行调节、有管理的浮动汇率制度。

人民币汇率每天通过中国经营外汇业务的银行挂牌公布，分为买入价、卖出价和中间价。由于外币现钞买卖过程中包含运送、保管、保险等费用，所以现钞买入价一般低于外汇买入价。

例15. 外汇汇率具有双向表示的特点，既可用本币来表示外币价格，又可用外币表示本币价格。（　　）

解析：√。外汇是一种特殊商品，可以互相表示对方的价格。

基 础 过 关

一、选择题

1. 下列金融工具中，流动性最强的是（　　）。

　　A. 国债　　　　　B. 活期存款　　　　C. 股票　　　　D. 定期存款

2. 下列不属于资本市场的是（　　）。

　　A. 银团贷款　　　B. 股票市场　　　　C. 债券市场　　　D. 票据承兑贴现市场

3. 下列不属于政府债券的特点的是（   ）。

    A．安全性好   B．利率高   C．担保价值高   D．免税

4. 国库券一般采用的发行方式是（   ）。

    A．折价发行   B．溢价发行   C．平价发行   D．原价发行

5. 回购协议的证券一般以（   ）为主。

    A．企业债券   B．银行票据   C．保险单   D．政府债券

6. 下列不属于货币市场的是（   ）。

    A．同业拆借市场   B．国库券市场   C．债券市场   D．回购协议市场

7. 由一家银行牵头，多家银行参与，组成的国际性银行集团提供的贷款，称为（   ）。

    A．银行定期贷款   B．银团贷款   C．国际贷款   D．跨国贷款

8. 由国际商品的输入或输出所形成的支出或收入的外汇是（   ）。

    A．贸易外汇   B．非贸易外汇   C．自由外汇   D．记账外汇

9. 以一定单位的外国货币为标准来计算折合多少单位的本国货币的是（   ）。

    A．间接标价法   B．直接标价法   C．美元标价法   D．外汇标价法

10. 人民币汇率采用的是（   ）。

    A．间接标价法   B．直接标价法   C．美元标价法   D．外汇标价法

11. 属于直接金融工具的是（   ）。

    A．存款单   B．企业债券   C．银行票据   D．银行券

12. 属于间接金融工具的是（   ）。

    A．国库券   B．公债   C．企业债券   D．银行票据

13. 在直接标价法下，从 1 美元=7.170 4 元人民币变为 1 美元=7.169 6 元人民币，表示（   ）。

    A．美元升值、人民币贬值   B．美元贬值、人民币升值

    C．美元不变、人民币升值   D．美元不变、人民币贬值

14. 金融工具的流动性与收益性成（   ），收益性与安全性成（   ）。

    A．反比 正比   B．正比 反比   C．正比 正比   D．反比 反比

15. 下列不属于金融工具的特征的是（   ）。

    A．偿还性   B．收益性   C．法律性   D．流动性

16. 金融市场的首要功能是（   ）。

    A．资金融通   B．资金积累   C．降低风险   D．宏观调控

17. 外汇按能否自由兑换分为（   ）。

    A．自由外汇和记账外汇   B．贸易外汇和非贸易外汇

    C．单位外汇和个人外汇   D．即期外汇和远期外汇

18. 银团贷款属于（   ）的金融活动。

    A．货币市场   B．资本市场   C．发行市场   D．流通市场

二、判断题

1. 同业拆借市场按金融市场交易的期限，属于资本市场。   （   ）

2. 由于直接融资方式是由企业在金融市场上直接发行的，所以其风险要明显低于间接融资方式。   （   ）

3. 股份公司发行股票筹集的资金，除非公司解散，否则永不返还投资资金，股东可以退股或者将股票在证券市场上转让，以收回投资。   （   ）

4. 同业拆借的拆息水平一般高于中央银行再贴现率或短期借贷市场利率。   （   ）

5. 回购协议实际上是一种以原有证券为担保品的资金融通方式。　　　（　　）

6. 国债是交易所债券市场的主流。　　　（　　）

7. 外汇是可以在国际上自由兑换、自由买卖的资产，也是一种特殊商品。　（　　）

8. 世界上大多数国家采用的是间接标价法。　　　（　　）

9. 由于外币现钞买卖过程中包含运送、保管、保险等费用，所以现钞买入价一般高于外汇买入价。　　　（　　）

10. 进行期货交易的目的主要是套期保值和投机。　　　（　　）

11. 当天成交、当天付款交割的即期买卖称为现货市场。　　　（　　）

三、名词解释题

1. 债券
2. 汇率
3. 货币市场
4. 资本市场
5. 间接标价法

提升训练

四、简答题

1. 简述资本市场的特点。
2. 简述常见的货币市场有哪些。
3. 简述金融工具的主要特征。
4. 简述主要的金融工具有哪些。

五、综合题

从 2023 年整体走势来看，人民币对美元汇率基本呈波动走低状态，尽管 7 月份出现阶段性升值，但到了 8 月份又开始震荡下行，8 月 16 日，离岸人民币兑美元汇率盘中跌破 7.33 关口，连续五日共跌超 800 个基点，创下 2022 年 11 月以来的新低，8 月 22 日，美元对人民币的汇率为 7.282 5。

结合上述材料，回答下列问题：

（1）如果美元对人民币最新汇率持续下降，意味着什么？

（2）当前汇率波动对老百姓的生活有何影响？

项目九　财政政策与货币政策

要点导图

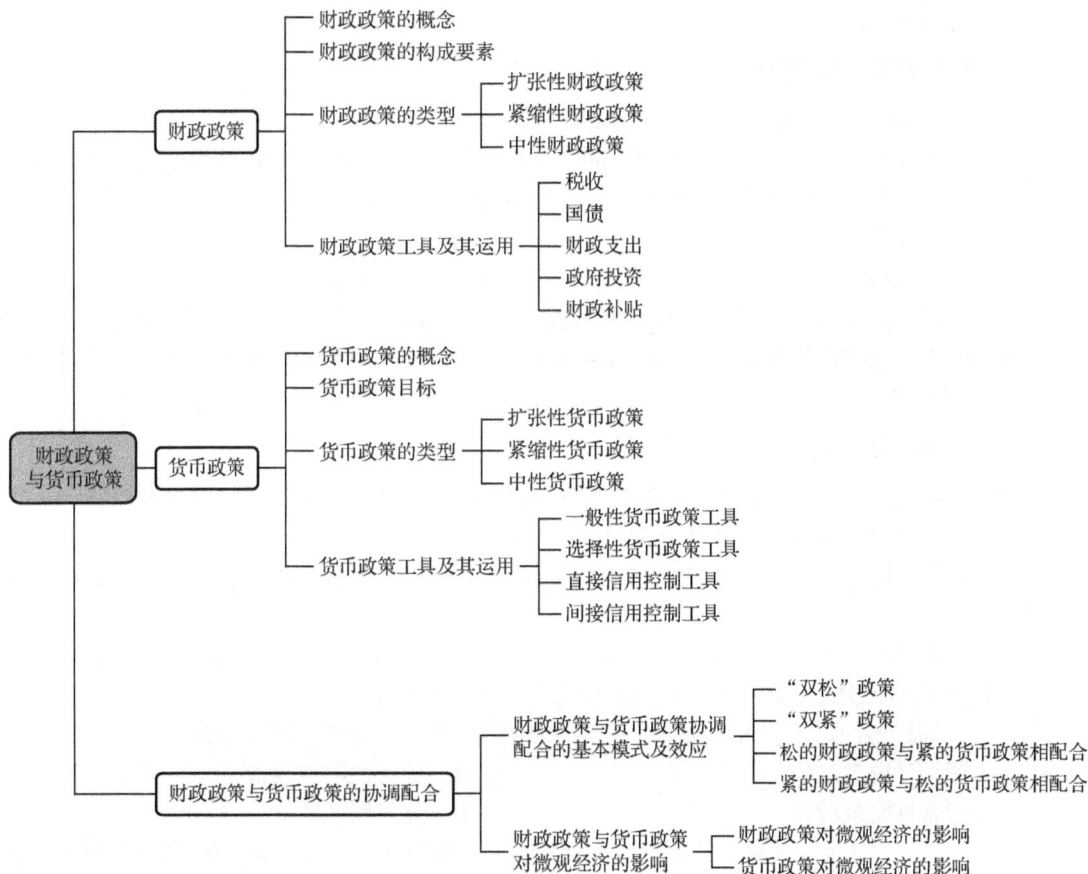

复习要求

1. 明确财政政策的构成要素，掌握财政政策的类型、财政政策工具及其运用。

2. 明确货币政策目标，掌握货币政策的类型、货币政策工具及其运用。

3. 理解财政政策与货币政策协调配合的基本模式、效应及选择，掌握财政政策与货币政策对微观经济的影响。

考点详解

知识点一　财 政 政 策

1. 财政政策的概念

财政政策是指国家为了达到一定目标而制定的指导财政分配活动、处理财政分配关系的基本准则和措施的总和。

2. 财政政策的构成要素

① 财政政策主体，指财政政策的制定者和执行者。

② 财政政策目标，指通过财政政策的实施所要达到的目的或产生的效果，是财政政策的核心内容。我国的财政政策目标可归纳为四点：物价稳定、充分就业、经济增长、公平收入分配。

③ 财政政策工具。

例 1. 在财政政策的构成要素中，（　　）是财政政策的核心内容。

A. 财政政策主体　　　B. 财政政策目标　　　C. 财政政策工具　　　D. 财政政策效应

解析：B。财政政策主要包括财政政策主体、财政政策目标和财政政策工具，其中财政政策目标为核心内容。

3. 财政政策的类型

① 扩张性财政政策，又称膨胀性财政政策或松的财政政策，是指通过减少财政收入，增加财政支出来增加和刺激社会总需求的财政政策。

② 紧缩性财政政策，是指通过增加财政收入，减少财政支出来抑制社会总需求的财政政策。

③ 中性财政政策，又称均衡性财政政策或"稳健"财政政策，是指采取财政收支平衡的办法，既不刺激社会总需求，也不抑制社会总需求的财政政策。

例 2. 通过增加财政收入，减少财政支出来抑制社会总需求的财政政策是（　　）。

A. 紧缩性财政政策　　　　　　　　B. 扩张性财政政策

C. 膨胀性财政政策　　　　　　　　D. 稳健财政政策

解析：A。扩张性财政政策是通过减少财政收入，增加财政支出来增加和刺激社会总需求；中性财政政策采取财政收支平衡办法；紧缩性财政政策通过增加财政收入，减少财政支出来抵制社会总需求。

4. 财政政策工具及其运用

（1）税收

税收作为国家主要的财政政策工具，具有强制性、无偿性和固定性的特点。

税收对实现财政政策目标的作用体现在以下方面。

① 税收对经济稳定增长的作用。

② 税收对资源合理配置的作用。

③ 税收对收入公平分配的作用。

（2）国债

国债是国家利用信用方式筹集财政资金的一种形式，也是政府实施宏观调控的重要政策工具。

国债对实现财政政策目标的作用体现在以下方面。

① 可以调节社会资金的使用结构。

② 可以调节国民经济结构，协调宏观经济效益与微观经济效益的矛盾。

③ 可以调节货币供给和货币流通。

（3）财政支出

作为宏观经济调控中重要的财政政策工具，财政支出是增加社会总需求的重要渠道，不仅可以直接调节社会总需求，还可以改善社会产品的供给结构。

财政支出对实现财政政策目标的作用体现在以下方面。

① 购买性支出对经济稳定增长的作用。

② 转移性支出对公平收入分配的作用。

（4）政府投资

政府投资对实现财政政策目标的作用体现在以下方面。

① 是实现资源有效配置的重要手段。

② 是影响经济稳定增长的决定性因素。

（5）财政补贴

财政补贴是政府转移性支付的重要形式，其社会经济效应主要在于弥补既定经济制度及其运行机制的缺陷。

财政补贴对实现财政政策目标的作用体现在以下方面。

① 对经济稳定增长的作用。

② 对资源合理配置的作用。

③ 对公平收入分配的作用。

例3. 下列（　　）不属于财政政策主体所选择的用以达到财政政策目标的各种财政手段。

A．税收　　　　　　　　B．国债　　　　　　　C．财政补贴　　　D．社会保险

解析：D。财政政策主体所选择的用以达到财政政策目标的各种财政手段就是财政政策工具，主要有税收、国债、财政支出、政府投资和财政补贴等。

知识点二　货 币 政 策

1. 货币政策的概念

货币政策是一国政府（中央银行）为实现特定的宏观经济目标所制定的各种调节货币供给量和信用条件的方针、措施的总和，主要包括货币政策目标、货币政策工具和货币政策效应。

例4. 货币政策的主要制定者和执行者是（　　）。

A．财政部　　　　　　　B．中央银行　　　　　C．政策性银行　　　D．商业银行

解析：B。货币政策是一国政府（中央银行）为实现特定的宏观经济目标所制定的各种调节货币供给量和信用条件的方针、措施的总和。

2. 货币政策目标

世界各国中央银行货币政策所要实现的目标主要有四个：稳定物价、充分就业、经济增长、国际收支平衡。

《中华人民共和国中国人民银行法》对我国的货币政策目标有明确的规定："货币政策目标是保持货币币值的稳定，并以此促进经济增长。"

例5. 我国的货币政策目标是（　　）。

A. 稳定物价　　　　　　　　　　　B. 充分就业

C. 保持货币币值稳定并促进经济增长　D. 国际收支平衡

解析：C。《中华人民共和国中国人民银行法》对我国的货币政策目标有明确的规定："货币政策目标是保持货币币值的稳定，并以此促进经济增长。"

3. 货币政策的类型

按货币政策对社会货币供应量具有的不同调节功能，将货币政策分为以下三种类型。

（1）扩张性货币政策

扩张性货币政策又称膨胀性货币政策或松的货币政策，是指通过降低法定存款准备金率，降低再贴现率，中央银行在公开市场业务中收购有价证券，以及中央银行降低存/贷款利率等手段，增加社会货币供应量，刺激社会总需求增加的政策。

（2）紧缩性货币政策

紧缩性货币政策是指通过提高法定存款准备金率，提高再贴现率，中央银行在公开市场业务中卖出有价证券，以及中央银行提高存/贷款利率等手段，减少社会货币供应量，抑制社会总需求的政策。

（3）中性货币政策

中性货币政策是指货币供应量等于货币需要量政策，对货币供应量及社会总需求既不产生扩张效应，也不产生紧缩后果，主要在经济稳定增长时期使用。

4. 货币政策工具及其运用

（1）一般性货币政策工具

一般性货币政策工具是从总量上对货币供应量和信贷规模进行调节的工具。一般性货币政策工具即我国传统的"三大法宝"是法定存款准备金率、再贴现政策、公开市场业务。

（2）选择性货币政策工具

除了一般性货币政策工具，中央银行可以有选择地对某些特殊的经济领域或特殊用途的信贷加以调节和影响，这些措施就是选择性货币政策工具，是一般货币政策的补充。常见的选择性货币政策工具主要有消费者信用控制、证券市场信用控制、不动产信用控制。

（3）直接信用控制工具

直接信用控制工具是指中央银行从质和量两个方面，以行政命令或其他方式，直接对金融机构尤其是商业银行的信用活动进行的控制。其主要手段包括利率最高限额、信用配额、流动性比率、直接干预。

（4）间接信用控制工具

间接信用控制工具是指中央银行使用各种间接措施对商业银行的信用创造施加影响。其主要手段包括道义劝告、窗口指导。

例6. 下列属于选择性货币政策工具的是（　　）。

A. 法定存款准备金率　　　　　　　B. 消费者信用控制

C. 利率最高限额　　　　　　　　　D. 信用配额

解析：B。A选项属于一般性货币政策工具，C、D选项属于直接信用控制工具。

例7. 中央银行最基础、最重要的一般性货币政策工具是（　　）。

A. 法定存款准备金率　　　　　　　B. 再贴现政策

C. 公开市场业务　　　　　　　　　D. 证券市场信用控制

解析：A。B、C选项属于一般性货币政策工具，但不是最基础、最重要的手段；D选项属于选择性货币政策工具。

知识点三 财政政策与货币政策的协调配合

1. 财政政策与货币政策协调配合的基本模式及效应

（1）"双松"政策，即松的财政政策与松的货币政策相配合

松的财政政策是通过减税和扩大政府支出规模来增加社会总需求；松的货币政策是通过降低法定存款准备金率、再贴现率、存款利率、扩大再贷款等措施来扩大信贷支出规模，增加货币供给量，刺激投资，增加社会总需求。

"双松"政策的积极效应是可以强烈地刺激投资，促进经济增长；消极效应是往往产生财政赤字、信用膨胀并诱发通货膨胀。

（2）"双紧"政策，即紧的财政政策与紧的货币政策相配合

紧的财政政策是通过增加税收和削减政府支出规模、限制消费和投资，从而抑制社会总需求；紧的货币政策是通过提高法定存款准备金率、再贴现率、存款利率来压缩信贷支出的规模，增加储蓄，减少货币供给量，抑制社会总需求。

"双紧"政策的积极效应是可以强烈地抑制总需求，控制通货膨胀；消极效应是容易造成经济萎缩与停滞。

（3）松的财政政策与紧的货币政策相配合

松的财政政策与紧的货币政策相配合就是在控制通货膨胀的同时，保持经济适度增长。但如果长期运用这种政策组合，会使财政赤字不断扩大。

（4）紧的财政政策与松的货币政策相配合

紧的财政政策与松的货币政策相配合就是在保持经济适度增长的同时，尽可能避免通货膨胀。但货币政策过松，也难以控制通货膨胀。

财政政策与货币政策协调配合基本模式的适用情况如表 2-9-1 所示。

表 2-9-1 财政政策与货币政策协调配合基本模式的适用情况

财政政策	货币政策	适用情况
松	松	总需求严重不足，生产能力未得到充分利用
紧	紧	严重通货膨胀时期，但若控制力度过猛，易导致经济衰退、失业者增加
松	紧	总需求与总供给大体平衡，但消费不足而投资过旺
紧	松	总需求与总供给大体平衡，但消费过旺而投资不足

例 8. 在总需求与总供给大体平衡，但消费过旺而投资不足时可以采用（   ）。

A. "双紧"政策　　　　　　　　　B. "双松"政策

C. 紧的财政政策与松的货币政策　D. 松的财政政策与紧的货币政策

解析：C. 紧的财政政策抑制社会总需求，防止经济过旺和控制通货膨胀；松的货币政策可以保持经济的适度增长。紧的财政政策搭配松的货币政策适用于总需求与总供给大体平衡，但消费过旺而投资不足的情况。

2. 财政政策与货币政策对微观经济的影响

（1）财政政策对微观经济的影响

① 扩张性财政政策对微观经济的影响主要体现在两个方面：一是减少税收，刺激需求；

二是增加政府支出，刺激需求。

② 紧缩性财政政策对微观经济的影响主要体现在两个方面：一是增加税收，抑制需求；二是减少政府支出，抑制需求。

（2）货币政策对微观经济的影响

① 扩张性货币政策对微观经济的影响。中央银行降低法定存款准备金率、再贴现率，意味着商业银行可动用的资金增加，信用规模扩大，市场货币供应量增加。降低存款利率，会刺激人们的消费，储蓄随之减少，进而影响储蓄结构；同时降低贷款利率，还能刺激企业、个人的投资活动。

② 紧缩性货币政策对微观经济的影响。中央银行提高法定存款准备金率、再贴现率，意味着商业银行可动用的资金减少，信用规模缩减，市场货币供应量减少。提高存款利率，会降低人们的消费，储蓄随之增加，进而影响储蓄结构；同时提高贷款利率，还能抑制企业、个人的投资活动。

例9．通过（　　）操作，能够引起市场货币供应量增加。

A．中央银行卖出债券　　　　　　　　B．降低再贴现率

C．提高法定存款准备金率　　　　　　D．提高再贴现率

解析：B。扩张性货币政策通过降低法定存款准备金率、再贴现率，使得商业银行实际可动用的资金增加，信用规模扩大，市场货币供应量增加。

基础过关

一、选择题

1．通过增加财政收入，减少财政支出来抑制社会总需求的财政政策是（　　）。

A．扩张性财政政策　　　　　　　　　B．紧缩性财政政策

C．稳健财政政策　　　　　　　　　　D．中性财政政策

2．我国货币政策的首要目标是（　　）。

A．稳定物价　　　　　　　　　　　　B．保持货币币值稳定并促进经济增长

C．充分就业　　　　　　　　　　　　D．收入均衡分配

3．作为中央银行最基础的货币政策工具，在经济衰退时，中央银行一般会（　　）法定存款准备金率。

A．提高　　　　　B．降低　　　　　C．不改变　　　　D．取消

4．中央银行在公开市场业务上大量抛售有价证券，意味着货币政策（　　）。

A．放松　　　　　B．收紧　　　　　C．不变　　　　　D．取消

5．作为货币政策目标的物价稳定是指（　　）。

A．个别商品价格固定不变　　　　　　B．商品相对价格稳定

C．一般特价水平固定不变　　　　　　D．一般物价水平相对稳定

6．对经济运行影响强烈而不宜常使用的货币政策工具是（　　）。

A．信用配额　　　　B．公开市场业务　　　C．再贴现政策　　　D．法定存款准备金

7．下列选项中属于一般性货币政策工具的是（　　）。

A．窗口指导　　　　B．优惠利率　　　　C．再贴现政策　　　D．基础货币

8．中央银行提高存款准备金率，将导致商业银行信用创造能力的（　　）。

A．上升　　　　　B．下降　　　　　C．不变　　　　　D．不确定

9. 现代市场经济条件下，最具灵活性的货币政策工具是（　　）。

  A．法定存款准备金率　 B．再贴现率

  C．公开市场业务　 D．道义劝说

10. 中国人民银行督促商业银行加强信贷管理、防止个别地区出现房地产泡沫的做法属于（　　）。

  A．消费者信用控制　 B．证券市场信用控制

  C．不动产信用控制　 D．公开市场操作

11. 中央银行对某些特殊的经济领域或特殊用途的信贷采用的信用调节工具被称为选择性货币政策工具，下列选项中属于选择性货币政策工具的是（　　）。

  A．再贴现政策　 B．窗口指导　 C．优惠利率　 D．基础货币

12. 下列选项中属于常见的间接信用控制手段的是（　　）。

  A．利率最高限额　 B．预缴进口保证金

  C．规定商业银行流动性比率　 D．窗口指导

13. 下列针对法定存款准备金制度缺陷的论述不正确的是（　　）。

  A．效果强烈，对经济波动影响过大，不适宜作为日常调控工具

  B．显著影响社会公众的心理预期，有固定化倾向

  C．由于缺乏主动性而使政策的效果大打折扣

  D．实现效果可能会因为对各类银行的影响不同而难以把握

14. 货币政策四大目标之间存在矛盾，任何一个国家要想同时实现是很困难的，但其中呈现一致性的是（　　）。

  A．充分就业与经济增长　 B．经济增长与国际收支平衡

  C．物价稳定与经济增长　 D．特价稳定与充分就业

15. 下列货币政策操作中，能引起货币供应量增加的是（　　）。

  A．提高法定存款准备金率　 B．提高再贴现率

  C．银行出售债券　 D．降低再贴现率

16. 下列选项中属于中央银行间接信用指导的方法的是（　　）。

  A．信用配额　 B．存/贷款最高利率限制

  C．道义劝告　 D．直接干预

17. 在以下货币政策工具中，属于选择性货币政策工具的是（　　）。

  A．法定存款准备金率　 B．再贴现政策

  C．公开市场业务　 D．证券市场信用控制

18. 公开市场业务属于（　　）货币政策工具。

  A．一般性　 B．选择性　 C．直接信用控制　 D．间接信用控制

19. 财政政策与货币政策的实施主体是（　　）。

  A．政府　 B．企业　 C．银行　 D．个人

20. 信用经济条件下，沟通财政政策和货币政策的主要载体是（　　）。

  A．税收　 B．国债

  C．政府投资　 D．法定存款准备金

21. 当经济出现严重衰退，企业开工不足，失业人数不断增加，大量资源闲置时，应实行的财政政策与货币政策是（　　）。

  A．"双松"政策　 B．"双紧"政策

  C．松的财政政策与紧的货币政策　 D．紧的财政政策与松的货币政策

22. 下列属于扩张性货币政策采取的手段的是（　　　）。
    A. 在公开市场卖出有价证券　　　　　　B. 提高分期付款首次付款额
    C. 降低再贴现率　　　　　　　　　　　D. 提高法定存款准备金率

二、判断题

1. 我国财政政策的制定者是中央政府。　　　　　　　　　　　　　　　　（　　）
2. 财政政策的核心内容是财政政策工具。　　　　　　　　　　　　　　　（　　）
3. 货币政策和财政政策是国家对经济实施宏观调控的两大主要手段。　　　（　　）
4. 国债作为主要的财政政策工具，其调节具有权威性。　　　　　　　　　（　　）
5. 财政补贴有利于提高资源配置效率。　　　　　　　　　　　　　　　　（　　）
6. 一般情况下，在实施"双紧"政策时期，应特别注重货币政策的运用。　（　　）
7. 我国货币政策的主要制定者和执行者是政策性银行。　　　　　　　　　（　　）
8. 一国货币政策的最终目标主要包括稳定物价、促进经济增长、充分就业和国际收支平衡。　　　　　　　　　　　　　　　　　　　　　　　　　　　　　　　（　　）
9. 在经济萧条时应采取扩张性财政政策，而在经济膨胀时应采取紧缩性货币政策。
　　　　　　　　　　　　　　　　　　　　　　　　　　　　　　　　　（　　）
10. 政府投资更注重微观经济效益、生态环境和社会效益，可以作为实现资源有效配置的重要手段。　　　　　　　　　　　　　　　　　　　　　　　　　　　　　（　　）
11. 货币政策对国民收入的作用是间接的，而财政政策对物价水平的作用是直接的。
　　　　　　　　　　　　　　　　　　　　　　　　　　　　　　　　　（　　）
12. 松的财政政策和紧的货币政策相配合适用于控制通货膨胀，保持经济适度增长。
　　　　　　　　　　　　　　　　　　　　　　　　　　　　　　　　　（　　）
13. 中央银行进行公开市场操作不仅可以调节货币供应量，还可以影响利率。当中央银行在公开市场上买入政府债券时，一方面会使货币供应量增加，另一方面会使市场利率下降。
　　　　　　　　　　　　　　　　　　　　　　　　　　　　　　　　　（　　）
14. 稳定物价就是保持物价水平的绝对稳定。　　　　　　　　　　　　　（　　）
15. 再贴现政策是中央银行最基础、最重要的调控手段，因此最有效。　　（　　）
16. 中央银行降低再贴现率，会使商业银行向中央银行借入资本的成本降低。（　　）
17. 中央银行采用直接干预的货币政策，是以银行的银行这一特殊身份直接对商业银行的某些业务实施干预。　　　　　　　　　　　　　　　　　　　　　　　　　（　　）
18. 存款准备金是中央银行作为"最后贷款者"的体现。　　　　　　　　（　　）
19. 盈利是中央银行开展有价证券买卖业务的主要目的。　　　　　　　　（　　）
20. 紧缩性财政政策是指通过减少财政收入、扩大财政支出来增加和刺激社会总需求的财政政策。　　　　　　　　　　　　　　　　　　　　　　　　　　　　　　（　　）
21. 扩张性财政政策是指通过提高法定存款准备金率、提高再贴现率、中央银行在公开市场业务中卖出有价证券等手段，抑制或减少社会货币供应量进而减少社会总需求的政策。（　　）
22. 货币政策的目标主要有四个，并且可以同时实现。　　　　　　　　　（　　）
23. 充分就业就是指所有的劳动者都有工作。　　　　　　　　　　　　　（　　）

三、名词解释

1. 财政政策
2. 货币政策
3. 充分就业

4．法定存款准备金率

5．公开市场业务

6．消费者信用控制

7．窗口指导

8．信用配额

9．再贴现政策

提升训练

四、简答题

1．国债对实现财政政策目标的作用表现在哪几个方面？

2．选择性货币政策工具的具体内容是什么？

3．财政政策工具有哪些？其具体内容有哪些？

4．消费者信用控制的主要内容是什么？

5．简述公开市场业务影响信用与货币的操作过程。

五、综合题

1．论述货币政策对微观经济的影响。

2．论述财政政策与货币政策协调配合的基本模式及效应。

3．2011 年以来我国坚持积极的财政政策和稳健的货币政策。2021 年 12 月的中央经济工作会议提出，2022 年经济工作要稳字当头、稳中求进，各地区、各部门要担负起稳定宏观经济的责任，各方面要积极推出有利于经济稳定的政策。请你结合上述情况，谈一谈对货币政策的认识。

第三部分

综合练习

综合练习卷一

一、选择题（财政与金融基础知识 1～20 题；基础会计 21～40 题。每小题 2 分，共 80 分。每小题中只有一个选项是正确的）

1. 社会保障支出的内容不包括（　　）。
   A. 社会保险　　　B. 社会文教　　　C. 社会救济　　　D. 社会福利

2. 属于完全社会公共需要的是（　　）。
   A. 保险基金　　　B. 高等教育　　　C. 普及教育　　　D. 邮电

3. 财政支出用于外交方面的支出是（　　）。
   A. 对外援助支出　　　　　　　　B. 社会救济支出
   C. 社会文教支出　　　　　　　　D. 行政管理费支出

4. 一匹马与三两白银交换，一手交钱，一手交货。此时货币执行的职能是（　　）。
   A. 流通手段　　　B. 价值尺度　　　C. 支付手段　　　D. 贮藏手段

5. 属于政府采购方式的是（　　）。
   A. 讨价还价采购　　　　　　　　B. 自行采购
   C. 私下谈判采购　　　　　　　　D. 公开招标采购

6. 财政收入最主要的来源是（　　）。
   A. 债务收入　　　B. 非税收入　　　C. 税收收入　　　D. 其他收入

7. 国债的基本功能是（　　）。
   A. 弥补财政赤字　　　　　　　　B. 扩大外贸规模
   C. 削减行政管理费　　　　　　　D. 降低利率

8. 将政府的全部财政收支汇编在一个总预算内的预算称为（　　）。
   A. 零基预算　　　B. 增量预算　　　C. 单式预算　　　D. 复式预算

9. 关税属于（　　）。
   A. 所得税　　　B. 地方税　　　C. 共享税　　　D. 中央税

10. 供日常零星交易与找零之用的货币是（　　）。
    A. 内币　　　B. 外币　　　C. 主币　　　D. 辅币

11. 国与国之间的企业、金融机构相互提供的与国际贸易密切联系的信用属于（   ）。

    A. 商业信用   B. 民间信用   C. 国际信用   D. 国家信用

12. 随资本市场的供求状况而自由变动的利率是（   ）。

    A. 浮动利率   B. 市场利率   C. 差别利率   D. 官定利率

13. 商业银行最重要的资产业务是（   ）。

    A. 投资   B. 贴现

    C. 提供金融服务   D. 贷款

14. 汇款人将款项存入当地银行，由银行签发给汇款人持往异地办理转账结算或支取现金的票据是（   ）。

    A. 银行本票   B. 支票   C. 银行汇票   D. 商业汇票

15. 国库券市场属于（   ）。

    A. 资本市场   B. 货币市场   C. 发行市场   D. 流通市场

16. 属于直接融资工具的是（   ）。

    A. 存款单   B. 银行券   C. 商业票据   D. 银行票据

17. 通过增加财政收入、减少财政支出来减少和抑制社会总需求的财政政策称为（   ）。

    A. 扩张性财政政策   B. 经济性财政政策

    C. 中性财政政策   D. 紧缩性财政政策

18. 单利和复利的主要区别是（   ）。

    A. 本金是否计息   B. 本息归还方式

    C. 利息是否计息   D. 利率的高低

19. 财政政策的核心内容是（   ）。

    A. 财政政策手段   B. 财政政策目标

    C. 财政政策工具   D. 财政政策主体

20. 我国经济所有制中，占主导地位的是（   ）。

    A. 外资经济   B. 集体经济   C. 个体经济   D. 国有经济

21. 会计的基本职能是（   ）。

    A. 反映与分析   B. 反映与核算   C. 控制与监督   D. 核算与监督

22. 不会引起企业资产总额发生变化的是（   ）。

    A. 接受投资者的货币资金投资   B. 购入原材料一批，款项尚未支付

    C. 从银行提取备用金   D. 销售商品一批，款项尚未收到

23. 不属于损益类科目的是（   ）。

    A. 管理费用   B. 主营业务成本   C. 投资收益   D. 制造费用

24. "实收资本"账户属于（   ）。

    A. 资产类   B. 负债类   C. 所有者权益类   D. 损益类

25. 可以采用多栏式账页格式的是（   ）。

    A. 库存商品明细账   B. 财务费用明细账

    C. 应收账款明细账   D. 预付账款明细账

26. 不能采用订本式账簿的是（   ）。

    A. 现金日记账   B. 银行存款日记账

    C. 总分类账   D. 原材料明细账

27. 明确会计核算空间范围的基本前提是（   ）。

    A. 会计主体   B. 持续经营   C. 会计分期   D. 货币计量

28．企业应当以实际发生的交易或事项为依据进行确认、计量和报告，所体现的会计信息质量要求是（　　　）。

    A．及时性　　　　B．可比性　　　　C．重要性　　　　D．可靠性

29．"库存现金"账户期初借方余额 5 000 元，本期借方发生额 6 000 元，本期贷方发生额 7 000 元，则期末余额为（　　　）。

    A．6 000 元　　　B．4 000 元　　　C．18 000 元　　　D．5 000 元

30．一般没有期末余额的是（　　　）账户。

    A．资产类　　　　B．负债类　　　　C．所有者权益类　D．损益类

31．借贷记账法下试算平衡的理论基础是（　　　）。

    A．会计账户基本结构　　　　　　B．资金运动变化规律

    C．会计恒等式和记账规则　　　　D．平行登记要点

32．反映固定资产因磨损而减少价值的账户是（　　　）。

    A．"管理费用"　　B．"财务费用"　　C．"固定资产"　　D．"累计折旧"

33．企业销售产品应负担的消费税应借记（　　　）账户。

    A．"税金及附加"　　　　　　　　B．"管理费用"

    C．"应交税费"　　　　　　　　　D．"其他应收款"

34．各种账务处理程序的主要区别是（　　　）。

    A．设置的账户不同　　　　　　　B．凭证格式不同

    C．登记总分类账的依据不同　　　D．程序繁简不同

35．会计人员记账之后，发现记账凭证中将 1 500 元误写为 15 000 元，会计科目及应记方向无误，应采用的错账更正方法为（　　　）。

    A．划线更正法　　B．更换账页　　　C．补充登记法　　D．红字更正法

36．可以不附原始凭证的记账凭证是（　　　）。

    A．购买原材料　　　　　　　　　B．职工出差借款

    C．更正错账　　　　　　　　　　D．销售产品

37．对库存现金的清查采用的方法是（　　　）。

    A．检查现金日记账　　　　　　　B．倒挤法

    C．抽查现金　　　　　　　　　　D．实地盘点法

38．账账核对不包括（　　　）。

    A．总分类账与明细分类账的核对　B．总分类账与日记账的核对

    C．总分类账与备查账的核对　　　D．总分类账有关账户的余额核对

39．编制会计报表时，以"资产=负债+所有者权益"这一会计等式为编制依据的会计报表是（　　　）。

    A．资产负债表　　　　　　　　　B．利润表

    C．所有者权益变动表　　　　　　D．现金流量表

40．企业接受现金捐赠，借记"库存现金"账户，贷记（　　　）账户。

    A．"管理费用"　　　　　　　　　B．"营业外收入"

    C．"其他业务收入"　　　　　　　D．"资本公积"

二、判断题（财政与金融基础知识 41～50 题；基础会计 51～60 题。每小题 1 分，共 20 分。A 代表正确，B 代表错误）

41．在市场经济条件下，政府应该代替市场发挥作用。　　　　　　　　　　（　　　）

42. 直接关系到纳税人税收负担的是纳税期限。（　　）
43. 在财政支出总额中转移性支出所占比重越大，财政活动对收入分配的影响就越大。（　　）
44. 通货膨胀有利于债权人，有损于债务人。（　　）
45. 中国农业发展银行属于我国的政策性银行。（　　）
46. 实际利率是名义利率剔除平均利润率以后的利率。（　　）
47. 消费税的开征不仅可以增加财政收入，还有利于引导消费行为，调节消费结构，控制消费规模。（　　）
48. 资本市场的交易对象是中长期金融工具。（　　）
49. 银行买入汇率是客户从银行买入外汇所使用的汇率。（　　）
50. 借款人的还款能力出现明显问题，依靠其正常经营收入无法保证足额偿还本息的贷款为损失贷款。（　　）
51. 会计以货币为唯一的计量单位。（　　）
52. 在借贷记账法下，账户的借方登记增加，贷方登记减少。（　　）
53. 原始凭证金额有错误的，应当由出具单位重开，不得在原始凭证上更正。（　　）
54. 为了保证账簿记录的正确性，登记账簿必须以审核无误的会计凭证为依据。（　　）
55. 出纳人员在办理收付款业务后，应在会计凭证上加盖"收讫"或"付讫"印章，以免重收或重付。（　　）
56. 记账凭证账务处理程序适用于企业规模较大、业务较多的单位。（　　）
57. 更换账簿时，将旧账余额抄入新账时，应编制记账凭证。（　　）
58. 实际工作中为使财务报表及时报送，企业可以提前结账。（　　）
59. 资产负债表中的"货币资金"项目应根据"其他货币资金"账户的期末余额填列。（　　）
60. 对财产清查结果进行正确的账务处理，主要目的是保证账账相符。（　　）

财政与金融基础知识（80 分）

三、名词解释题（每小题 4 分，共 16 分）

61. 财政
62. 政府采购制度
63. 通货膨胀
64. 中间业务

四、简答题（每小题 8 分，共 32 分）

65. 简述经常性支出的内容。
66. 简述分税制的主要内容。
67. 简述银行信用的特点。
68. 简述国债对实现财政政策目标的作用。

五、综合题（每小题 16 分，共 32 分）

69. 一年多以来，新冠肺炎疫情的暴发及防控给各国经济带来了巨大的打击，我国的疫情防控工作取得了举世瞩目的成效，国民经济的发展也很快复苏。请你在理解货币政策的含义、目标的基础上谈谈在经济低迷时，如何运用货币政策的"三大法宝"刺激经济。

70. 很多人错把我国的中央银行——中国人民银行当成商业银行。请你谈谈中央银行的性质和职能。

基础会计（70分）

六、名词解释题（每小题5分，共15分）

71. 借贷记账法

72. 记账凭证

73. 财产清查

七、实训题（21分）

74. 某公司2020年9月30日银行存款日记账账面余额为80 000元，银行对账单所列余额为94 000元，经过逐笔核对，发现有以下未达账项。

（1）银行代企业付电费3 000元，企业尚未记账。

（2）银行为企业代收销货款6 000元，企业尚未记账。

（3）银行代企业付水费2 500元，企业尚未记账。

（4）银行为企业代收流动资金借款30 000元，企业尚未记账。

（5）企业开出现金支票预付差旅费1 600元，持票人尚未到银行提取现金。

（6）企业销售原材料收到转账支票10 600元，已入账，但尚未将支票送存银行。

（7）企业开出转账支票4 500元支付培训费，银行尚未入账。

（8）企业销售产品收到转账支票12 000元，已入账，但尚未将支票送存银行。

要求：

（1）根据上述资料填写表3-1-1中①~⑩处的数字。（每小题1分，共10分）

表3-1-1　银行存款余额调节表

单位：元

项　目	金　额	项　目	金　额
银行存款日记账余额	80 000	银行对账单余额	94 000
加：银行已收，企业未收	①	加：企业已收，银行未收	⑥
	②		⑦
减：银行已付，企业未付	③	减：企业已付，银行未付	⑧
	④		⑨
调节后的存款余额	⑤	调节后的存款余额	⑩

（2）2020年9月30日，该公司实际可以动用的银行存款有多少？（1分）

（3）银行存款余额调节表能否作为原始凭证来调节银行存款日记账的账面记录？（1分）

（4）如果调节后的存款余额相等，说明什么问题？（2分）

（5）如果调节后的存款余额不相等，说明什么问题？该如何解决？（3分）

（6）对账的内容包括哪三个方面？企业银行存款日记账与银行对账单的核对属于哪一种？（4分）

八、综合题（2小题，共34分）

75.（20分）

某公司为增值税一般纳税人，2021年3月发生的经济业务如下。

（1）1日，财务处张勇出差预借差旅费1 500元，以现金付讫。

（2）5日，购入原材料20吨，单价500元，价款10 000元，增值税1 300元，发生运输费1 000元，增值税90元，材料验收入库，款项暂欠。

（3）8日，以现金200元购买办公用品，购入后直接交行政管理部门使用。

（4）9日，销售A产品200件，单价1 000元，价款200 000元，增值税26 000元，款项已收讫存入银行。

（5）11日，财务处张勇出差回来报销差旅费1 400元，余款100元以现金退回。

（6）12日，开出转账支票向希望工程捐款5 000元。

（7）20日，收到某公司违约罚款收入3 000元存入银行。

（8）22日，以银行存款支付本月销售部门的水电费1 000元。

要求：根据上述经济业务编制会计分录。

76.（14分）

某公司为增值税一般纳税人，2021年5月发生的经济业务如下。

（1）30日，计提本月固定资产折旧30 000元，其中生产车间15 000元，行政管理部门10 000元，销售部门5 000元。

（2）31日，计提本月应付工资，其中生产工人工资30 000元，车间管理人员工资4 000元，行政管理人员工资5 000元。

（3）31日，将本月所有损益类账户结转到"本年利润"账户，损益类账户如下：主营业务收入200 000元（贷方）；主营业务成本160 000元（借方），管理费用9 000元（借方），销售费用2 000元（借方），财务费用1 000元（借方）。

要求：根据上述经济业务编制会计分录。

综合练习卷二

一、选择题（财政与金融基础知识 1～20 题；基础会计 21～40 题。每小题 2 分，共 80 分。每小题中只有一个选项是正确的）

1. 财政资源配置的主要内容不包括（　　　）。
   A. 在国家之间的配置
   B. 在地区之间的配置
   C. 在产业部门之间的配置
   D. 在公共需要之间的配置

2. 高等教育属于（　　　）。
   A. 完全社会公共需要
   B. 准社会公共需要
   C. 视同社会公共需要
   D. 非社会公共需要

3. 把财政支出分为购买性支出和转移性支出的标准是（　　　）。
   A. 按财政支出是否具有补偿性
   B. 按财政支出的管理权限
   C. 按财政支出的功能
   D. 按财政支出的经济性质

4. 社会保障的最高层次是（　　　）。
   A. 社会优抚　　　B. 社会救济　　　C. 社会福利　　　D. 社会保险

5. 不属于我国税收基本特征的是（　　　）。
   A. 有偿性　　　B. 强制性　　　C. 固定性　　　D. 无偿性

6. 我国计算个人所得税时，工资、薪金所得适用的税率是（　　　）。
   A. 比例税率
   B. 定额税率
   C. 超额累进税率
   D. 全额累进税率

7. 区别不同税种的主要标志是（　　　）。
   A. 税率　　　B. 纳税人　　　C. 课税对象　　　D. 纳税期限

8. 以上一年财政收支执行数为基础，再考虑新的年度国家经济发展情况来确定预算年度的财政收支计划指标的预算方式是（　　　）。
   A. 单式预算　　　B. 复式预算　　　C. 零基预算　　　D. 增量预算

9. 政府预算每项收支的数字指标，必须运用科学的计算方法，依据充分，资料确实，不得估算，更不得随意编造，这体现了政府预算的（　　　）。
   A. 公开性　　　B. 可靠性　　　C. 完整性　　　D. 统一性

10. 人民币是（　　　）。
    A. 电子货币　　　B. 实物货币　　　C. 金属货币　　　D. 信用货币

11. 银行吸收存款和发放贷款，货币发挥的职能是（　　　）。
    A. 价值尺度　　　B. 流通手段　　　C. 支付手段　　　D. 贮藏手段

12. 恶性通货膨胀指的是年物价上涨幅度在（　　　）。
    A. 10%以内　　　B. 20%～50%　　　C. 10%～20%　　　D. 50%以上

13. 我国企业之间普遍存在着三角债，从本质上看这属于（　　　）。
    A. 商业信用　　　B. 消费信用　　　C. 银行信用　　　D. 国家信用

14. 名义利率、实际利率和通货膨胀率三者之间的关系可表述为（　　　）。
    A. 名义利率=通货膨胀率-实际利率
    B. 名义利率=实际利率+通货膨胀率

C. 实际利率=通货膨胀率-名义利率　　D. 实际利率=名义利率+通货膨胀率

15. 现代社会保障体系的核心内容是（　　）。

    A. 社会福利　　　B. 社会救济　　　C. 福利补贴　　　D. 社会保险

16. 某人借款 10 000 元，假设年利率为 8%，按单利计算，两年后归还本金和利息，到期时借款人应支付的本利和是（　　）。

    A. 800　　　　　B. 1600　　　　　C. 10 800　　　　D. 11 600

17. 对利率有决定性影响的因素是（　　）。

    A. 国家经济政策　　　　　　　　B. 平均利润率

    C. 经济运行周期　　　　　　　　D. 通货膨胀

18. 诸多影响财政收入规模的因素中，最主要的决定因素是（　　）。

    A. 收入政策　　　B. 分配政策　　　C. 经济发展水平　D. 生产技术水平

19. 我国商业银行的主要负债业务是（　　）。

    A. 担保业务　　　B. 贷款业务　　　C. 结算业务　　　D. 吸收存款

20. 政府债券的特点是（　　）。

    A. 流动性差　　　B. 担保价值高　　C. 安全性低　　　D. 利息高于其他债券

21. 关于借贷记账法的特点，表述不正确的是（　　）。

    A. 有借必有贷，借贷必相等　　　B. 借方登记增加额，贷方登记减少额

    C. 借和贷是记账符号　　　　　　D. 可以设置双重性质的账户

22. "累计折旧"账户是（　　）。

    A. 资产类账户的附加账户　　　　B. 负债类账户

    C. 资产类账户的抵减账户　　　　D. 所有者权益类账户

23. 用银行存款 50 000 元归还长期借款会引起（　　）。

    A. 资产与权益同时等额增加

    B. 资产与权益同时等额减少

    C. 资产总额不变，一项权益增加，另一项权益减少

    D. 权益总额不变，一项资产增加，另一项资产减少

24. 下列不构成产品成本的项目是（　　）。

    A. 直接材料费　　B. 直接人工费　　C. 制造费用　　　D. 管理费用

25. "固定资产"账户用来反映固定资产的（　　）。

    A. 原始价值　　　B. 残值　　　　　C. 累计折旧　　　D. 净值

26. 某企业是增值税一般纳税人，采购材料一批，以银行存款支付买价 20 000 元，增值税进项税额 2 600 元，运杂费 1 000 元，采购人员差旅费 900 元。该批材料的实际采购成本为（　　）。

    A. 20 000 元　　　B. 20 900 元　　　C. 21 000 元　　　D. 21 900 元

27. 原始凭证的基本内容中，不包括（　　）。

    A. 会计科目　　　　　　　　　　B. 日期及编号

    C. 凭证名称　　　　　　　　　　D. 实物数量及金额

28. 产生未达账项的原因是（　　）。

    A. 双方对账时间不一致　　　　　B. 双方记账时间不一致

    C. 双方记账金额不一致　　　　　D. 双方结账时间不一致

29. 清查中发现库存现金长款 100 元，确认原因不明后，应（　　）。

    A. 借记"管理费用"科目　　　　B. 贷记"管理费用"科目

    C. 借记"营业外支出"科目　　　　D. 贷记"营业外收入"科目

30. 审核原始凭证所记录的经济业务是否符合企业生产经营的需要、是否符合有关的计划和预算，属于审核其（　　）。

　　A. 合理性　　　　B. 合法性　　　　C. 真实性　　　　D. 正确性

31. "所得税费用"账户的贷方登记（　　）。

　　A. 转入"本年利润"账户的所得税费用

　　B. 实际支付的所得税

　　C. 预缴的所得税

　　D. 应由本企业负担的所得税

32. 依照我国会计准则的要求，资产负债表采用的格式为（　　）。

　　A. 单步式　　　　B. 账户式　　　　C. 多步式　　　　D. 报告式

33. 发现记账凭证应记科目、方向正确，但所记金额大于应记金额，已经登记入账，更正时一般采用（　　）。

　　A. 划线更正法　　B. 平行登记法　　C. 补充登记法　　D. 红字更正法

34. 下列可以作为原始凭证的是（　　）。

　　A. 银行对账单　　　　　　　　　B. 采购材料时收到的发票

　　C. 请购单　　　　　　　　　　　D. 购销合同

35. 现金日记账和银行存款日记账（　　）。

　　A. 必须每日汇总登记　　　　　　B. 必须逐日逐笔登记

　　C. 必须月末结出余额　　　　　　D. 不需结出余额

36. 某企业原材料盘亏，现查明原因为管理不当，编制转销的会计分录应（　　）。

　　A. 借记"待处理财产损溢"科目　　B. 借记"营业外支出"科目

　　C. 贷记"待处理财产损溢"科目　　D. 贷记"营业外收入"科目

37. 资产负债表中的"固定资产"项目应根据（　　）填列。

　　A. 固定资产账户余额

　　B. 固定资产账户余额-累计折旧账户余额

　　C. 固定资产账户余额-累计折旧账户余额-固定资产减值准备账户余额

　　D. 固定资产账户余额-累计折旧账户余额-固定资产减值准备账户余额-固定资产清理账户余额

38. 账户变化不会影响利润总额的是（　　）。

　　A. "营业外收入"　B. "财务费用"　　C. "所得税费用"　D. "资产减值损失"

39. 企业对外提供的静态报表是（　　）。

　　A. 资产负债表　　B. 利润表　　　　C. 现金流量表　　D. 所有者权益变动表

40. 下列有关科目汇总表的表述正确的是（　　）。

　　A. 可以反映科目间的对应关系

　　B. 可以减少登记总分类账的工作量

　　C. 无法实现试算平衡

　　D. 适用于业务量小的企业

二、判断题（财政与金融基础知识41～50题；基础会计51～60题。每小题1分，共20分。A代表正确，B代表错误）

41. 中国银行是我国货币发行的唯一机关，集中管理货币发行基金。　　　　（　　）

42. 工业是我国国民经济的主体，是财政收入最主要的来源。　　　　　　（　　）

43. 商业银行以盈利为目的，为保证利润最大化，应将吸收的存款全部用于发放贷款。 （　　）

44. 充分就业是指人人都有工作。 （　　）

45. 政府预算年度的历年制是指每年的 10 月 1 日至次年的 9 月 30 日。 （　　）

46. 在市场经济条件下，政府不应该介入市场发挥作用。 （　　）

47. 增值税纳税人分为一般纳税人和小规模纳税人。 （　　）

48. 预算执行是各级政府预算的具体组织实施，是政府预算管理的关键环节。 （　　）

49. 贴现的期限一般较短，而贷款的期限可长可短。 （　　）

50. 我国货币政策的目标是保持货币币值的稳定，并以此促进经济增长。 （　　）

51. 在会计确认、计量和报告上应将融资租赁租入的固定资产列入企业的资产负债表。 （　　）

52. 经济业务的发生一定会引起会计要素发生增减变动，但不会破坏会计等式的恒等关系。 （　　）

53. 试算结果平衡，说明记账结果完全正确。 （　　）

54. 生产车间管理人员的工资应计入企业的管理费用。 （　　）

55. 调整无误的银行存款余额调节表可以作为企业的原始凭证。 （　　）

56. 资产负债表中的货币资金只包括库存现金和银行存款。 （　　）

57. 月末结账和年末结账时都需要划通栏的双红线。 （　　）

58. 总分类账和明细分类账可以采用订本式或活页式账簿。 （　　）

59. 会计凭证的保管期限一般是 30 年。 （　　）

60. 未达账项导致企业银行存款账户和开户银行账面不一致的，需要编制银行存款余额调节表。 （　　）

财政与金融基础知识（80 分）

三、名词解释题（每小题 4 分，共 16 分）

61. 税收

62. 失业率

63. 浮动利率

64. 信用

四、简答题（每小题 8 分，共 32 分）

65. 简述利率的作用。

66. 简述通货膨胀的影响。

67. 简述中央银行的职能。

68. 简述财政政策的目标。

五、综合题（每小题 16 分，共 32 分）

69. 某有限责任公司主营实木地板生产及销售，某年 5 月销售实木地板取得收入 600 000 元；购进木材价款 200 000 元，取得的增值税专用发票上注明税额 26 000 元；购进清漆价款 120 000 元，取得的增值税专用发票上注明税额 15 600 元；从二手市场收购旧家具材料支付 90 000 元，没有取得增值税专用发票。（该公司为增值税一般纳税人，销售实木地板适用税率 13%）

要求：

（1）计算该公司今年5月应交增值税税额。（4分）

（2）请分析该公司在日常经营中，除了增值税还需要缴纳的税种有哪些？（3分）

（3）分析税收在财政政策中的作用。（9分）

70．你所在的地区有哪些常见的银行？（3分）这些银行中哪些是商业银行？（2分）请详细说明我国金融体系的构成。（11分）

基础会计（70分）

六、名词解释题（每小题5分，共15分）

71．财务报表

72．会计科目

73．红字更正法

七、实训题（20分）

74．某公司2022年4月30日银行存款日记账期末余额为20 000元，5月发生如下经济业务。

（1）1日，开出转账支票一张，支付欠甲企业货款10 000元。

（2）3日，收到乙企业前欠货款6 000元。

（3）25日，用银行存款缴纳企业所得税16 000元。

（4）26日，取得投资人投资，收到转账支票12 000元，银行未入账。

（5）28日，购买办公用品开出转账支票4 000元，银行未入账。

（6）29日，银行代收丙公司货款16 000元，企业未入账。

（7）30日，银行代付租金4 000元，企业未入账。

2022年5月31日企业银行存款余额调节表如表3-2-1所示。

表3-2-1　银行存款余额调节表

单位：元

项　　目	金　　额	项　　目	金　　额
银行存款日记账余额	①	银行对账单余额	⑤
加：银行已收，企业未收	②	加：企业已收，银行未收	⑥
减：银行已付，企业未付	③	减：企业已付，银行未付	⑦
调节后的存款余额	④	调节后的存款余额	⑧

要求：

（1）根据经济业务（1）～（5）编制会计分录。（每小题2分，共10分）

（2）计算5月末银行存款日记账账面余额。（2分）

（3）5月31日收到的银行对账单余额为12 000元，根据经济业务（4）～（7）填写表3-2-1中①～⑧处的数字。（每小题1分，共8分）

八、综合题（2小题，共35分）

75．（18分）

某企业是增值税一般纳税人，2022年4月发生如下经济业务。

（1）采购甲材料 500 千克，每千克 100 元，取得的增值税专用发票上注明价款 50 000 元，增值税税额 6 500 元；采购乙材料 300 千克，每千克 120 元，取得的增值税专用发票上注明价款 36 000 元，增值税税额 4 680 元，材料已验收入库。发生运输费 2 000 元，取得增值税普通发票，按材料质量的比例分配该运输费，款项均用银行存款支付。

（2）车间生产 A 产品，领用甲材料 200 千克，单价 100 元，领用乙材料 100 千克，单价 120 元。

（3）A 产品 1 000 件全部完工并验收入库，单位生产成本 80 元。

（4）销售 A 产品 1 000 件，价款是 120 000 元，增值税税率是 13%，货款尚未收到。

（5）结转 A 产品 1 000 件的销售成本 80 000 元。

要求：

（1）计算采购费用的分配率。（1 分）

（2）计算甲、乙材料应负担的采购费用。（2 分）

（3）根据上述经济业务编制会计分录。（每小题 3 分，共 15 分）

76.（17 分）

某企业 2021 年 12 月总分类账账户发生额如表 3-2-2 所示。

表 3-2-2 总分类账账户发生额表

单位：元

会 计 科 目	发 生 额	会 计 科 目	发 生 额
主营业务收入	（贷）672 000	销售费用	（借）19 000
税金及附加	（借）15 000	管理费用	（借）45 000
主营业务成本	（借）412 000	财务费用	（借）11 000
投资收益	（贷）30 000		

要求：

（1）计算利润总额。（2 分）

（2）编制结转损益类账户至"本年利润"账户的会计分录。（6 分）

（3）按利润总额的 25% 计算公司应纳所得税额。（1 分）

（4）编制计提并结转所得税的会计分录。（4 分）

（5）编制结转本年净利润的会计分录。（2 分）

（6）31 日公司决定向股东发放现金股利 100 000 元，编制会计分录。（2 分）